古代国家の地方支配と東北

今泉隆雄著

吉川弘文館

目次

凡例

一、本書には、九編の論文を収めている。このうち第二部第五章を除く八編は、著者がかつて発表した旧稿を掲載している。また第二部第五章は、著者の講演記録をもとに必要な編集を行い文章化したものである。

二、各章のもととなった既発表論文・記録は、それぞれの掲載誌等の性格に応じて多様な文体・様式をとっている。本書収録に際しては、初出稿や原稿の性格を考慮し、文体・形式・用字等については特に統一はせずもとのまま掲載することを原則とした。ただし最低限の体裁を整えるため、年次表記や数字表記を改めるなどの形式的な改訂を施した。また明らかな誤字・脱字、引用史料の明らかな誤り等については編集担当者の責任で適宜修正した。

三、編集担当者が著者の原稿・旧稿に書き加えた注記は、著者自身による記述と区別するため〔　〕をつけて表記した。ただし前項に挙げたような軽微な形式の改編・明らかな誤字・脱字等についてはこれを省略した。

四、各章の章末には、原稿の成り立ち等について編集担当者が必要に応じて注記を加えた。また初出稿については巻末の「成稿一覧」に示した。

序章　古代史学と考古学のあいだで

私が国史学の専門的な教育を受けるようになったのは、一九六七年に東北大学文学部国史学科に進学した時で、それから数えればもう四三年の長きにわたり古代史研究にたずさわってきたことになる。研究期間ばかり長くて、顧みてどれほどの研究成果を上げることができたか忸怩たる思いを抱くが、定年退職を迎えるのを一つの区切りとして、最終講義では自らの古代史研究を振り返ってみることにした。

私の古代史研究の特徴は、文献史料による古代史学を基本としながら、考古学の成果に多く依拠している点にあると思う。古代史研究における考古学の成果の活用は、現在ではふつうのことになっているが、私が古代史研究を始めた七〇年代にはそれほど一般的なことではなく、私はこの二つの学問分野に依拠して古代史研究を進めるために、意識的に方法論を考えてきた。ここでは、私の古代史研究全体に関して述べることはせず、古代史学と考古学によって古代史研究を進めるための方法的問題について考えていることを述べることにする。

一　学生時代

まずは私が古代史研究を志した学生時代から研究方法を固めていった奈良国立文化財研究所の時代について、語ることから始めよう。

高校時代には日本史が好きな教科だったが、国語の古典で習った『万葉集』や、修学旅行で見た奈良の寺の仏像にひかれて、古代の世界に関心を持つようになった。一九六五年四月に東北大学文学部に入学してから、そのような関心に従って、幼稚な内容のノートを取りながら『万葉集』の全巻を通読したり、奈良の古寺・遺跡の巡礼の旅をしたりしていた。奈良の旅行は学部三年生まで春と夏の休みには必ず行き、法隆寺・東大寺・興福寺・薬師寺、飛鳥や平城京跡などは何度も訪れ、当麻寺・室生寺などの交通の不便なところにも足を伸ばした。

これらに加えて一年生の夏休みに多賀城跡の発掘調査に参加した。これが最初の発掘調査の体験である。多賀城跡の発掘調査は、一九六〇年に宮城県教育委員会を中心に多賀城跡調査委員会が組織され、六一年からまず多賀城の附属寺院の多賀城廃寺の調査に着手し、次いで六三年から多賀城政庁跡の調査を開始し、私が参加したのは六五年夏の多賀城跡第三次調査である。この調査委員会は伊東信雄先生を委員長とし、東北大学考古学研究室を中心に組織されていたので、この調査のことを耳にして考古学研究室に参加させてもらうことをお願いにいったのである。現在のように恒常的な調査機関があるわけではなく、夏休みに調査団が組織されたのである。この時の調査地は政庁の西辺で、そのころ政庁跡は内城跡とよばれ、畑が作られていた。西辺築地塀内側に残りのよい石組雨落溝が検出されて、眼前に古代の遺構が掘り出されることに感動して、考古学に関心を持つきっかけになった。

教養部の時代にはいろいろの分野から古代世界に関心を持っていたが、六七年に三年生になって専門課程に進級するときになって選んだのは国史学科であり、そこで関晃先生に師事することになる。関先生のもとで学部二年、大学院修士課程二年、博士課程一年のあわせて五年間教えを受けたが、先生の授業は学部の演習が『令義解』、大学院の演習が『類聚三代格』、特殊講義は大化の改新や推古朝の政治的性格の問題であり、史料の厳密な解釈に基づく実証的な方法をたたき込まれたと思う。当時古代史の基礎史料として「律令格式六国史」の典籍史料が重要だと聞かされてきた。現在は古代史の史料として木簡や漆紙文書、正倉院文書などの第一次史料に注目が集まり、私自身も木簡研究を続けてきたが、古代史の大枠を考えるのに基礎になるのはやはり典籍史料であり、断片的な第一次史料の理解の前提にも典籍史料の理解が不可欠である。そういった意味で、大学時代に関先生の教えの下で、古代史の文献史学の基礎を学んだと言える。

大学時代に関心を持ったのは律令国家の地方支配の問題で、卒業論文では国司の監察制度に関する『奈良朝地方行政監察制度に関する一考察』、修士論文では郡司の任用制度に関する『郡司制度の研究』を提出し、前者は「按察使制度の一考察」、後者は「八世紀郡領の任用と出自」として公表された(1)。いずれも文献史学に基づく制度史の研究である。

大学院の時代は、発足したばかりの宮城県の多賀城跡調査研究所に非常勤の調査補佐員として二年間勤務した。当時研究所は政庁の東北方にプレハブがあり、岡田茂弘所長の下に専任職員として工藤雅樹さん、桑原滋郎さん、進藤秋輝さん、平川南さんがおり、発掘現場には立たなかったものの、考古学の基礎的なことを学ぶことができた。

私が考古学に関心を持った背景には、古代史を志望した少し前から、歴史時代の都城や地方官衙など大規模遺跡の発掘調査が各地で開始されていたことがあった。各遺跡の発掘調査開始年、担当機関、中心人物を列記すると次の通りである。

難波宮跡　一九五四年　大阪城址研究会　山根徳太郎
長岡宮跡　一九五四年　京都大学考古学研究室　中山修一
平城宮跡　一九五五年　奈良国立文化財研究所
飛鳥宮跡　一九五九年　奈良国立文化財研究所

藤原宮跡　一九六六年　奈良県教育委員会
多賀城跡　一九六〇年　宮城県教育委員会多賀城跡調査委員会　伊東信雄
大宰府跡　一九六八年　福岡県教育委員会

都城跡では一九五〇年代に、地方官衙跡では六〇年代に調査に着手し、遺跡によって同じではないが、六〇年代から七〇年代にかけて担当組織が整えられ継続的・組織的な調査が行われて、それぞれで成果が上げられてきた。例えば、平城宮跡で一九六〇年に奈良国立文化財研究所に平城宮発掘調査事務所を設け、六四年には平城宮跡発掘調査部に昇格され、その間六一年には木簡が出土することがあった。このように歴史時代の考古学の調査研究の勃興期に古代史研究を始めたことが考古学への関心をかきたてたことは間違いない。

二　奈良国立文化財研究所の時代

一九七二年四月、東北大学大学院博士課程を一年で中退して、奈良国立文化財研究所に就職し、八三年三月まで一一年間在籍した。ここでの一一年間は、二五歳から三六歳までに当たるが、人間的に一人前の社会人になり、さらに自らの考古学を踏まえた古代史研究の方法を形成できた点で、私の人生にとってとても大きな意味を持っている。

この研究所は文化庁の所管で、その文化財行政に資するために文化財の調査研究を行うのを目的とし、大学で学んだ歴史学にくらべると、文化財という資料原物を取り扱うところに、その調査研究の特徴がある。発足の当初は文化財の分類に従い、美術工芸・建造物・歴史の三研究室が設けられていたが、高度経済成長の進展による都城遺跡の保存問題が起きてくるとともに、歴史研究室に含まれていた考古学分野が肥大化し、平城宮跡発掘調査部（一九六三年）、飛鳥藤原宮跡発掘調査部（一九七三年）が相次いで設けられた。私は平城宮跡発掘調査部史料調査室に八年、飛鳥藤原宮跡発掘調査部に三年在籍した。両調査部とも、平城宮跡、飛鳥藤原宮跡の発掘調査を仕事としていたが、平城宮跡発掘調査部には、考古第一・第二・第三調査室、遺構・計測修景・史料調査室の六調査室があり、考古学、建築史、庭園史、日本史の各分野の研究者が所属していた。先の三研究室もあわせて、文化財研究に関する各分野の研究者がそろっているところがこの研究所の長所で、仕事でつきあっていく中で、耳学問で他の分野の研究を学ぶことができた。史料調査室には日本史専攻の者が所属し、出土する木簡の調査研究、文献史料による都城の調査研究を職務とした。私が入所したころの日本史専攻の人たちは、同室に室長の狩野久さん、横田拓実さん、加藤優さん、東野治之さん、歴史研究室の室長に田中稔さん、飛鳥藤原宮跡発掘調査部に鬼頭清明さんがおり、みなまだ若くて元気だったが、今から思えば錚々たるメンバーで、古代・中世史の研究でそれぞれ活躍する人たちであった。

自らの古代史研究の方法を形成するという観点から、この研究所で取り組んだ仕事を分類すると次の四つになる。

第一は平城京跡、飛鳥・藤原京跡の発掘調査と文献史学からの研究である。両調査部の職員は官職は文部技官であるが、職務の面では発掘調査員という位置付けで、まず発掘調査が本務であった。平城宮跡発掘調査部の場合、各調査室から調査員を出して、一班五、六人の調査班を四班編成し、一班の調査期間が三ヵ月で、四班で一年一二月間の調査を行う。各調査員は年に最低三月は発掘調査に従事することになる。朝から空をあおいでその日の天気をうかがい、野外でする作業は、私の性にあっていて、発掘調査は楽しい仕事であった。いろいろの発掘現場を経験したが、のちの研究との関係で重要なのは、平城宮跡の中央区朝堂院地区の調査（一九七四〜七八年）、飛鳥の水落遺跡（漏刻臺遺構）、石神遺跡（須彌山の園池、いずれも一九八一年）の調査である。発掘調査の仕事を通して、考古学資料の性格——その利点と限界を知り、考古学の方法論を学ぶことができた。

発掘調査の結果は、各研究分野から検討され、最終的には報告書として公表される。古代史学の立場からも検討が行われ、その遺構が何とよばれた施設なのかから始まってその歴史的意義の考察まで及ぶ。いってみれば宮都研究そのものであり、これが私の宮都研究の原点である。

第二は木簡の調査研究である。これが史料調査室の主要な仕事で、発掘現場に出る以外はこれに当たっていた。出土した木簡について、水洗から始まり、写真撮影、調書作成、釈読、考察、報告書作成まで行う。在籍中に関係した正式報告書は研究所の『平城宮木簡』二・三（一九七五・八一年）、他の機関の『但馬国分寺木簡』（兵庫県日高町　一九八一年）、『長岡京木簡』一（京都府向日市　一九八四年）である。

木簡は平城宮跡では一九六一年に初めて出土し、新たに文献史料が発見されることなど考えられなかった古代史学において、新しい古代史料として脚光を浴び、当時木簡研究は古代史研究の最前線という感じがあった。史料として利用することだけから、木簡そのものの研究が始まり、木簡学が提唱されるようになった。そのような木簡学の発展のためには、一九七六年～七八年の間に研究所が三回にわたって開催した木簡研究集会が大きな役割を果たした。木簡研究の中心である研究所で、日々木簡の原物を取り扱い、古代史学と考古学の両面からその研究の方法論を考えたことは、自らの古代史研究方法の形成において大きな意味を持った。一方、私自身も形成期の木簡学の構築に一定の役割を果たすことができたと思う。

第三は、奈良・京都の諸大寺の典籍・古文書の調査である。これは研究所内の歴史研究室の仕事で、室長の田中稔さんを中心に日本史の者が参加して進められていた。奈良では、西大寺の典籍、唐招提寺の経巻、東大寺の文書、興福寺の春日版の版木・文書・典籍、京都では仁和寺の典籍などの調査を、毎年一週間ほど期間を決めて寺におもむき行った。典籍・文書の調査方法をたたき込まれ、原物史料を見る方法とおもしろさを教えられた。

第四は研究所の仕事ではないが、歴史地理学的な調査研究である。歴史地理学では地籍図を利用して、遺存地割・地名によって、例えば古代の条里や都城の条坊の復原を行う。私が参加したのは、奈良時代の東大寺の荘園で正倉院に絵図が残されている越前国糞置庄の条里復原と、平城京の条坊復原で、前者は一九七三年福井県、後者は七四年奈良市の仕事として行われ、いずれも京都大学の岸俊男先生が中心になって進めた仕事であった。

研究所の時代は、大学時代に学んだ文献史料に基づく古代史学の方法に加えて、木簡、典籍・文書などの原物史料を扱う方法、さらに異分野の考古学や歴史地理学の方法を学ぶことができ、自らの研究方法を作り上げていく上で重要であった。

以下、宮都、東北の城柵、評家遺跡、木簡の問題に即して、古代史学と考古学の方法の問題について述べることとする。

三　宮都研究

1　平城宮の大極殿・朝堂

都城遺跡の発掘調査で明らかにされた遺構を歴史資料化するためには、まずその遺構群の呼称、例えば宮殿・殿舎呼称や官衙呼称、さらにその性格や内容を明らかにすることが必要である。これらのことが明らかになってはじめて、その遺構群を文献史料と結びつけて解釈することができるようになる。

遺構群の呼称の決定は実はなかなかむずかしい場合もあり、その場合、遺構の構造、すなわち建物の配置の意味を

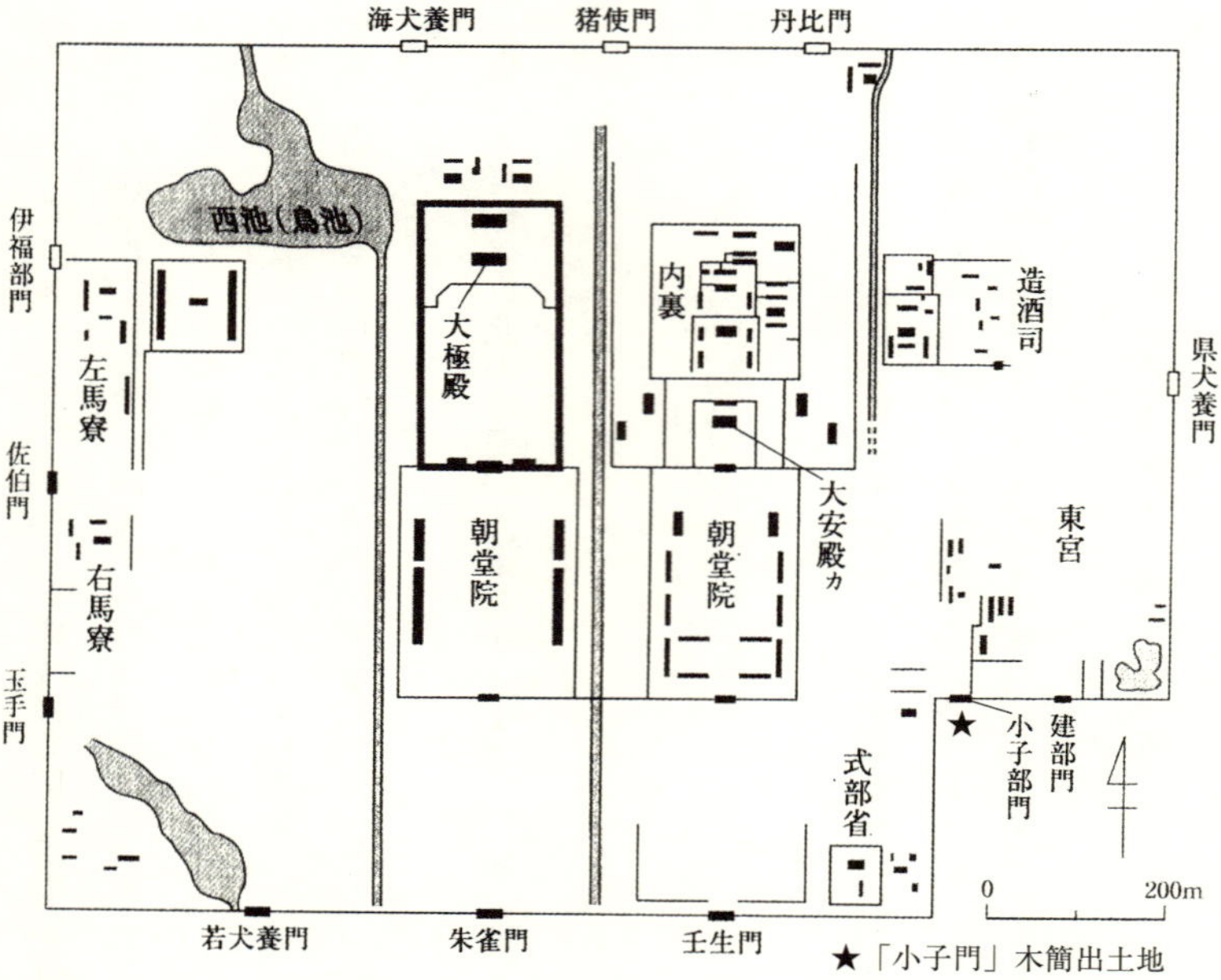

図１　奈良時代前半の平城宮（『日中古代都城図録』に掲載の図「奈良時代前半の平城宮」に一部加筆）

読み解くことによって、その遺構群の性格や内容を解明することが必要である。

まず平城宮の大極殿・朝堂の問題を取り上げる。(2) 大極殿・朝堂は天皇と臣下が会集する宮城の中枢施設であるが、平城宮では朱雀門の北の中央区とその東の壬生門の北の東区の二地区に大極殿・朝堂に当たる遺構があり、それをいかに解釈するかが大きな問題であった。旧来の説では、中央区に第一次内裏・朝堂院、東区に第二次内裏・朝堂院があり、両地区の間で時期的に変遷があったと考えられていた。その後の発掘調査の進展によって、次のことが明らかになってきた（図１）。すなわち①内裏は平城宮の全時期を通じて東区北部に所在した。②中央区に創建当初の大極殿、それより少し遅れてその南に四朝堂が造られるとともに、東区にも当初から掘立柱建物の正殿と一二朝堂があり、後に礎石建物に建て替えられる。つまり創建当初から中央区の四朝堂と東区の一二朝堂が併

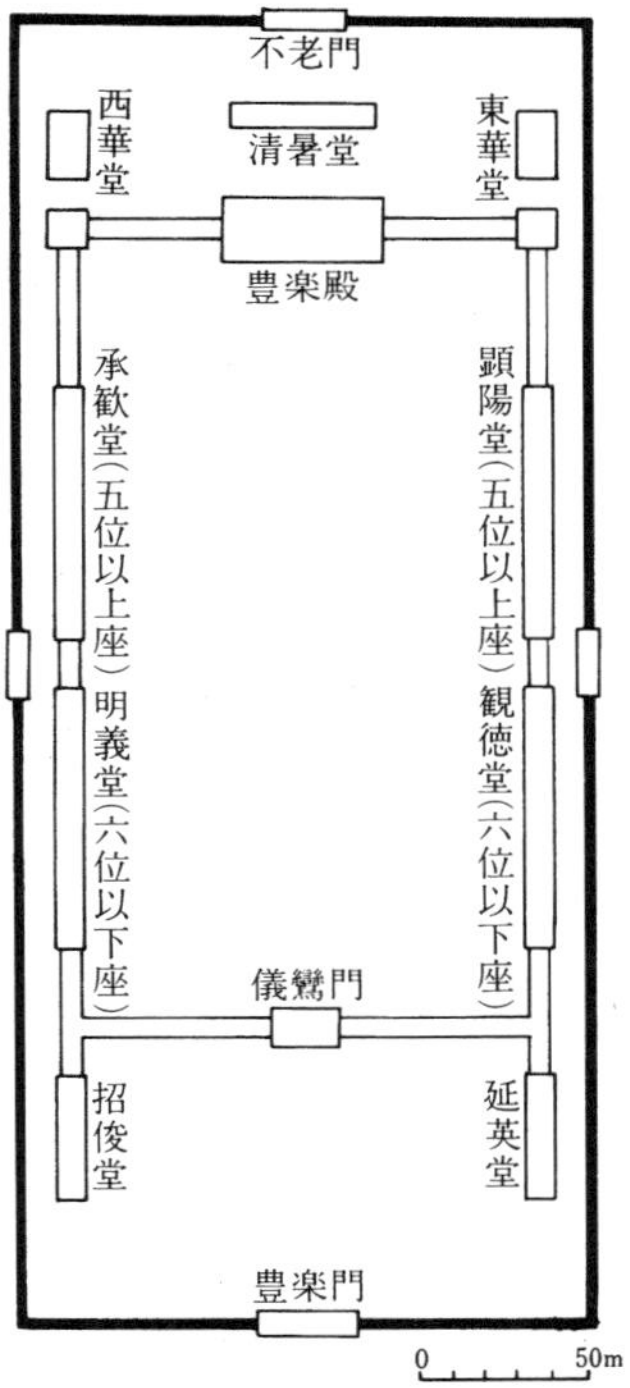

図2　豊楽院の着座
（『古代宮都の研究』より）

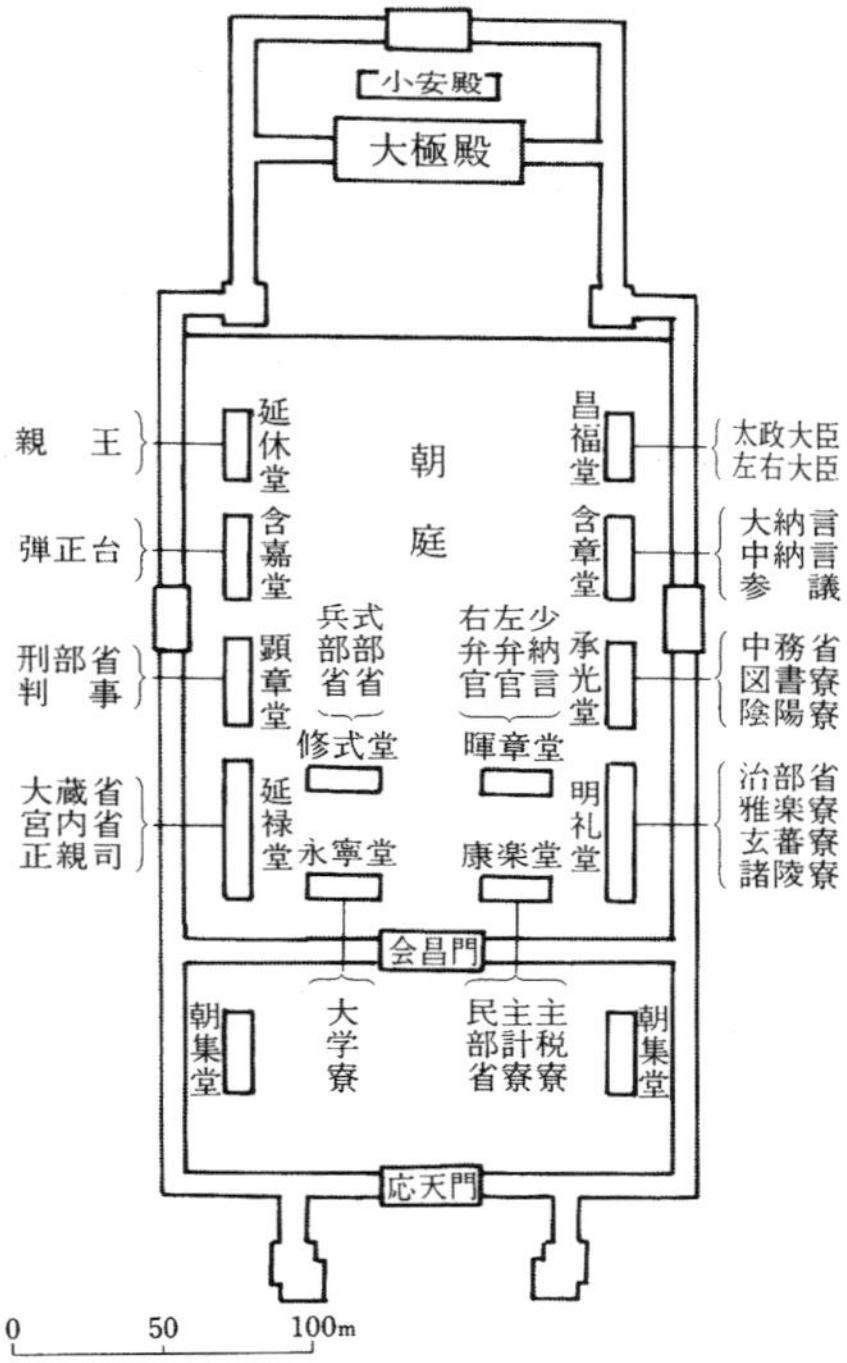

図3　朝堂院の着座
（『古代宮都の研究』より）

存し、このことをいかに解釈するかが問題となってきた。

平城宮と平安宮の比較　平城宮で中央区と東区が併存することは、平安宮で豊楽院と朝堂院が併存することに類似する（図2、3）。平安宮で朝堂院は一二朝堂で宮城中央部にあり、豊楽院は四朝堂で朝堂院の西にある。中央部にくるものが異なるが、四朝堂と一二朝堂が西・東に相対して所在することは両宮で同じであり、平安宮の豊楽院・朝堂院の併存は、平城宮の中央・東区の併存を受け継いだ歴史的展開と位置づけられる。従って平城宮の中央区・東区について平安宮の豊楽院・朝堂院を参考にして考察できる。

一二朝堂と四朝堂の意味　平安宮では朝堂院は元日の朝賀などの儀式と朝

政などの政務を行い、豊楽院は節会などの饗宴を行う。朝堂院が一二朝堂で豊楽院が四朝堂であるのは実はこの両者の用途の相違に基づき、用途によって臣下の朝堂への着座の原理が異なっているからである。図2のように、豊楽院では饗宴の際に北の二朝堂（承歓堂・顕陽堂）に五位以上、南の二朝堂（明義堂・観徳堂）に六位以下の官人が着座し、この着座は位階の論理に基づく。一方、朝堂院では朝政の際に官司ごとに官人が着座する朝堂が決まっており、この着座は官司の論理による。官人の序列の基本は位階であり、饗宴の際にはこの位階によって五位以上の貴族と六位以下を区別して着座させるために、豊楽院では北二朝堂、南二朝堂のあわせて四朝堂の構造が作られたのである。一方朝堂院では朝政という政務の場合、図3のように官司ごとに官人が着座するので、一二朝堂という多くの朝堂を必要としたのである。このような建物配置の構造が着座の原理を媒介としてその用途に基づくことからみて、平安宮豊楽院・朝堂院の用途を、平城宮の中央区・東区にさかのぼらせることができる。

平城宮の二つの朝堂の機能分担　中央区の大極殿のある北区については、北三分の一の壇上の大極殿の南に一段低く広い庭が広がるという構造であり、大極殿に南面して着座する天皇に、朝庭に北面して列立する臣下が拝礼をする即位儀・朝賀などの儀式を行う場と考えられる。このことも含めて平城宮の両地区は、中央区は北区が大極殿—庭の構造で、即位儀・朝賀などの儀式を、南区は四朝堂で節会などの饗宴を、東区は正殿—一二朝堂で朝政などの政務を行う場であり、両地区が機能を分担していた。これは発掘調査で明らかになった遺構群の構造、すなわち施設の建物配置を文献史学の立場から解釈したものである。

ここではある施設の構造はそこで行われること——この場合は儀式・饗宴・政務など——と相即的な関係にあることに注意しておきたい。そして、施設はイレモノであり、そこで行われることはナカミであり、私たちは発掘調査によってイレモノを知ることができるが、歴史学ではイレモノを通してそのナカミを明らかにすることが必要なのである。

2　飛鳥の水落遺跡と石神遺跡

一九八一年に飛鳥で水落遺跡（第二次調査）と石神遺跡（第一次調査）の調査に参加したが、いずれも『日本書紀』に記載があり、前者が六六〇年に中大兄皇子が建造した漏刻臺、後者が六五七年ころに造られた須彌山の園池に当たることが明らかになった（図4）。

水落遺跡の建物遺構は、(3)正方形にめぐる石組溝と一体となった基壇の上に建つ楼閣建物で、基壇内に木樋や銅管の導水施設を設けた特異な構造である。文献史料に見える漏刻臺が楼閣建物であること、楼閣建物の中央に設けられていた漆塗り木箱が、中国の漏刻の材質と一致することなど、文献史料からの検討から、水落遺跡を漏刻臺遺跡と論証し、さらにこのことを踏まえて、古代日本における時刻制の成立の歴史的意義を考察した。

石神遺跡は、(4)須彌山をかたどった石造の噴水である須彌山石が出土していることから、『日本書紀』に都に朝貢してきた蝦夷などの饗宴を行ったと記す須彌山の園池に当たると推定されていた。須彌山は仏教の世界観では世界の中心にある帝釈天などの天部が居住する神聖な山であり、この須彌山の園池がこのような仏教の教義に基づく宗教的な儀礼の場であり、そこで行われる夷狄の饗宴は天皇に忠誠を誓約する宗教的な服属儀礼であることを明らかにした。

この二つの遺跡は特殊な内容のものであるが、古代史学の立場からその歴史的意義について考察した。

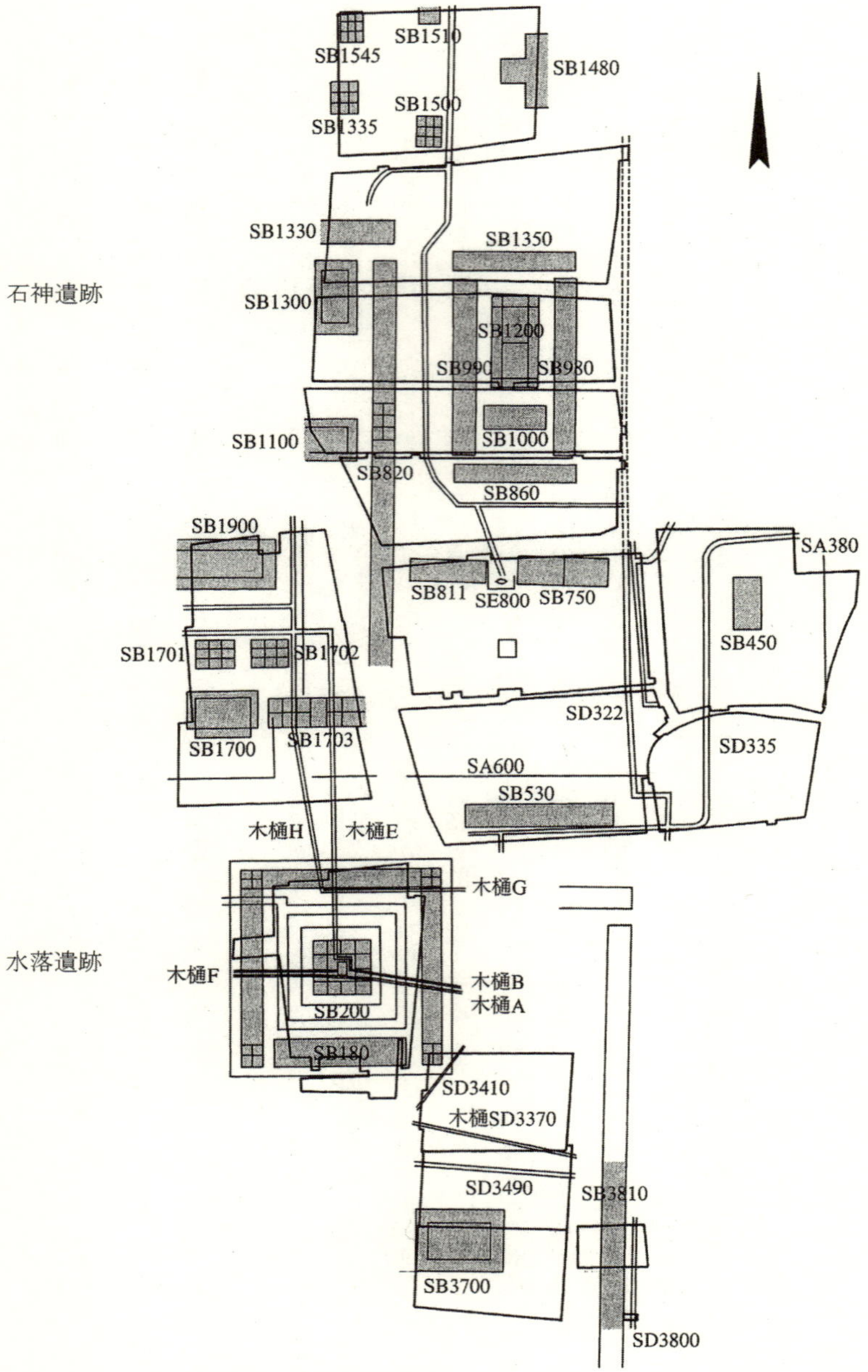

図4　石神・水落遺跡構造図（『奈良国立文化財研究所年報』2000-Ⅱより）

東北大学に赴任してから東北古代史の研究に取り組み、辺境支配の要となる城柵に関して考察した。(5)

四　東北地方の城柵研究

1　城柵研究

従来の東北地方の城柵研究は、城柵遺跡の発掘調査の成果を基に城柵を施設という観点からとらえる風潮が強く、城柵にはどのような外郭施設や政庁などの施設があるかという記述で、こと足れりとするような研究であった。しかし城柵は国家の辺境支配の拠点であるから、城柵の歴史学的な研究の目的は辺境支配におけるその役割や意義を明らかにするものでなければならない。施設論的城柵論は単なる建築史的な考察に過ぎない。

このような観点から城柵研究の課題として次の四点を掲げた。すなわち、①官制・軍制によって構成される城柵の支配機構、②辺境の郡（辺郡）の公民と蝦夷の支配組織と支配の内容、③城柵の辺境支配を支える人的・物的基盤、④城柵の施設の構造の特質の意味の四点である。

①官制については、国司・鎮官（鎮守府官人）の中央派遣官が城司として城柵に派遣され駐在する城司制の考え方を提起し、軍制については軍団兵士と鎮兵による城柵鎮守体制について明らかにした。②城柵の周囲に移民を公民として編成して辺郡を置き、蝦夷は服属させて朝貢・饗給によって支配することを明らかにした。③城柵による辺境経営には軍隊・労働力などの人と物資を多く必要として、それらを陸奥・出羽の当事国、さらに坂東諸国などの他国から供給する体制について明らかにした。①②は城柵の辺境支配の内容で、この二つをあわせて城柵制という制度的概

念でとらえた。

①②③は文献史料により、④は考古資料により、このようにみてくると④が軽視されているかに見えるが、しかしそうではなく、①②による城柵制の内容と④は相即的な関係にあり、④を①②の城柵制の理解のために活用すべきである。④施設からみた城柵の他の地方官衙と比較した場合の特質は、周囲に材木列塀・築垣・土塁などの堅固な外郭施設を持つことと、国府型の構造を持つ政庁を設けることである。前者は機構上の城柵における軍隊の駐屯と対応し、城柵が政治的に不安定で軍事的緊張のある地域にあるためである。後者については、政庁は支配のためのものであり、城柵が公民・蝦夷という支配の対象をもっているから設けられているのである。西日本の山城が、外国が攻めてきた際の逃げ込み城で、支配の対象を持たないので、政庁を設けていないのと大きく異なっている。さらにその政庁が国府型の構造をしているのは、城柵が国司などの中央派遣官が駐在する国府機構の分身であるからである。

ナカミ・イレモノ論　①②の支配の機構と内容と④施設との関係を、私は比喩的に「ナカミ・イレモノ論」と称している。すなわち、施設は支配の機構と内容というナカミを入れるイレモノであり、イレモノの形態はナカミに制約され、両者は相即的な関係にある。歴史学にとって重要なのはナカミであり、イレモノはナカミを理解するために活用すべきである。現代風にいえば、イレモノはハード、ナカミはソフトと言い換えることもできよう。このナカミ・イレモノ論はすでにみたように平城宮の大極殿・朝堂の問題で発想し、東北の城柵論にも当てはめてみたのである。

2　仙台郡山遺跡Ⅱ期官衙と宮都

仙台平野の中央部に所在する仙台郡山遺跡は、七世紀中葉～八世紀前葉の陸奥国の歴史を理解する上で重要な地方官衙遺跡であり、このうちのⅡ期官衙を宮都との比較という方法で分析した(6)。郡山遺跡は二時期の官衙が重複し、Ⅰ

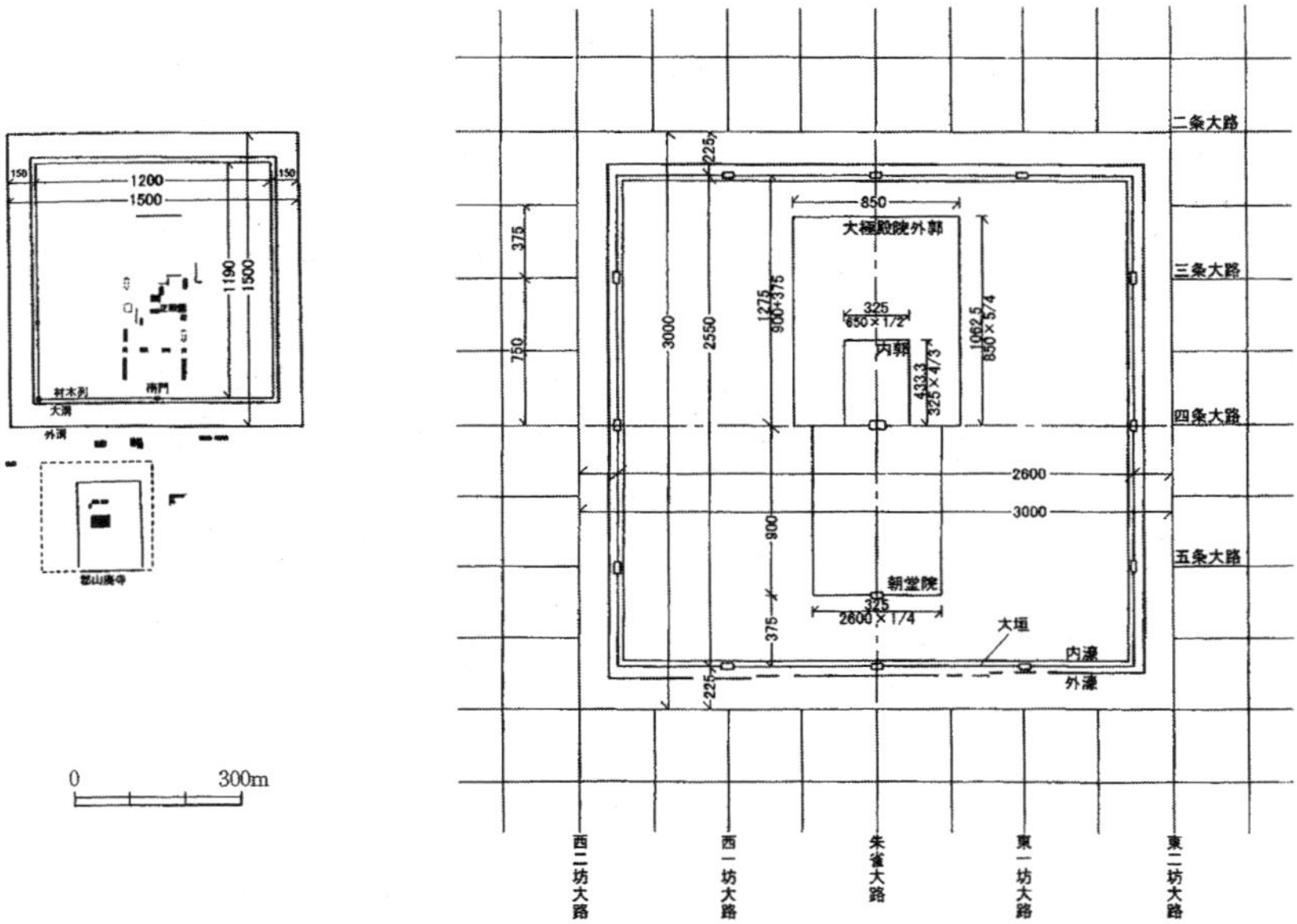

図５　郡山遺跡Ⅱ期官衙と藤原宮（『第34回古代城柵官衙遺跡検討会資料集』より）

期官衙は七世紀中葉～末期で、蝦夷の居住する仙台・大崎平野を支配する城柵、Ⅱ期官衙は七世紀末期～八世紀前葉で、多賀城以前の陸奥国府とそれぞれ推定した。このうちⅡ期官衙は宮都との比較によれば、基本的に藤原宮の宮城をモデルに設計されながら、その前代の飛鳥の宮からの影響も認められる。宮都の歴史は、五九二年～六九四年の一世紀間、一時難波・近江に出ることがあったが、ほぼ飛鳥に宮室がおかれ、天皇の代替わりごとに造替された。六九四年に飛鳥の北に隣接して、藤原京が条坊制を備えた最初の律令制都城として設けられ、その中枢として藤原宮が置かれた。

藤原宮モデル　Ⅱ期官衙は構造上藤原宮宮城と次の三点で共通性がある（図５）。①Ⅱ期官衙官衙域と藤原宮宮城域が、その平面がほぼ正方形で、かつ両者の中枢部に当たる政庁と大極殿・朝堂が南北中軸線上の中央部から南半部に位置している。②外郭の構造について、外郭塀の外に二重に溝と空間帯をめぐらす。③もっとも外側の溝の距離について、Ⅱ期官衙が一五〇〇令大尺、藤原宮が三〇〇〇令大尺で、Ⅱ期官衙は長さでは藤原宮の½、面積で¼に当たる。土地測量には七一三年以前は一尺＝三五・六センチメートルの令大尺が用いられ、一五〇〇令大尺は一里に当たるから、それぞれ一里四方、二里四方に計画されたものである。以上の三点の共通性・関係性から、Ⅱ期官衙と藤原宮は設計上密接な関係にあり、Ⅱ期官衙は藤原宮宮城をモデルに設計されたと考えられる。

飛鳥と石組池　Ⅱ期官衙政庁に飛鳥の石神遺跡にあるのとよく似た石組池がある。いずれも平面がほぼ正方形で、側壁に玉石を垂直にくみ上げ、底面にはⅡ期官衙では扁平な円礫を、石神遺跡では小石を敷き、いずれも水がもれないように側壁・底面の裏を裏込め土で固めている。大きさはやや異なり、前者は平面が三・五メートル×三・七メートル、深さは七〇センチメートル、後者が一辺六メートル、深さ八〇センチメートル。このように二つの池は大きさは異なるが、ほぼ同じ構造のものであり、このような構造の石組池は古代の遺構として珍しいものであるから、両者の間に密接な関係があると考えられる。

石神遺跡の池は七世紀半ば斉明朝の須彌山の園池の時期の遺構である。須彌山の園池では、飛鳥の宮に朝貢してきた蝦夷が須彌山にいます帝釈天などの天部に対して、天皇への忠誠を誓約する宗教的な服属儀礼を行った。このようにみると石組池は、蝦夷が誓約をする前に心身を清めるために禊ぎをするためのものと考えられる。池を石組みにしているのは禊ぎのための浄水を得るためである。

Ⅱ期官衙では池は政庁正殿の東北方に位置し、正殿の北には石敷きが、池の東には南北棟掘立柱建物があり、これら正殿の北の地区が政庁後庭として一つの儀礼的空間を作っていたとみられる。陸奥国府Ⅱ期官衙政庁では、国府に朝貢する蝦夷の服属儀礼が行われており、この池はその儀礼の際の禊ぎに使われたのであろう。そうだとすればこの服属儀礼は須彌山の園池と同じく宗教的性格のものであることになる。

都での蝦夷の服属儀礼は、天武・持統朝には飛鳥の飛鳥寺の西にある、神が依ります神聖なケヤキである「齋槻」の広場で、宗教的な性格で行われたが、七〇一年の大宝律令の施行によって、藤原宮の大極殿・朝堂で行う元日朝賀に蝦夷が参列して、天皇に直接拝礼して服属を誓約する儀礼的なものに変わった。この都での変化に伴い、陸奥国府でも服属儀礼が変化したであろう。

Ⅱ期官衙と飛鳥・藤原宮の宮都の比較からは、Ⅱ期官衙の建造時期が推定できる。Ⅱ期官衙が藤原宮をモデルに設計されたことから、その建造の上限は藤原宮遷宮の六九四年であり、一方Ⅱ期官衙に宗教的服属儀礼のための石組池が設けられていることから、その建造の下限は宗教的服属儀礼を行っていた七〇〇年であり、Ⅱ期官衙の建造の年代は六九四〜七〇〇年の間と推定できる。これまでⅡ期官衙の造営年代を七世紀末期といってきたのは出土土器の年代によるが、土器の一型式の年代幅は二〇年くらいであり、先の方法によって狭く限定できたのである。ところでⅡ期官衙が基本的に藤原宮をモデルにしながらも、飛鳥での服属儀礼に関わる石組池を備えているのは、飛鳥から藤原京への遷都と服属儀礼の変化とに時間的なずれがあったからである。すなわち蝦夷の服属儀礼は、六九四年に藤原京に遷都した後も七〇〇年までは、隣接する飛鳥の齋槻の広場で宗教的なものが行われており、Ⅱ期官衙がモデルにしたのは、この時期の藤原宮であったので、藤原宮を基本としながらも飛鳥の要素も含まれることになったのである。

五　評家遺跡の成立

ナカミ・イレモノ論の観点から評家遺跡の成立の問題を考えてみたい。全国的な発掘調査によって、評家（郡家）

遺跡の成立時期は大体七世紀末と考えられるようになってきた。一方、文献史学では評の設置は大化の改新によって七世紀半ばに全国的に行われたと考えられており、評家遺跡の成立年代とのずれが問題となる。この問題はナカミ・イレモノ論から考えることができる。

まず郡、その前身としての評とは何なのかということを、「郡」字の意味から考える。「郡」字は多義的で次の三つの意味がある。すなわち①郡司によって構成される機構、②郡が支配する里―戸、③郡家の施設であり、郡、ひいては評はこれら三要素の統合体であると考えられる。先の評と評家遺跡の成立の問題については、文献史学がいう評の成立とは評の官の任命による①の機構について、考古学は③の評家という施設について、それぞれの成立をいっているのであり、つまり問題としているのが機構＝ナカミと施設＝イレモノという違いがあるのである。

とはいえ、評の官が任命されれば当然その執務場所としての評家が必要だから、それが七世紀末までなかったというのはやはり問題である。これは考古学のこれまでの郡家遺跡の認定の方法に問題があるのである。これまで郡家遺跡の認定に当たっては、文献史料などから八世紀以降の郡家の施設の型（タイプ）を定め、それに合致するものを郡家遺跡と認定する方法が採られてきた。すなわち郡家遺跡の型とは、一定の構造をもつ郡庁、正倉、厨などによって構成されるものである。そしてこのような八世紀型郡家遺跡の成立年代を以て、郡家遺跡の成立時期としてきたのである。しかしこのような方法によって得られる結論は、あくまでも八世紀型郡家遺跡の成立時期ということになるであろう。七世紀後半に評家はあったはずで、それは八世紀型のものと異なったものである可能性があり、その評家遺跡を認定する方法が見つけられていないのである。

評家遺跡を考えるために注目されるのは、郡家遺跡に近接して発見される「豪族居宅」遺構である。例えば陸奥国磐城郡家跡である根岸遺跡（福島県いわき市）、同白河郡家跡である関和久遺跡（福島県泉崎村）のいずれでも、官衙的な郡家遺跡に近接して、評の成立より古い時期に始まる豪族居宅遺構が発見されている。これらの豪族居宅は評の官に任命される豪族の居宅であり、評設置の当初はこの居宅が評家の役割を果たした可能性が考えられ、これらの豪族居宅遺構が評家であることを証明する方法を考える必要がある。

もし豪族居宅遺構が当初の評家であるとすれば、いわゆる七世紀末の評家遺跡の成立というのは、豪族居宅型評家から画一的・官衙的評家への転換であり、そこには評の支配・行政の質の強化がよみとれ、それは恐らく六八九年の飛鳥浄御原令の施行によるものと考えられよう。

六　木簡研究

木簡は、伝来された史料である典籍・文書とは異なり、その大部分が「発掘された文献史料」という資料的性格を持っている。考古資料であるとともに、文献史料であり、古代史学と考古学とを結びつけることができる資料である。発掘調査において、文献史料である木簡が出土する意味は大きい。すなわち①木簡によって遺跡の内容・性格を考察できる。②木簡によって遺跡・遺構、共伴遺物の年代を決定できる。この二つについての方法的な問題を述べる。

1　門牓制と木簡　木簡のライフサイクル論

木簡の出土遺構を含む遺跡の性格・内容について、木簡の記載内容によって考察する時、遺構と木簡の記載内容を結びつけるためには、木簡のライフサイクルを復原する必要がある。

木簡のライフサイクル　木簡は作成されて機能し、不要になって廃棄される。これが木簡の一生、すなわちライ

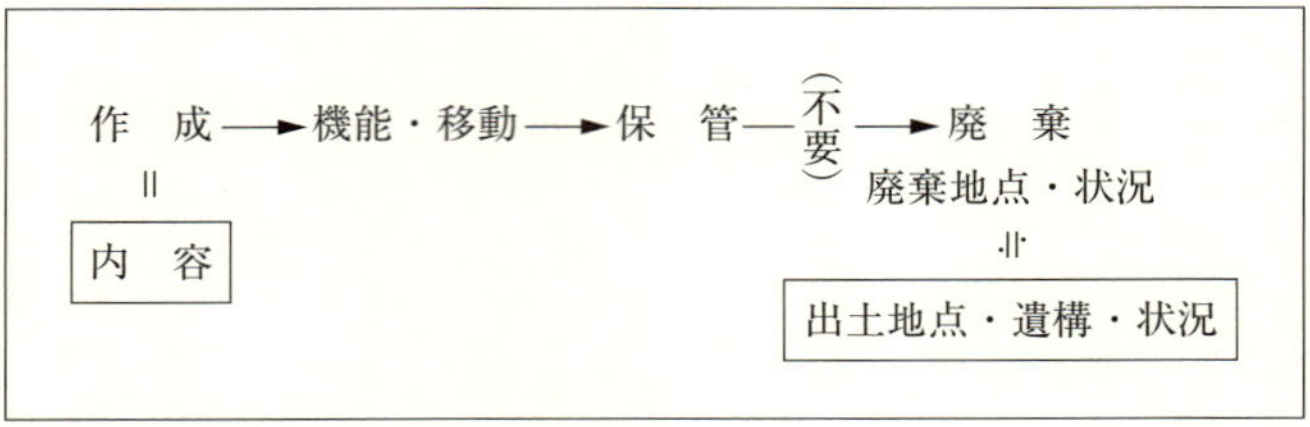

図６　木簡のライフ・サイクル

フ・サイクルである（図６）。木簡は作成によって内容が記され、その内容に基づいて機能する。木簡の中には機能に応じて移動するものがあり、出土地点の意味を考えるためには移動の問題は重要である。木簡は一定期間保管されることがあり、その後不要になって廃棄される。

発掘調査によって木簡を手にした時、われわれは、文字で記された内容と、出土地点・遺構・状況の二点を把握することができ、後者からは木簡の廃棄状況を推定できる。この二点によって木簡のライフサイクルを復原し、出土遺構・遺跡と木簡の内容の関係を考えて、その遺跡の内容を考察する。この木簡のライフ・サイクルの復原のために、木簡がある制度に基づく場合、その制度における木簡の役割を解明する方法が考えられる。このような事例として門牓制に基づく木簡による宮城門号の復原について述べる。

門牓制木簡と宮城門号(7)　門牓制は宮城の最外郭の宮城垣に開く宮城門において、物資の搬出と搬入をチェックする制度である。一般物資は宮城からの盗みを防止するために搬出を、武器は盗みと宮城への持ち込みを防止するために搬出と搬入をチェックする。この門牓制に関わる木簡が藤原宮・平城宮で出土し、次にその一つを例示する。

・□□（造東）内司運蒭一百［　　］出小子門
・　十月廿八日［　　］小野滋野

（『平城宮木簡三』三〇〇六号）

この木簡は、平城宮の東に張り出した東院の南面の西端の宮城門遺構の外側から出土した（図１）。木簡の内容は、造東内司（東内の造営担当官司）が蒭《まぐさ》を小子門から搬出することに関するものであり、ここに出てくる「小子門」という門号と出土地点付近の宮城門遺構との関係が問題となる。

門牓制の手続きに従って、この木簡のライフ・サイクルを復原する（図7）。①物資の門の通行を行おうとする官司である造東内司が、中務省に門牓を申請する。②中務省は、通行する物資の品目・数量などを記した門牓という文書を、通行を指定された門を守る衛門府の門司に発給する。③通行する造東内司は、通行する官人に、物資の品目・数量、通行する門号などを記した木簡を発給し、官人はこの木簡と物資をもって門に行く。④門司は門牓と木簡を照合して違いがなければ、通行を許可する。木簡は門を通行したところで不要になり廃棄される。掲出した木簡は③④に出てくる木簡で、そのライフ・サイクルは、造東内司で作成され、官人が物資とともに門まで持っていき、そこで門牓と照合されて、門を通行したところで不要になり、廃棄されたということになる。この木簡は官人と物資の通行証の機能を持っている。このライフ・サイクルの復原によって、木簡に通行を指定された「小子門」が、この木簡の出土地点＝廃棄地点に隣接する宮城門遺構の門号に当てられる。藤原宮・平城宮・長岡宮・当初の平安宮の宮城門号は、宮城門の守衛を職務とした氏の名を付けたので、「小子門」は小子部氏にちなむ「小子部門」の意味である。

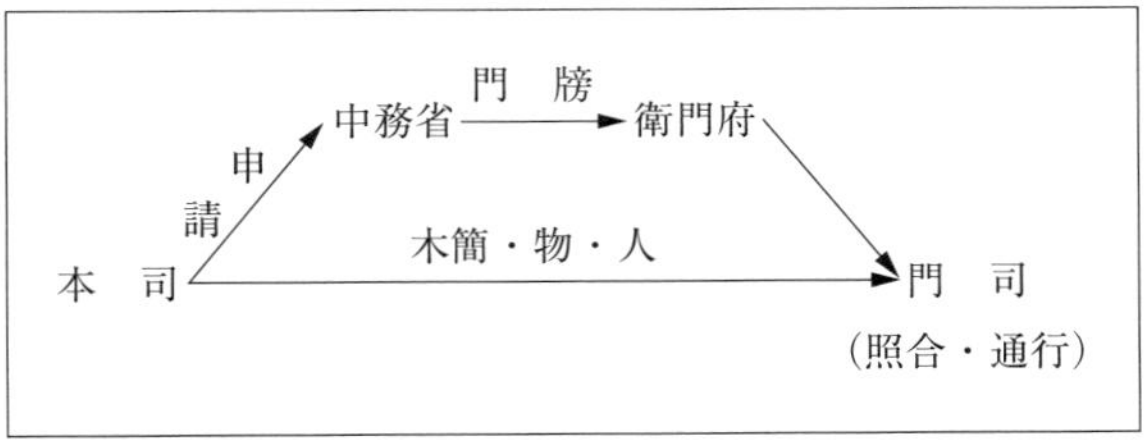

図7　門牓制のしくみ

2　木簡はいつ廃棄されるか

木簡には年次が記されることがあり、それは出土遺構・遺跡の年代、共に出土した遺物の年代を決定するためにかけえのない資料である。しかし木簡に記載された年次は多くは木簡作成の年次を示すが、出土遺構・共伴遺物の年代は木簡の廃棄の時点に関わるものであるから、これらのことに木簡を利用するためには、厳密にいえば木簡の作成から廃棄までの期間を考慮する必要がある。この問題は木簡のライフ・サイクルを時間の観点から考えることである。結論を言えば、この期間は木簡の内容分類によって長短がある。

文書木簡　日付が年次を省略し月日のみ記すことが多いことからみて、短期間。

荷札木簡　貢進物を貢納する際に付ける荷札で、貢進物の収納の際に勘検のために外されるものと、収納後も保管のため荷物に付けられ消費する段階になって外されるものがあり、前者は短期間、後者は物品の品目によって長短がある。魚・貝・海藻などの海産物は、保存が利かないので、短期間のうちに消費されて木簡は廃棄され、一方塩のように長期保存が利くものは二〇年も保管された後に消費されて廃棄されたものがある。

長岡京の飯請求の文書木簡と計会制度(8)　文書木簡の廃棄を考える上で、興味深い事例として、長岡京の太政官厨家跡出土の一群の飯請求文書木簡がある。一点を例示すると、次のように簡単な内容のものである。

請書手飯四升十月三日軽間嶋枌

（『長岡京木簡一』一四号）

これと同様の書式のもの二九点が同じ遺構から一括出土した。その日付は延暦八年（七八九）八月～同九年六月の間で、ほぼ一年間に当たる。太政官厨家は、政府の中枢の太政官の下部機構で、太政官の厨房と財政を担当し、これらの木簡は太政官の各部局から厨家に対して官人の飯を日々請求した文書である。この木簡群は、同種の木簡がほぼ一年間まとめて廃棄されている点に意味があり、さらにその始めが八月、終わりが六月である点が注目され、それは計会制度の年度と関わるものとみられる。

計会制度とは、律令制において公文書の授受が確実に行われているかを確認するための制度で、毎年太政官を中心に在京官司、国司との間で授受された公文書を書き上げた計会帳を各官司が作成・進上し、それらを太政官で照合して公文書の授受を確認するのである。そして計会制度の年度が前年八月〜当年七月であり、この飯請求木簡が延暦八年八月〜同九年六月であるのは、七月分が欠失しているとみれば、計会制度の年度と関係すると考えられる。計会制度は紙の正式な文書に適用されるもので、木簡には適用されないが、文書木簡は紙の正式な文書の付属文書として位置づけられるから、紙の文書に計会制度が適用されるのと関係して、その付属文書の木簡は、計会年度の一年間分が保管されていて、それを過ぎると不要になって廃棄されたと考えられる。先に文書木簡の保管は短期間であるといったが、この検討からその保管は長くても一年と考えられる。これは木簡のライフサイクルの時間の問題を、やはり制度との関係で考察したものである。

おわりに——古代史学と考古学——

自らの研究に即して縷々述べてきたが、おわりに古代史学と考古学の関係について常日ごろ感じていることを述べて本稿を閉じることとしたい。

第一に、文献史料と考古資料はその資料的性格を異にするから、当然事実を引き出す方法は異なる。前者は文字資料であり、後者は木簡などの一部の文字資料を除いて遺構も遺物もモノ資料であって、それぞれの資料的性格に基づいて資料の論理を追究して、事実を確定しなければならない。事実の認定において、両者の資料を都合よく利用することは〝もたれあい〟であり、避けなければならない。両者の資料のそれぞれの論理を追究して事実を確定した後、解釈の段階においてはじめて、両者から確定した事実を照合して、利用すべきである。

第二に、文献史料と考古資料は、そこから明らかにできる事実の内容に違いがあって、利点と限界があることに注意すべきである。例えば、歴史は時間と空間によって構成されるが、考古資料は歴史の空間認識には優れているが、時間認識については文献史料より劣っている。多賀城の遺跡を例に挙げると、この遺跡が仙台平野の東北部の丘陵に位置すること、外郭南門を入ってその全体の広さを感じること等々、種々の空間的認識ができる。しかし考古資料によって、多賀城の大きな時間的変遷は分かるが、日単位の時間を認識することはむずかしい。二つの資料の事実認識における利点と限界を認識して利用すべきである。

第三に、一人の研究者が、古代史学と考古学の方法に精通して、両者の方法を駆使して研究することは困難であり、自らの学問の立ち位置を明確にすべきである。私は古代史学の立場に立ち、考古学の成果を利用し、古代史学の立場から解釈をするという形で研究をしてきた。若い古代史の研究者が、考古学の研究成果を利用しようと思うならば、最低限でも発掘調査報告書を正しく理解できる能力、具体的には、報告書に記述されていることのどこまでが事実で、どこからが解釈なのか、また事実の認定が正しいかなどを見極める眼力を養うことが必要である。

注

（1）「按察使制度の一考察」『国史談話会雑誌』一三号、一九六九年〔本書第一部第一章〕。「八世紀郡領の任用と出自」『史学雑誌』八一編一二号、一九七二年〔本書第一部第二章〕。

（2）「平城宮大極殿朝堂考」（一九八〇年初出）、「平城宮大極殿朝堂再論」（一九九〇年初出）、『古代宮都の研究』所収、一九九三年。

（3）「飛鳥の漏刻臺と時刻制の成立」（一九九二年初出）『古代宮都の研究』所収。「漏刻と陰陽寮」『飛鳥・藤原宮跡発掘調査報告Ⅳ』所収、一九九五年。

（4）「飛鳥の須彌山と齋槻」（一九九二年初出）『古代宮都の研究』所収。「蝦夷の朝貢と饗給」『東北古代史の研究』所収、一九八六年〔『古代国家の東北辺境支配』所収〕。

（5）「古代東北城柵の城司制」『北日本中世史の研究』所収、一九九〇年、「律令国家とエミシ」『新版　古代の日本9　東北・北海道』所収、一九九二年。「東北の城柵はなぜ設けられたか」『新視点　日本の歴史3　古代編』所収、一九九三年〔いずれも『古代国家の東北辺境支配』所収〕。

（6）「古代国家と郡山遺跡」仙台市文化財調査報告書二八三集『郡山遺跡発掘調査報告書』所収、二〇〇五年〔『古代国家の東北辺境支配』所収〕。

（7）「木簡と歴史考古学」（一九八六年初出）、「門牓制・門籍制と木簡」『古代木簡の研究』所収、一九九八年。

（8）「文書木簡の廃棄と計会制度」『古代木簡の研究』所収。

（追記）最終講義は、二〇一〇年三月一三日に東北大学文学部第一講義室で行われた。本稿はその講義を補訂したものである。

第一部　古代国家の地方支配

第一章　按察使制度の一考察

一

按察使は養老三年（七一九）七月畿内と西海道を除くほぼ全国に設置された上級地方行政官である。この制度に関しては従来いくつかの論文があり、職掌・待遇などの制度一般、陸奥出羽按察使の特殊性、大宝前代の総領との関連など多くのことが明らかにされてきた(1)。

しかし、私にはこれら従来の論文における按察使の理解に関して納得しかねる点がある。従来の理解というのは、按察使は特定の国の国守を以て任じたもので、隣接の三四ヶ国を管轄し、管国を巡行して国郡司の政績を査察するのを職掌としたというような理解である。私の理解もこれを大きくでるものではないが、問題があるというのは、第一に従来の按察使の理解がその一職掌である「属国巡行」(2)にのみ重点をおいてなされている点である。按察使の基本的な性格は管国をする上級地方行政官であるという処にあるのだが(3)、従来はその点に十分な検討を加えず、属国巡行にのみ重点をおいて理解しているため、巡察使などと異なった按察使の性格が明確になっていないのである。第二に属国巡行に関してである。私も按察使理解のためにこの任務を軽視するものではないが、第一でのべた上級地方行政官であるという基本的な性格があいまいにされているため、属国巡行に関しても正しい理解がなされていないという点である。私は、この属国巡行を按察使が管国していることの一つのあらわれとして理解すべきものと考えるのであるが、その点はあいまいにされ正しい理解がなされていないのである。

以上のような点から、私は按察使は管国をする上級地方行政官であるという点を基本的な性格として、まずそれについて検討を加え、更にその中に位置付けることによって属国巡行についての正しい理解をえ、私なりの按察使の理解を示し、次いで按察使設置の意図や事情についても考察を及ぼすこととする。

二

按察使の設置を記す養老三年七月庚子条（史料(1)）は、按察使の基本的な性格を国を「管」するものであると定めている。同条はほかに所管国司を「親自巡省、量」状黜陟」すべきことを定めているだけで、管国とはどのようなことなのかを明らかにしていないが、按察使の性格を正しく理解するためには、この管国とは具体的にどのようなことなのかを明らかにする必要があるであろう。

ところで、続日本紀は按察使と国との関係を一方では按察使は国を「管」すると記し、また一方では国は按察使に「隷」すると記して（養老五年八月癸巳条）、両者の関係を「管隷」という字句で表わしている。この「管隷」の字句は公式令移式条にみえ、同条の義解は大宰府と西海道諸国とがこの管隷の関係にあると考えている。この按察使と国との関係を示す字句に関しての大宰府との一致は、按察使の管国の内容について示唆しているであろう。

さて次にこの管国を具体的に示す史料を掲げ、検討を加えることとする。

(1)　養老三年七月庚子条

始置二按察使一、令三伊勢国守従五位上門部王管二伊賀志摩二国一（中略）其所レ管国司、若有三非違及侵二漁百姓一、則按察使親自巡省、量レ状黜陟、其徒罪以下断決、流罪以上録レ状奏上、若有二声教条々一、脩二部内一粛清、具記二善最一言上、

(2)　賦役令集解水旱条所引養老三年格[4]

養老三年、諸国按察使等請事、答、官判云、諸国卒飢、給二義倉穀一、五百斛以下二百斛以上聴レ之、若応二数外給一者、使専知レ状、且給且申、若義倉不レ足、用レ税聴レ之、

(3)　養老五年五月辛亥条

令下七道按察使及大宰府、巡二省諸寺一、随レ便併合上

これら三史料――(1)按察使が徒罪以下を断罪すること、(2)義倉賑給に関与すること、(3)諸寺併合を行なうことは、按察使が行政や司法に直接関与する行政官であることを示している。そして(1)(2)にみられるように、その行政権・司法権は国司より一段階大きい権限なのである。

(1)に関しては菊地康明氏の指摘している処であるが、国司の徒罪断決は囚人の伏弁を得た場合と贓状露験の場合以外は、太政官量定の使人の按覆を得たのち始めて配役される定めであったが（獄令国断条）、按察使は無条件にその徒罪断決権を有していたのである。

(2)に関しては後述との関連もあるので、まず賑給の手続に関して簡単にのべておこう。賑給は本来中央政府の権限に属していて、国司が賑給を行なう時は、まず被害状況の報告をそえ賑給許可の申請文を中央に提出し、これに対して中央政府は国司の報告の実否を勘検するため覆検の使者を派遣し、そこで報告に虚偽がないということになれば賑給許可の官符が下されて、賑給が行なわれることになっていた。[5]

それがここでは「卒飢」の場合の特別な処置として、国司に一定の自由裁量権を認めるとともに、按察使には全面的な義倉・正税賑給の権限を与えているのである。

このように国司より大きな権限を有して直接行政・司法に関与することが、按察使が管国することの一つの内容なのである。そしてこのような按察使は、上級地方行政官と規定できるであろう(6)。

ところで実はこの上級地方行政官であるということは、史料(2)の特別な賑給法が国司請としてではなく、按察使請として中央政府に求められている処に、明確に示されていると思う。おそらくこの特別な賑給法は、地方行政の当事者である国司から按察使にまず請われ、それを受けて按察使が中央政府に請うたのであろうが、按察使がこのような行政上の処分を管内国司から求められていたことは、按察使が国司より大きな権限を有する上級地方行政官であることを如実に示している。このことは、西海道諸国からの中央への奏言が、必らず大宰府を通して「大宰府(奏)言」としてなされている事実(7)と対比すればより明確になるであろう。

以上は国司との関係で按察使の性格を考えたのであるが、中央政府との関係から次のような側面も注意されねばならないであろう。

それは、按察使が有した、より大きな権限が、賑給権にしろ断罪権にしろ本来中央政府に属するものを与えられたのであるという点である。これはすなわち、按察使が中央政府の権限の代行者＝中央政府の分身であることを示している。この二つの場合には、上述のような按覆・覆検の遣使という繁雑な手続きを省くための意味しかないが、史料(3)ではこの中央政府の分身という性格がより積極的な意味で現われている。

史料(3)は諸寺併合を命じたものだが、これは既に霊亀二年(七一六)五月庚寅に国司に命じられていたものであり、それが十分に行なわれなかったためにここで再び按察使に命じられたのであろう。ここでは、按察使は中央政府の意志を体し、それを地方政治に徹底させるものとして活動しているのである。

このように按察使は中央政府の分身という側面を有していたが、それは以上のように、一つには消極的な意味で中央政府の権限の代行者、二つには積極的な意味で中央政府の意志を徹底させる者という二つの意味においてである。以上の二側面から一応按察使の性格を規定すれば、中央政府の分身として国司を管する上級地方行政官ということになるが、注意しなければならないのは、この二側面が無関係なものとしてあったのではなく、密接な——いわば表裏の関係にあったということである。すなわち、按察使が上級地方行政官であるのは、中央政府の権限を代行しその意志を徹底させる中央政府の分身であることによるのである。

このような按察使の設置は、中央政府が按察使という行政権を有する自らの分身を、国司の上に常駐させて国司を直接掌握するということであり、いうならば、中央政府が地方官となって、国司の上に降りたってきたというようにもいえよう。

このことは、按察使と同じ意図を以て、養老三年九月癸亥に摂津・山背・河内など畿内諸国に設置された摂官の場合、よりあらわにあらわれている。(8)按察使の場合国守兼任という形をとっているが、摂官の場合は中納言・参議など中央高官兼任の形をとり、摂官任命国では国守・大夫が任ぜられていなかったらしいのである。(9)これは畿内という特殊事情（京に近いこと、重要地域であること）において、中央政府の地方政治の直接掌握ということが、そのまま現われたということであろう。

三

この節では、按察使設置の際その職掌として唯一つ明確に定められていた「属国巡行」について検討することとする。この属国巡行は按察使の属国の国司と百姓への監察の任務であるが、その性格は上述の按察使の性格から考えると、当然上級地方行政官の監察と捉えなければならないであろう。そこでその内容の検討に当っては、そのような意味で属国巡行と同性格であると考えられる国守の属郡巡行と比較しながら、それを手掛りとして考えることとする。

ところで、按察使の属国巡行と国守の属郡巡行とが同性格であるといったが、私は、按察使の属国巡行とは、いわば国守の属郡巡行を相似形的に属郡から属国の規模に拡大したものであると考えるので、まずその点を両規定を比較しながら明らかにしよう。

まず按察使の属国巡行であるが、これに関する史料は史料(1)と養老三年七月十九日格の按察使訪察事条事(10)である。訪察事条事は按察使の国司(11)・百姓への訪察の基準を定めたもので、国司の善悪状迹判定の基準十条（善状悪状各五条）と百姓の善悪状迹判定の基準八条（同じく各四条）からなる。按察使はこの訪察事条に基づき、国司の行政と百姓の行状を訪察するわけだが、その結果は、国司の場合、悪状五条該当者（史料(1)に云う「非違及侵二漁百姓一」の者）は「徒罪以下断決、流罪以上録レ状奏上」され、善状五条該当者（同じく「有二声数条々一、脩二部内一粛清」の者）は「具記二善最一言上」され、百姓の場合、善悪状迹に随って「挙罰録レ状具通」されることになっていた。

次に国守の属郡巡行(12)であるが、これは国守が毎年一度属郡の郡領の行政と百姓の行状を訪察するもので、その訪察基準として郡領の能不・景迹の善悪判定基準と百姓の善悪状迹判定基準が定められている。その訪察の結果は、郡領

表1

	国司（郡司）への訪察基準		百姓への訪察基準	
	善状	悪状	挙	罰
按察使訪察事条	(1)在レ職公平、立レ身清慎 (2)剖断合レ理、獄訟無レ冤 (3)籍帳皆実、戸口無レ遺 (4)繁二殖戸口一、増二益調庸一 (5)勧二課農桑一、国阜家給	(6)在レ官貪濁、処レ事不平 (7)容二縦子弟一、請託公行 (8)嗜レ酒沈湎、畋遊無レ度 (9)逋逃在レ境、淹滞不レ帰 (10)肆行二姦猾一、以求二名官一	(1)敦レ本棄レ末、情務二農桑一 (2)幼標二孝悌一、有レ感二通神一 (3)文学優長、識二明時務一 (4)有レ力超レ衆、武芸絶レ群	(1)田蚕不レ修、耕織廃レ業 (2)不孝不義、聞二於里閭一 (3)仮二託功徳、称二扇妖訛一 (4)恐二脅公私、欺二凌貧弱一
和銅五年制	在レ職匪懈、立レ身情慎 剖断合レ理、獄訟無レ冤 籍帳皆実、戸口無レ遺 （籍帳多レ虚、口丁無レ実） 繁二殖戸口一、増二益調庸一 勧二課農桑一、人少二匱乏一 （田疇不レ開、減二闕租調一）	居レ官貪濁、処レ事不レ平 （職用既闕、公務不レ挙） 侵二没百姓一、請託公施 逋逃在レ境畋遊無レ度 （禁二断逋逃一、粛二清盗賊一） 肆行二姦猾一、以求二名官一	(1)精務二農桑一、産業日長 (2)助二養窮乏一、在二活独惸一 (3)孝悌聞レ閭、材識堪レ幹	
戸令国守巡行条			好学 篤道 孝悌 忠信 清白 異行	悖礼 乱常 不二孝悌一 不レ率二法令一

の場合「皆入二考状一、以為二褒貶一、即事有二侵害一、不レ可レ待レ至レ考者、随レ事糺推」とされ、百姓の場合、善悪状迹に随って挙進・糺縄される定めである。

　ところで、この戸令の訪察基準はあまり詳細なものではないが、和銅五年（七一二）五月甲申の官奏により改定され、より具体的な詳細なものとなった（表1参照）。この和銅五年制が戸令の改定であることは明言されていないが、このような郡司・百姓への訪察が国守巡行に基づくものであることは明白であり、また同日に初めて国司巡行のための粮馬・脚夫の法が定められていることからみて、右の推測は大過あるまい。つまり和銅五年以降は属郡巡行は和銅五年制の条々に基づいて行なわれていたわけである。

さてこの両規定を比較した時、両者は、上級地方官（按察使・国守）が、善悪状迹にわけられた一定の基準に基づいて、その下級地方官（国司・郡司）の行政を監察し、管内百姓を挙罰する規定である点で基本的に一致し、更に、訪察基準の条々は、和銅五年制と訪察事条においては、地方官（郡司・国司）に関しては内容的にもほぼ一致し、百姓に関しては関連がみられるのである（表1参照）。

これらの類似からみて、上述の推測はほぼ承認されるであろう。

そこで次には、この両者の相似性を手掛りとして、属国巡行の国司訪察の処分の仕方について考えてみたい。問題にしたいのは史料(1)の傍線部の解釈に関してである。これは従来善政があれば言上せよ、というように簡単に考えられているが、私はそれだけではなく、これは毎年中央で朝集使の報告に基づいて行なわれる国司の考課決定に、直接関係するものなのではないかと考える。それは属郡巡行の郡司訪察と郡司考課の密接な関係から示唆される。郡司の考第はまず国守により定められ、それを朝集使に付し式部省に上申し、決裁を得て最終決定されるのであるが（考課令考郡司条）、属郡巡行の郡司訪察の結果は、上述の如く考状に入れられるわけで、考第決定の資料とされ、中央へ上申されるのである。

このように属郡巡行は郡司の考課決定と関係するのであるから、上述の両規定の相似性——この際とくに百姓の処分が挙罰と一致している点は注意される——からいって、属国巡行も国司の考課に関係するのではないかと考えられるのである。そしてこのように考えて問題の部分をみると、そこにはそれらしいものがよみとれるのである。それは「善最」の二字で、これは単に従来考えられているように、善政というような一般的な意味ではなく、内長上官の考第決定の基本となる善と最の意味に解されるのである。

これをもう少し詳しく郡司の考課と比較しながら考えてみよう。

上述のように国守巡行条の郡領の能不・景迹の善悪は考状に入れられるので、これらはいわば郡司考課決定の基準となるわけであるが、考課令考郡司条にも、郡司考課は四等考第に定めるとして、各考第毎に八字句のきわめて簡単な評定基準が定められている。そうであるなら、この二つの考課決定の基準はどのような関係にあるのかというと、それには考郡司条の集解諸説が参考になる。まず義解を始めとする諸説は、考第決定において各考第評定基準への適否のみが問題となるのではないという点で一致し、更に朱説は「戸令云、郡司在㆑官公廉、不㆑及㆓私計㆒等、来㆓此条㆒可㆑得㆑考也」といい、穴説は「(国守巡行条)政績能不、景迹善悪、皆約㆓四等言㆒」としている。すなわち、考郡司条の各考第評定基準は八字句のきわめて簡単なものなので、それだけでは考課決定はなしえず、実際にはより具体的な国守巡行条の基準により政績をみて、それらを集約して各考第に評定するというのであろう。そしてその際、諸説が上第評定基準の八字句を内長上官の善や最に相当するものであるとしている点は注意してよいであろう。

さて問題の部分にもどるが、ここには、国守巡行条の基準と考郡司条の基準の関係と同じ関係がよみとれるのである。すなわち、そこでは「声教条々」つまり訪察事条善状五条に該当することがあれば、「具記㆓善最㆒言上」せよといわれているのであり、国守巡行条の基準→考郡司条の評定基準(善最相当)という関係に対応する、訪察事条→「善最」という関係がよみとれるのである。そしてここで更に、考郡司条の評定基準に対して、国守巡行条と同じ関係にあると考えられる和銅五年制が、内容的に訪察事条とほぼ一致していることが思いだされるのである。

このような対応関係からみると、問題の部分の「善最」は内長上官の考課の基本となる善と最であり、属国巡行は毎年の国司の考課に関係するものであるという推測はほぼ承認されるのではないだろうか。

このことは、訪察事条の善状五条が内容的にも善・最の規定と密接に関連して定められているということによって、傍証されよう。

考課令には国司の考第決定基準として、善・最、中下第以下評定基準が定められている。善とは内長上諸官に共通する徳目的な基準で四条からなり、最とは各官毎に個別に定められた政績判定基準で国司（介以上）は「強二済諸事一粛二清諸部一」である。国司の九等考第のうち上上第〜中中第へは、与えられた善・最の数の綜合により定められ、中下第〜下下第（善・最が与えられない場合）へは各考第評定基準により評定されるわけである。[13] ところでこれら善・最、中下第以下評定基準は、郡司の四等考第評定基準と同様に、四字・八字句のきわめて簡単なもので、実際の善・最の与不、中下第以下への評定基準としては不十分なものであったであろう。

さて[14]訪察事条善状五条と善・最などを比較すると、訪察事条(1)は善四条のうちの「公平可レ称」「清慎顕著」の二善をひきついだものであり、(2)は下上第評定基準「愛憎任レ情、処断乖レ理」をうらがえしてひきついだものである。(3)(4)(5)は善最にその基づく処を見いだせないが、実は国司の場合善最方式によるほかに、考第を昇降する規定が考課令にあり、それに基づいているのである。

その規定は考課令国郡条の、国郡司が「撫育有レ方、戸口増益」「勧二課田農一、能使二豊殖一」めることが、見戸口数見田積数に対して一定割合になれば、その割合に応じて昇考し、逆に「撫養乖レ方、戸口減損」「不レ加二勧課一、以致二損減一」さば、同じく降考するという規定で、ここからは「撫育有レ方、戸口増益」と「勧二課田農一、能使二豊殖一」という、かなり具体的な基準が知られるわけである。

ところでこの規定は善最方式の外にある特別な規定であるわけだが、[15] 実際にはこれらの二基準が事実上の国司政績判定の基準となっていた。

霊亀元年（七一五）五月辛巳の勅では、「撫二導百姓一、勧二課農桑一、心存二字育一、能救二飢寒一」の者は「国郡之善政」

であり、「身在二公庭一、心顧二私門一、妨二奪農業一、侵二蝉万民一」の者は「国家之大蠹」であるとして、国郡司の政績判定の三等基準を次の如く定めている。「勧催産業、資産豊足者」（上等）・「雖レ加二催勧一、衣食短乏者」（中等）・「田疇荒廃、百姓飢寒、因致二死亡一者」（下等）――「致死亡」つまり戸口減損が十人に及べば見任解却。

また同二年（七一六）四月乙丑の詔では、貢調脚夫の入京の日その備儲を察して「若有下国司勤加二勧課一、能合中上制[16]、則与下字育和恵粛二清所部一之最上、不レ存二教喩一、事有二闕乏一、則居二撫養乖レ方、境内荒蕪之科一、依二其功過一、必従二黜陟一」とされている。

さて前者の三等基準を貫いているのは、「撫二導百姓一、勧二課農桑一」して百姓が豊かであるか否かであり、後者では国司の「撫導有レ方」であるか否かが問題となり、それを貢調脚夫の備儲から察しようというのである。このように「撫育有レ方、戸口増益」と「勧二課田農一、能使二豊殖一」は実際に国司政績判定基準として重視され、霊亀二年詔において最の与不の判定基準となっているように、事実上の政績判定基準となっていたのである。上述のように善最の規定は簡単なものであったから、実際には具体的な基準が必要であったのであり、それには考課令において有力であったこの二つの基準がひきつがれたのであった。

そして訪察事条⑷⑸はこのような二基準をひきついで定められたのである。⑶は国郡司条の戸口増益の一手段として「括出」も含まれているから（考課令増益条）、⑷と同じ意味をもつものであろう。

このように訪察事条の善状五条は、内容的にも国司の考課に関連するものなのであり、とくに⑷⑸は具体性のない最の規定に関する実質上の基準となっていたものである。これらの事実から、属国巡行が国司の考課に関係するものであるという推測は、ほぼ確かなものとなったであろう。

ところで脇道にそれるが悪状五条についても検討を加えておこう。

悪状五条は、(6)が(1)のうらがえしで下下第評定基準を継承しているが、他条はその基づく処を考課令にみいだせない。(7)は「放二縦親識一、与レ民争レ利、兼二事請託一、蠹レ民害レ政」〔類聚三代格大同四年九月二十七日官符〕というようなことであるが、基づく処は雑令外任人条、職制律有所請求条である。[17] (8)は「嗜レ酒沉湎」により公務を廃闕し、「畋遊無レ度」により百姓を擾乱することを意味するが、直接律令に基づく処をみいだせない。[18] (9)は捕亡律部内容止他界逃亡浮浪条に基づき、和銅四年（七一一）十月丙申に問題とされていた。(10)は職制律諸司遣人妄称己善条に基づき、霊亀二年（七一八）四月乙丑詔にその具体例がみえる。

このように悪状五条は考課令に直接基づくものではなく、律令の諸条などから断罪すべき「非違及侵二漁百姓一」にあたるものを統一的に定めたものであるが、そこでは国司の職務の廃闕・不正と百姓への侵漁が主に問題となっていた。

さて属国巡行と考課の問題にもどるが、なぜ按察使はこのように国司考課に関与しなければならなかったのか、また考課に関与するといってもどのような仕方で関与していたのか。次にはこの問題について考えるが、それには和銅五年（七一二）五月乙酉の詔を検討しなければならない。

この詔は諸司主典以上と朝集使に対して、まず「未レ熟二律令一、多有二過失一」と官人の違令の多いことを糾弾して律令の励行を命じ、次に京官に対して弾正の月別三度の巡察を命じ、最後に国司に対して、朝集使制による国司考課制の不徹底を指摘し(イ)その励行と(ロ)巡察使の毎年派遣の制を命じている。(イ)(ロ)に関してもう少し詳しくのべよう。

(イ)国郡司らの考課は国守がまずその考第を定め、考文などとして中央へ上申し、その決裁を得て最終決定されることになっているわけだが、そこには朝集使制が定められていた。そこでは朝集使は考文等を運搬するとともに、国郡司らの「在任以来年別状迹」を知っていて、中央政府の疑問に随って弁答し、その決裁を得るという重要な役割を果

すことになっていた。(19)

ところがこの詔からうかがわれる処では、その重要な役割を果すべき朝集使に、その職責を十分に果し得る人があてられず、中央での「随レ問弁答」に「礙滞」する処があり、また中央に申送される考状が不十分なものであったらしく、令の国司考課の制は当時十分に行なわれていなかったらしいのである。このような国司考課の制の不徹底は、実は前年七月甲戌の詔でも問題となっていたのである。そこでは「若有下違犯而相二隠考第一者上、以レ重罪レ之、無レ有レ所レ原」と命じられていたが、五年詔ではそれをうけてより具体的に問題点を指摘し、考課令の励行を命じたのである。(20)

(ロ)令制においては国司監督は基本的には毎年定例の考課により行なわれるわけであるが、これは朝集使の弁答と文書を通しての間接的な監察の制であり、十分なものではなかった。そこで、これを補足するものとして定められていたのが、いわば直接的な監察の制である巡察使制である。しかし、巡察使は職員令に定められてはあるものの、「不二常置一、応二順巡察一、権於二内外官一、取二清正灼然者一充、巡察事条及使人数、臨時量定」(21)というきわめて臨時的な性格の使人にすぎないのであり、天武十四年（六八五）の初見時から和銅五年までわずか七度の派遣が知られるにすぎない。また考課の制に対して補足的な関係にあるといっても、考課の制に密接に関係していたのではなかった。巡察使の報告は単に臨時の賞罰として処分されていたにすぎないのである。(22)

それがこの和銅五年詔では、臨時から毎年派遣とし、それにより、式部省での考課決定に際し巡察使の所見を朝集使の考状と勘会するとして、考課の制に直接関係させることにしたのである。(23)和銅五年の巡察使新制を考える際には、単に臨時から毎年に派遣の頻度がましたという点だけではなく、考課の制と直接関係するようになったという点を注意しなければならない。このような処置は、(イ)の状態に対して朝集使考課上申制を徹底させるための施策であったの

である。(24)

このように国司考課の徹底を意図して巡察使毎年派遣制が定められたが、この制は十分に実行されなかったらしい。(25)その原因はどこにあったのかというと、それは巡察使制自身の中に毎年派遣をするために十分な制度的保障がなかったからであろう。上述のように、巡察使は官として設置されたものではなく単なる臨時の使者にすぎず、常時その職員が存するわけではなかった。このような制度では、自動的に毎年派遣をすることはかなりむずかしいのではないだろうか。

このように巡察使毎年派遣が励行されなかった結果、国司の考課も十分に行なわれなかったらしく、そのような状況(26)で、巡察使に代って設置されたのが按察使だったのである。

このような、朝集使考課上申制の弛緩、それへの対応策である巡察使毎年派遣制の失敗という、按察使設置以前の状況は、按察使が国司の考課に関与する理由を十分に説明しているであろう。

ところで、按察使が国司の考課に関与するといっても、それはどのようなかかわり方をするのであろうか。それは和銅五年の巡察使制から示唆されるであろう。

按察使が国守の属郡巡行と同性格の属国巡行をして、国司の考課に関与するといっても、それは、国守が郡司の考第決定権を有していたということと同じではなかったであろう。按察使制施行期間中、朝集使制が行なわれていたことは確かだから(神亀元年三月甲申条)、一方では令制の朝集使考課上申制が行なわれ、按察使の国司訪察の結果は、巡察使の場合と同様に、朝集使の上申する考課と勘会されるべきものとして中央へ上申されたのではなかろうか。

いうならば、按察使の属国巡行は、巡察使毎年派遣により行なおうとして、その制度上の欠陥の故にできなかった国司の考課の徹底を、郡司の考課の基盤となる属郡巡行と同じ方式を以て、行なおうとしたものであるといえるであろう。

さて以上属国巡行に関して、国司への訪察を中心にして考えてきたが、次に百姓への訪察にも検討を加えることとする。

百姓への訪察は国守も行なうわけであるが、その訪察基準である戸令国守巡行条・和銅五年制と按察使訪察事条を比較してみよう（表1参照）。

一見して明らかなように、国守巡行条の規定が儒教的な徳目を定めた現実性のないものであるのに対して、[27]和銅五年制・訪察事条は、戸令の規定を継承しながらも新たなものを加え、より現実的なものになっている。

訪察事条⑵⑶⑹は国守巡行条の徳目的な基準をうけて定められたのであるが、他は当時の地方状況を反映して新たに定められたのである。

⑴と⑸は表裏の関係にあり、和銅五年制の⑴をうけ、国司訪察事条の⑸と関連している。霊亀・養老年間には、水旱・飢饉への対策として陸田耕作・雑穀栽培が奨励され（霊亀元年十月乙卯、養老三年九月丁丑、同六年八月戊子）、それと同時に地方官人の勧課農桑の職掌が強調され、それが政績判定の基準にさえなってきたのであったが、この⑴⑸はそのような状況の中から定められたものであろう。[28]

⑷は武才の貢人に関するものである。戸令集解国守巡行条の諸説によると「挙而進之」とは単に事状を録して奏聞するだけではなく、その正身を朝集使に付し貢人として貢挙することである。貢人とはふつう国学出身者をさすが、この国守巡行条による貢人も存したわけである。ところが、当時武才の貢人に関して問題が存していた。神亀五年（七二八）四月辛卯勅によると、当時政府が「騎射相撲及膂力者」の貢進を国郡司に命じても、国郡司はそれらを

「王公卿相」に給していて貢進すべきものがいないという状況であった。このような王臣家と国郡司の結託は養老年間からみえ、それに関連して農民の方からも、課役忌避の一手段として、王臣家に仕え資人になることを望む動きを示していたのである（養老元年五月丙辰）。このような資人や騎射・相撲・膂力の者の貢進をめぐる農民の課役忌避のための動向とそれに関連する国郡司の王臣家の結託という状況において(4)が新たに定められたのであろう。

(7)は官寺外の僧侶集団の民間布教活動に対する訪察である。養老年間は僧尼への統制が強化され、行基に代表される官寺外での僧侶集団の民間布教が政治問題化した時期である。彼らは「詐称二聖道一、妖二惑百姓一、道俗擾乱、四民棄レ業」と農民の課役忌避の一手段としての私度僧化を、そそのかすものとして糾弾されていたのである。[29] (7)はそのような状況から定められたのであろう。

(8)は少し莫然としていて明確にしがたいが、富豪農民の貧窮農民への圧迫——とくに不正私出挙による圧迫について問題にしているのではないだろうか。養老四年（七二〇）三月己巳の官奏は農民に貧窮者の多いことを問題にし、六ヶ条の処分を申請しているが、その中で私出挙に関して、旧本を名義をかえて重挙し本をすぎる利をとっている不正行為を指摘し、半利をすぎざることを命じている。公私とも出挙は農民の貧窮化を招き、数年の負稲は農民の逃散の原因になっていたのである。[30]

このように、訪察事条は戸令国守巡行条の規定をひきつぎながらも、当時の地方状況に即した具体的な規定を新たに定めていたのである。

この百姓の挙罰の任務は、当時農民の間に存した動揺をしずめ、その生活を安定させようとしたものであるが、本来国守が有していた挙罰の任務を按察使に与えたのは、より強力に農民生活の安定を図ろうとしたためであろう。

以上、二・三節で考えてきた按察使の性格・任務について要約しておこう。

按察使は国司を管する上級地方行政官である。その上級地方行政官としての任務は、まず属国巡行という毎年定例(31)の国司と百姓への監察の任務である。この属国巡行は国守の属郡巡行と同性格のもので、いわば属郡巡行を相似形的に属郡から属国の規模に拡大して行なうものであり、上級地方行政官としての監察である。国司への訪察の結果は、徒罪以下断決権を以て断罪するとともに、毎年の考課の資料となすために中央へ上申された(32)。百姓への訪察の結果は挙罰されるが、その訪察事条は戸令の条々にくらべて、当時の地方状況に即した具体的なもので、農民生活の安定を強力におしすすめることを意図したものである。このような監察のほかに、上級地方行政官である按察使は当然行政・司法に直接関与することもあった。これには、国司の権限をこえることに関してより大きな権限を有して関与する場合、中央政府の命令により随時行政する場面がある。

ところで、このような上級地方行政官であるのは、中央政府の分身であることによるのである。すなわち、監察権・賑給権・断罪権など按察使が有していた権限は、本来中央政府に属していたものを与えられたのであり、また随時行政するというのも、中央政府の意志を体して、それを地方政治に徹底させるためであったのである。

結局、按察使は、中央政府が自らの分身として、国司の上に常駐させた上級地方行政官であるといえるであろう。

四

この節では按察使設置の意図・理由について考えることとする。

この問題に関しては、養老五年（七二一）六月乙酉の官奏に「国郡官人、漁二猟黎元一、擾二乱朝憲一、故置二按察使一、糺二弾非違一、粛二清姧詐一」と、明確にのべられている。つまり、地方官人の非違・不正に対する、監督の強化ということである。

ただしかし、従来この地方官人への監督の強化という場合、属国巡行という監察の任務を中心としてのべられているが、上述のような性格・任務からみると、疑問を感ぜざるを得ないし、それでは巡察使との相異も明確になってこないであろう。

たしかに、按察使の地方官人への監督は定例的には属国巡行により行なわれるのであるが、それだけではなく、その有する行政権を通してもなされるのである。按察使は国司より大きな権限を有して直接行政に関与することもあるわけであるが、その行政関与を通しても地方官人への監督はなされるのである。そしてまた、中央政府の命令により行政することもあったわけだが、その場合には、単に監督ということではなく、中央政府の意志を直接地方政治に徹底することができたのである。

そして更に、その監察である属国巡行は国守の属郡巡行と同方式の上級地方行政官としての監察であり、それを以て、中央派遣の使人である巡察使を毎年派遣して行なおうとしてできなかった毎年定例の考課の徹底を行なおうしたものなのであり、その点において制度的に巡察使の監察よりも秀れていたのである。

このような二点において、按察使は巡察使と異なり、また秀れた制度だったわけだが、それは按察使が地方行政官であることによるのである。

さて按察使設置の理由に、地方官人の非違・不正をあげたが、これについてもう少し考えてみよう。

まず、按察使設置の理由は、単に地方官人の非違・不正というようなことだけではなく、その根本には令制の地方官人監督のための基本的な制度である朝集使考課上申制が、十分に行なわれていないという問題が存したことである。上述のように、考課上申制の問題は和銅五年詔において指摘され、その対策として巡察使毎年派遣制が定められたのであるが、それは失敗し、その後も考課制は問題となりその対策がなされていたのである。霊亀元年五月には具体性のない善最に対して、実質的な政績判定の三等基準が設定され、同二年四月には最の与不の判断のために、貢調脚夫の備儲を察する制が定められ、そして按察使の国司訪察は、朝集使の考課上申と勘会されるべきものとして上申されることになっていたのである。

次に、按察使設置による監督強化の理由を、養老五年六月官奏を文字通り解して、単に地方官人の非違・不正が著しくなってきたことに求めるだけでは不十分であり、それと同時に政府の地方官人への姿勢という点を考慮しなければならないということである。たしかに、和銅年間以降地方官人の不正・怠慢を糾弾する格制が頻出してくるのであり(33)、実際に地方官人の不正・怠慢が著しくなってきたというような状況が存したのかもしれない。しかし、上述のように、政府の地方官人への監督強化という姿勢は和銅五年以降一貫しているのであり、按察使による監督の強化はそれらの施策の進展として位置付けられるべきものなのである。そうであるならば、養老五年六月官奏の前引部は、和銅五年以降一貫してきた政府の地方官人への監督強化の姿勢の下にのべられたのであるということを考慮して解されるべきであって、そのままうけとることはできないのではないか。また地方官人の不正・怠慢を糾弾する格制に関しても、それらが頻出してくるのが和銅年間以降であるということは、それらの糾弾が和銅五年以降の地方官人への監督強化の姿勢の下になされたのであるということを示していよう。

さてそれでは、按察使による地方官人への監督強化はどのように考えられるべきなのであろうか。そのために霊亀年間における監督強化の意味を考えておこう。

野村忠夫氏(34)が指摘しているように、霊亀年間の地方官人への監督強化は農民生活の安定と密接に関連して命ぜられていた。すなわち、上述の霊亀元年五月の国司政績判定の三等基準は「撫㆓導百姓㆒」「勧㆓課農桑㆒」という農民生活の安定と密接に関連するのを基本として定められていたし、またその際の巡察使派遣においては、「四民之徒、各有㆓其業㆒、今失㆑職流散、此亦国郡司教導無㆑方、甚無㆑謂也」と、農民生活の破壊の責任は国郡司にあるとして、巡察使派遣が命ぜられていたのである。

このような、農民生活の安定を地方官人の責任として強調し、農民生活の安定との関連で地方官人への監督を強化するという、霊亀年間の政府の方針は、按察使による監督強化の場合にも同じであったろう。

養老五年六月官奏において、地方官人の不正・怠慢への糾弾は「国郡官人、漁㆓猟黎元㆒」と、農民との関連でなされていたし、訪察事条の悪状五条は、職務の廃闕とともに百姓への侵漁を問題としていたし、善状の(4)(5)は霊亀元年五月の三等基準の二つの基本をひきついで定められたものであったのである。

すなわち、按察使の地方官人への監督強化は、地方官人の職務を十分に果させ、その百姓への侵漁をおさえて、農民生活の安定を図ろうとするものだったのである。そして、按察使はこの監督の強化を通してだけではなく、現実に即した具体的な訪察事条に基づいて百姓を訪察し、自らも農民生活の安定に当ることになっていたのである。

さて最後に、按察使制の崩壊についてふれ、本稿をとじることにする。

養老三年七月ほぼ全国的な規模で成立した按察使制は、大きな期待にもかかわらず、意外に早く崩壊してしまう。陸奥出羽按察使は蝦夷との特別な関係で、本来的な方式である地方駐在制がのちまで続くのであるが、これを除くと地方駐在の按察使の最後の史料は、越前按察使大伴邑治麿が天平三年（七三一）の正税帳に署している史料である。[35]しかしこの史料から、当時全国的な規模で按察使の地方駐在制が行なわれていたことにはならない。同四年（七三二）九月乙巳条の任官記事に備後守石川夫子に「兼知㆓安芸守事㆒」とあり、当時備後按察使が任ぜられていなかったらしいことが知られるのである。なぜこのような処置がとられたのか明らかでないが、備後按察使が在任していれば、当然これは按察使に委ねられるべきことである。安芸は備後按察使の管国であったのである。それが備後守に委ねられているのは、備後按察使が在任していなかったことを示しているであろう。

実は林陸朗氏が指摘するように、按察使制は神亀末に早くもその実質を失い始めていたのである。林氏はその論拠に神亀四年（七二七）二月甲子の巡察使派遣をあげているが、神亀五年八月壬申の官奏もそれをうらづける。先に養老七年十月庚子勅は按察使任国にのみ国博士を補任することを命じたが、この官奏では「補㆓博士㆒者、惣㆓三四国㆒而一人」と実質的にはそれと同じことを命じながら、按察使については何らふれていないのである。

以上から、地方駐在の按察使制は、神亀末にその実質を失い始めのち余命を保ちながらも天平初を通じて崩壊していったと考えられるであろう。

さてそれでは、按察使制がこのように早く崩壊してしまった原因はどこにあったのだろうか。それはその制度自体の内に存したのである。

按察使制の秀れた点は地方に常駐する地方行政官である点に存したのであるが、その制度の欠陥もその点に存したのである。地方駐在の地方行政官である以上、国司に生じる不正・怠慢は同じように按察使にも生じる可能性があるのであり、按察使は国司より大きな権限を有しているのであるから、それはなおさらのことであったであろう。そのような按察使の不正は早くも神亀元年（七二四）にみえている。同年十月乙卯条によれば、息長臣足は出雲按察使在任中、「贖㆑貨狼藉」したとして位禄を奪われているのである。この地方駐在の按察使制の崩壊ののち、陸奥出羽按察使以外では、天平勝宝四年（七五二）十月に至り、但馬因幡按察使の任命がみえ、それ以後延暦二年（七八三）七月の近江按察使の任命まで七例がみえているが、それは臨時的なものであったらしく、かつ参議や中央武官の兼任で地方駐在制はとらなかった。[36] これは上述の弊害にかんがみてのことであろう。

注

（1） これまで按察使制を直接主題とした論文は次のようなものである。高橋崇氏「按察使の制度―特に陸奥出羽の―」（『歴史地理』八五の三・四）、菊地康明氏「上代国司制度の一考察」（『書陵部紀要』六）、坂元義種氏「按察使制の研究―成立事情と職掌・待遇を中心に―」（『ヒストリア』四四・四五）この他直接主題としたものではないが論及しているものをあげると、林陸朗氏「巡察使の研究」（『国史学』六八〔『上代政治社会の研究』再収〕）、阿部猛氏「古代地方行政監察機関の一考察」（『歴史学研究』二五七〔改題のうえ『平安前期政治史の研究』再収〕）、橋本克彦氏「按察使任国について」（『中央大学文学部紀要史学科』二八）、竹内理三氏「『参議』制の成立」（『律令制と貴族政権』第Ⅰ部）、岩橋小弥太氏「職官新志」の按察使の項（『上代官職制度の研究』）などである。以下、これらの論文の引用は氏名だけとし、とくにことわらない。

（2） 管国を巡行する任務である。養老四年三月乙亥条に「按察使向レ京、及巡二行属国一之日」の乗伝給食の法を制するとあるので、「属国巡行」の字句を用いる。尚、続日本紀からの史料の引用は日を干支で記すこととし、とくにことわらないこととする。

（3） 菊地氏が「隣接三四箇国の国政を統轄せしめる純然たる地方官」と、まずこの点を正しく指摘し、坂元氏もこれをうけて「上級地方官」としているが、その意味する処を十分に検討していない。

（4） 養老三年九月丁丑条に義倉開恤の記事があり、この格はこの時発令されたものであろう。

（5） 戸令遭水旱条に「応二須賑給一者、国郡検レ実、預申二太政官一奏聞」とあり、国司の報告に基づいて覆検の使者が派遣される手続は、弘仁十年五月二十一日官符（類聚三代格巻七）によく示されている。これは弘仁の史料であるが、賑給のための遣使は続日本紀に多くみえている（慶雲三年四月壬寅条、和銅元年七月甲辰条、天平宝字六年五月壬午条、同七年八月癸巳条、同年九月庚申条など）。また賑給のために官符を必要としたことについては、賦役令集解義倉条所引宝亀五年格に「自今以後、用二諸国義倉一者、無二官符一、過二当年輸数一、賑給国者皆返却、唯雖レ云レ無レ符、不レ過二年輸一者勿レ返」と無符の場合の処分法を定めているが、これはすなわち本来は官符を必要としたことを示している。尚、村尾次郎氏『律令財政史の研究』第二章第五節参照。

（6） 誤解のないように注意しておきたいが、按察使が国司の上級地方行政官であるといっても、全行政が按察使のレベルまで上ってきて処理されるというようなことでは無論ない。通常の行政は国司のレベルで処理されるのであって、按察使は国司の権限をこえる場合や、史料(3)のように中央政府の命令をうけた場合にのみ行政に関与するだけである。国守兼任で属官に記事（養老三年七月丙午条に典とあり、同四年三月己巳に記事と改号）を有するだけの貧弱な官制から考えればそれは当然であろう。ただしかし、本来国のレベルで行なわれるべき行政を按察使のレベルで処理しようという動きもみえている。養老七年十月庚子には、本来国別に補任されるべき国博士が按察使任国にのみ補任されることになったのである。

（7）続日本紀において西海道諸国からの中央奏言の形式がわかるものは、四例を除いて全て「大宰府奏言」「大宰府言上」などとして、大宰府を通してなされている。しかもその四例外のうち、二例（天平十四年十一月壬子条、同十五年三月乙巳条）は大宰府廃止期間中のものであり、一例（大宝二年十月丁酉条「唱更（薩摩）国司等言」）は征隼人のための特例であり、例外は一例（勝宝七年五月丁丑条）だけとなる。これは、国司奏言ではなく「大隅国菱苅村浮浪九百卅余人言」というものであり、大宰府奏言中に引用の浮浪言上をとって、続日本紀編者がこのような記事を作ったと考えられないこともない。

（8）摂官の活動については詳しく知られないが、公卿補任には山背国摂官大伴旅人を知山背国事と記していること（神亀三年条、養老三年条には山背国摂官と記す）、また河内国摂官多治比三宅麻呂が養老六年正月壬戌配流された直後の三月戊申に阿倍広庭が知河内和泉（国）事になっていることなどから考えると、摂官とは「知―国事」と同じものであって、結局畿内諸国を地方長官を置かずに中央高官を以て直接知らしめたものであろう。

（9）摂官が設置されていたと考えられる養老・神亀年間にはこれらの国には守・大夫の在任を示す史料は一例しかみられない。その一例は養老四年十月戊子の従五位下大宅大国の「摂津守」任命記事であるが、この記事は、摂津大夫と記すべき処を摂津守と記していること、摂津大夫としては位階が低すぎること（大宝～宝亀間の大夫任命者は従三位⑸、正四位下⑶、従四位下⑼、正五位上⑹、正五位下⑶である。同時期の亮任命者十八人中十七人は従五位下で、従五位下は亮の位階である）から、正式の大夫任命記事であるかどうか疑わしい。他の時期には多く摂官任命国の長官の存在が知られるから、存在を示す史料のないこの養老・神亀年間には、摂官任命国では長官の任命はなかったのであろう。

尚、中平亘洋氏「古代国司表」（『続日本紀研究』一―三・三）参照。

（10）類聚三代格巻七、表1参照。

（11）坂元義種氏は、按察使の訪察は国司だけでなく郡司までも及ぶとしているが、史料⑴は「所」管国司」を問題にしているだけだから、訪察の重点は国司にあったのであろう。

（12）戸令国守巡行条。

（13）考課令善条、最条、一最以上条。尚、令引用の際の・印は大宝令復原可能部分を示す。

(14) 延暦五年庚午《（十二）》（類聚三代格巻七では、十九日）に国郡司・鎮将辺要等官の政績判定基準十六条が定められた。これはすぐには実施されなかったが、観察使設置とともに実施されることになり、大同四年九月二十七日この十六条を実施する上での観察使の疑問に答える官符が下されている（類聚三代格巻七）。この十六条は訪察事条十条を殆んど含んでおり、大同四年官符は訪察事条の理解に多くの示唆を与えるので、参照されたい。

(15) 国郡司条義解「其国郡司、各依二行能功過一、立二考第一已訖後、更依二斯条一、為レ分昇降也」。このようにこの規定が最善方式を経ずに、直接考第の昇降に結びつくことは、この二基準が有力なものであることを示している。

(16) ここでいう「上制」は明確にしがたいが、和銅七年二月辛卯の「輸二絁糸綿布調一国」に人毎に調庸以外に一定の絲綿布を儲備させた制ではないだろうか。

(17) 大同四年官符参看、尚、公式令外官赴任条には子弟廿一才以上を伴い任地下向することも禁止されている。

(18) 延暦五年制では、「畋遊無レ度擾二乱百姓一」と「嗜レ酒沉湎廃二闕公務一」の二条になっている。尚、後句に関しては具体的には、天平十三年二月戊午条のようなことである。

(19) 考課令内外官条、大弐以下及国司条。

(20) 和銅五年詔で言及されていることは既に律令に定められていたことであって、新制ではない（考課令官人景迹条、大弐以下及国司条、職制律貢挙非其人条）。但し考状の式部省移送は令中に明確になっていない。しかし、これが移送されなければ中央での考課決定は事実上不可能であるから、当然その移送は行なわれることになっていたのであろう。尚、考状は考文とは別のもので（天平六年出雲国計会帳、『寧楽遺文』三二八頁参照）五年詔から考えると、主典が日々実録した官人の景迹・功過を、毎年の考第決定に当り惣録したものであろう（考課令官人景迹条、内外官条）。

(21) 職員令太政官条。

(22) 文武四年八月丁卯、和銅二年九月己卯。林陸朗氏は、巡察使が令制の始めから考課の制と密接に関連し朝集使考文の校定に関して積極的な意義を有していたとするが、その論拠は確かでない。氏が論拠としているのは考課令集解内外初位条の古記の「問、附レ使、答、遣二巡察使覆囚使一、幷差二専使一耳」であるが、巡察使とともにあげてある覆因使は本来考課とは無関係な使人であり（獄令覆囚使条）、ここで古記が二使をあげたのは、後半の「専使」に対して、他の諸説が問題としている「便使」の例として、令条に中央からの遣使として使人名が明確なこの二使をあげたにすぎないのである。令条に「使」とある場合その例として諸説があげるのは概ねこの二使であり、ここでの古記もそのような例にすぎない（職員令式部省条義解、公式令駅使在路条義解、雑令集解逸文因使賜条朱説）。

(23)　この後、天平十六年（七四四）九月丙戌に四考毎一巡、天平宝字二年（七五八）十月甲子に国司の任限が六年一替となるとともに三年一巡としたが、これは任期中に一回或は二回の巡察をしてそれを選叙の際の参考にしようとしたものである。

(24)　この詔の前日五月甲申には、上述の郡司に対して国守の属郡巡行制の強化がなされていた。すなわち、和銅五年五月には、京官から国郡司に至る全官人に対して、律令の徹底を図るべく、監督強化がなされたのである。そしてその際注意すべきは、その監督強化が全て考課制の徹底を意図していたことである。

(25)　林陸朗氏論文参照。竹内理三氏、阿部猛氏は励行されたと考えているが、何ら根拠はない。

(26)　上述の霊亀二年五月の貢調脚夫の備儲を察て最の与不を判断する制も、考課制不徹底の状況に対応する施策であったろう。

(27)　国守巡行条のもとになった唐戸令国置行条と較べると、唐令では挙進として篤学・異能を定めているだけで日本令より簡単なものであるが、糺縄の方は全く同じである。日本戸令の規定は唐令をうけて、それを少しくわしくして定めたものである。

(28)　養老五年四月癸卯条の「力田之人」の貢進も(1)につらなるものであろう。

(29)　養老元年三月壬辰条、同年五月丙辰条、同年七月十日官符（類聚三代格巻三）。

(30)　養老四年三月己巳条、天平六年五月戊子条、同九年九月癸巳条。

(31)　属国巡行が毎年定例であることはどこにも明言されていないが、あのような訪察事条が定められているのは当然定例的な巡行を前提にしているのであろう。またとくに属国巡行のための乗伝給食の法が制度化されていることもそのように考えさせる。そしてその定例というのは属郡巡行との相似性から考えて、毎年一度だったのではないだろうか。

(32)　村尾次郎氏は按察使が検税していることを指摘している（『律令財政史の研究』二三三頁）。これは属国巡行の一環としてなされたか、または中央政府の命令により臨時になされたものであろう。

(33)　和銅二年十月丙申条、同五年五月辛巳条、同六年五月己巳条、同七年四月壬午条、霊亀元年五月甲午条、同年十月乙卯条、同二年四月乙丑条。

(34)　野村氏『律令政治の諸相』二〇一頁。

(35)　天平三年越前国正税帳、（『寧楽遺文』二四二頁）。

（36）天平勝宝以後の按察使の活動は詳しく知られない。ただ天平勝宝四年十一月乙巳任命の但馬因幡按察使橘奈良麻呂は「兼令㆑検㆓校伯耆、出雲、石見等国非違事㆒」とあり、管国へ下向したことは、万葉集巻十九の四二七九番の詞書により知られる。しかし下向したといっても参議橘奈良麻呂が地方に常駐したとは考えられない。巡行の下向だったのであろう。

（昭和四十四年一月稿、同年十月抄）

第二章　八世紀郡領の任用と出自

はじめに

小論は、八世紀を中心とする郡領（大・少領）の任用制度と、その時期の郡領層の出自を明らかにしようとするものである。(1)従来、この問題は郡領任用における譜第・才用主義の問題としてとりあげられ、多くの関連論文がある。それら研究史を簡単に概括すれば、古くは譜第郡司＝国造氏族ととらえられ、譜第主義を律令的な才用主義と対比させて非律令的なあり方とし、郡司の非律令的・守旧的な性格が指摘されていた。しかし、その後新野直吉氏らが、郡司の「譜第」とは大化前代の国造氏族という意味ではないことを指摘し、また一方、大石良材・上田正昭氏らが、単なる制度的考察から一歩踏みこんで、譜第・才用主義の任用制度の変遷を郡司層構成の変貌と関連させて考察し、更に最近では米田雄介氏が上田説を継承・発展させている。(2)

これら既往の研究は多くのことを明らかにしてきてはいるが、まだ問題がないわけではない。問題点をあげれば、まず第一に任用制度そのものについての理解についてである。まず譜第・才用主義の基本的な理解について、両者を全く相対立するものとして捉える従来の理解に私は疑問を感じ、更に従来の任用制度に関する諸格の理解にも納得しかねる点が多いのである。また任用制度をそれだけとして考えるのではなく、兵衛制などのトネリ制との関連で考えることが必要であると考える。

問題点の第二はいわゆる譜第・新興郡司についてである。上田・米田氏の見解は郡領任用制度の変遷を、伝統的な譜第郡司に対する新興郡司の存在を前提に理解しようとしたものであるが、そこでは譜第・新興郡司の認定に誤りがあるようである。

問題点は以上であるが、ここでは既往の成果をふまえ、かつ最近の米田氏の研究を特に念頭におきながら、上記の問題について考察を加えていくこととする。

これらの問題の解明は、八世紀の郡領の性格を考えるための基礎作業であるとともに、班田農民の中から上昇してきたという在地の新興の有勢者のあり方を、考えるための手がかりともなるであろう。

(尚、小論では引用史料には通し番号をつけることにし、また六国史からの引用は日を干支で示すこととして、特にことわらないこととする。)

一

上記の問題の前提として、まず大化以降における郡・郡司制の成立の問題について若干のべなければならない。前述した問題点の一部はこの問題の誤解から生じていると考えられるからである。しかし、郡司制成立の問題は、従来改新の詔の信憑性の問題に関連して、多くの論者によって論じられてきた多岐にわたる問題であって、(3)とても小論では論じつくせるようなものではないので、詳細は他日を期することとして、ここでは後述と特に関連する、孝徳朝におけるコホリ制の施行についてのみのべることとする。

孝徳朝におけるコホリ制の施行については、既に磯貝正義・関晃氏(4)によって明らかにされており、それらは次の如く整理できる。(イ)孝徳朝において全国的な規模で、旧来の国造制からコホリ制への転換が行なわれた。(ロ)その転換の過程において国造のクニの分割――コホリの新置が行なわれ、そこで成立したコホリは国造のクニをそのまま受けついだものではなく、クニを受けついだ国造系コホリと分割・新置された新置系コホリによってなりたち、そしてそれらのコホリの官には、国造とともに、それ以外の部姓者などを含んだ人たちが広汎に任用されていた。(ハ)このコホリの分割・新置によって、八世紀にみられる郡の区画がほぼ成立した。これらの三点については反対意見も存するので、磯貝・関氏の見解に私見を加えながら、もう少し詳細にのべておこう。

まず(ロ)については、常陸国風土記によって常陸国におけるコホリ制施行の状況が知られる。すなわち、同風土記には、大化前代の常陸には新治・筑波・茨城・那賀・久慈・多珂の六つの国造のクニが存していたが、大化五年（六四九）に中臣□子・中臣部兎子らが惣領高向大夫に申請して海上・那賀のクニの一部をさいて香島郡を置き、白雉四年（六五三）には物部河内・物部会津らの同様の申請によって筑波のクニから信太郡を分置し、同年多珂国造石城直美夜部・石城評造部志許赤らの申請によって多珂のクニから石城郡を分置し、同年茨城国造壬生連麿・那賀国造壬生直夫子らが惣領高向大夫・中臣幡織田に申請して茨城・那賀のクニから行方郡を分置したと記されている(5)。この記載から、常陸国では大化五年・白雉四年の両度にわたって、中央から派遣された惣領（大化の東国国司）と国造ら在地の有力者の手によって、国造のクニからのコホリの分割が行なわれ、新治・筑波・茨城・那賀・久慈・多珂の国造系の六つのコホリとともに、香島・信太・石城・行方の四つの新置系コホリが成立したことが知られる。そしてそれらのコホリの官（評督・助督）に任用されたのは、国造系コホリでは当然国造であったであろう。風土記にはそのことが明記されていないが、八世紀において全国的に国造の子孫と思われる人たちが多く郡領に任用されていた状況を考えればそれは明らかであるし、また国造系コホリである下総郡海上評で、海上国造であったと考えられる海上国造他田日奉部直忍が、孝徳朝に同評の助督に任用されていた例は、その実例となしえよう。(6) しかし一方、新置系コホリでは多く国造以外の人たちが新たにコホリの官に任用されていたのである。石城評で建評申請者の一人の部志許赤が評造と記されていること、(7) 信太・香島・行方の建評申請者の子孫と考えられる人たちが八世紀に各郡の郡領になっていることなどから考えると、(8) 新置系コホリでは各々建評申請者がコホリの官に任用されたと考えられる。そうだとすれば、行方評では茨城・那賀国造のいずれかの国造の一族の者が任用された以外では、石城評で部志許赤、香島評で中臣□子・中臣部兎子、信太評で物部会津・河内など、部姓者などを含んだ、明らかに国造氏族でない人たちが任用されていたのである。

次に(イ)であるが、上田正昭氏は評制は初め行政・財政・祭祀上大和朝廷と密接に関連した地域のみに部分的に施行されたとしている。上田氏のあげた史料は評史料だけに限られ、また部分的施行を浄御原令施行以前と考えているらしいが、その史料の中にはそれ以後のものも入っており適当でない。そこで、孝徳朝に限ってコホリの設置・存在の知られるものをあげると、下総国海上郡、常陸国信太・行方・香島・多珂・石城郡、伊勢国多気・度会郡（皇太神宮儀式帳）、河内国高安郡（元慶三年十月二十二日戊寅条）、播磨国宍禾郡（播磨国風土記）、丹後国加佐郡（法隆寺旧蔵御物金銅観音菩薩像記、寧楽遺文）などである。これらが全て上田氏のいうような特殊地域であるとは、私には考えられず、却て全国的な規模でのコホリ制施行と考えた方がいいように思う。

次に全国的な規模での施行についての積極的な論拠をあげれば、一つは、郡司制の重要な改変を命じた延暦十七年三月丙申詔（類聚国史巻十九）・弘仁二年二月己卯詔のいずれでも孝徳朝を以て郡・郡司制の創始ととらえていること、二つは、天平七年五月丙子格に「難波朝廷以還譜第重大」（14）の語が存在することである。前者については、或は部分的施行を以て郡司制の創始としたと考えられないでもないが、両詔とも孝徳朝において任用された者の子孫が今迄郡領職を世襲してきたとのべているから、孝徳朝における全国的な規模での施行についていっていると考えてよい。後者の「難波朝廷以還譜第重大」とは、後述のように、孝徳朝以来郡領職を世襲してきた家柄という意味で、この時郡領銓擬の資格としていわれたものである。郡領銓擬の資格としていわれているから、それは当然全国全郡に適用されるものであり、従って全国全郡にそのような家柄が存したことを前提としているのである。これはすなわち、八世紀中葉に存した郡の殆んどがその成立期を孝徳朝にもつことを示すものであり、孝徳朝のコホリ制施行が全国的な規模のものであることを示し、それとともに㈧の重要な論拠となるのである。

最後に㈧については、改新の詔浄御原令転載説にたつ井上光貞（『日本古代国家の研究』所収「大化改新の詔の研究」）・上田正昭氏や黛弘道氏（『続日本紀研究』二の八所収「山背国葛野郡の分割」。『律令国家成立史の研究』再収）などの、八世紀にみられる郡は大宝令施行の際の全国的な規模での郡の再分割によって成立したという見解が存している。その説く所は、浄御原令転載説を前提にして、郡制が浄御原令（すなわち改新の詔）の三等級制から大宝令の五等級制へ移行すれば、大宝令施行の際に全国的な規模で郡の分割が行なわれる筈であり、大宝元年に行なわれた山背国葛野郡からの綴喜・乙訓郡の分割はその例であるとするものである。まずこの見解を検討するが、私は大宝令施行の際に部分的に郡の分割が行なわれたことは認めるが、全国的な規模の郡の等級制が変るような分割が行なわれたとすることはできないと考える。その第一の論拠は、この見解の前提となっている浄御原令転載説が現在では成立不可能になっていることである。浄御原令転載説は浄御原令時代の西海道以外での郡制の施行を前提とするが、最近藤原宮跡からそれに矛盾する次の評木簡が出土し、その成立は決定的に不可能となったのである。

(1)「己亥（文武三）年十月上挟（上総）国阿波（安房）評松里」[9]

この木簡出土後も上田氏は浄御原令転載説を主張しているが（『日本古代国家論究』所収の注（2）論文）、井上氏はその成立の不可能なことを認めている（シンポジウム日本歴史3『大化改新』、弘文堂書房版『大化改新』）。一体浄御原令転載説は、従来改新の詔の信憑性の問題に関して最も有力視されてきた見解であるが、私のみる所では、上掲評木簡出土以前に既に磯貝（注（7）論文）・関氏の反論によって成立不可能となっていたと思う。特に上掲評木簡に関していえば、それが示す所のことは、磯貝氏が、那須国造碑文の精確な解釈によって浄御原令時代に下野国で評制が行なわれていたことを実証したことで、既に証明されていたのである。第二の論拠は、大宝令施行前後において、コホリの区画が変らなかった例が知られることである。一つは若狭国の例である。若狭国は延喜民部式では遠敷《ヲニフ》・大飯・三方の三郡であるが、大飯郡は天長二年（八二五）七月辛亥に遠敷郡より分置された郡だから（日本紀略）、それ以前は遠敷・三方の二郡であった。ところで藤原宮跡出土の評木簡には、

（2）「□若狭国小丹生評……（『藤原宮』90）

（3）「己亥（文武三）年若狭国小丹……（『同右』117）

（4）「□（三）□（方）評耳五十戸土師安倍（10）（『概報』16）

の三例がみられる。評制が大宝令以前の制度であることは明らかであるから、既に大宝令以前に若狭国には小丹生（遠敷）・三方の二評が存しており、従って若狭国で大宝令施行の際に郡の分割が行なわれなかったことは明らかである。もう一つは丹後国の例である。丹後国は和銅六年（七一三）四月乙未に丹波国の加佐・与佐・丹波・竹野・熊野の五郡を分割して置かれたもので、それ以前は丹波の一部であったわけだが、一応まとまった地域として郡分割の存否がうかがわれるであろう。丹後国については次の評史料がある。

（5）「熊野評私里」（『藤原宮』10）

(6)「与謝評大贄」(『概報』42)

(7)「辛亥《白雉二》年七月十日記笠評君名大古臣、辛丑日崩去、(後略)(法隆寺旧蔵御物金銅観音菩薩像記、寧楽遺文)

これらは全て国名が知られないが、これらの郡名は丹後国にしかみえないから(延喜民部式)、丹後国のものと推測して誤りない。ただ笠評は問題になるかもしれない。従来笠評君は吉備の波区芸県の笠臣にあてられたりしているが、吉備には笠郡は存しないから、笠評は丹後国加佐郡にあてるほかない。従って、丹後国五郡のうち加佐・与謝・熊野の三郡が大宝令以前から存したことがまず明らかである。残り二郡のうち竹野郡については全く不明だが、丹波郡は旦波大県主の存在が知られるなど古い地名であり(古事記中開化天皇)、国名のもとになった郡名だから、少くとも大宝令以前には成立していたと考えてよいだろう。それが認められるならば、少くとも五郡のうち四郡が大宝令以前に成立していたことになり、のち丹後国になる地域で大宝令施行の際に郡の等級制が変るような郡の分割が行なわれたとは考えられないであろう。以上の二国の例により、大宝令施行の際に全国的な規模で郡の等級制が変るような郡の分割が行なわれたとする見解は否定される。

次に、主要なコホリの分割が孝徳朝に行なわれたとする論拠を示そう。一つは、八世紀にみられる郡の大部分が孝徳朝において成立していた実例が存することである。前述の常陸国の例である。常陸国では孝徳朝に新治・筑波・信太・茨城・行方・那賀・香島・久慈・多珂・石城(後陸奥国所属)の十のコホリが成立していた。延喜民部式にはこの外河内・真壁(白壁)郡がみえ、両郡は常陸国風土記にもみえるから同風土記成立の和銅・養老年間に存したことは確かである。ただ現伝本同風土記には両郡条が闕けていて、両郡の成立時期は明らかでない。しかし何はともあれ、八世紀初頭の石城郡を除いた常陸国十一郡のうち少くとも九郡が孝徳朝に成立したことは確かだから、同国の主要なコホリの分割は孝徳朝に行なわれたとしてよいであろう。二つは、前述した天平七年格の「難波朝廷以還譜第重大」

の語の存在である。これは八世紀中葉に存した全国の郡の大部分が孝徳朝にその成立期をもつことを示しているのである。

以上孝徳朝におけるコホリ制の成立について明らかにしてきたが、それでは孝徳朝において成立した全コホリのうち国造系・新置系コホリは、各々どれほどであったろうか。国造のクニの総数については、史料の信憑性に若干問題はあるが、隋書倭国伝によれば百二十、宋書倭国伝によれば百二十一、国造本紀によれば百二十六であるというから、大体百二十前後と考えてよいであろう。[11]郡の総数については養老五年（七二一）四月――天平九年（七三七）二月の頃に五百五十五郡という数字があり（坂本太郎氏「律書残篇の一考察」『日本古代史の基礎的研究』下・制度篇所収）、孝徳朝以降の部分的なコホリの分割を考慮にいれれば、孝徳朝には大体五百コホリ程と考えてよいであろう。前述の常陸国の例では国造系コホリ六つ、新置系コホリ四つで、この数字は疑問に思われるかもしれないが、しかし、国造には常陸の国造のように令制の郡名をその名とする国造、すなわち郡程度の地域をその支配領域とする小規模な国造と、武蔵国造などのように令制の国名をその名とする国造、すなわち国程度の地域をその支配領域とする大規模な国造が存したのであり（岸俊男氏注(11)論文、石母田正氏『日本の古代国家』）、後者の国造の存した地域では常陸のように前者の国造の存した地域よりも新置系コホリの数はずっと多くなるから、上記の割合は決して不思議ではないのである。このように新置系コホリが広汎に成立した結果、常陸国の例のように、評督・助督に国造以外のものが広汎に任用されねばならなかったのである。常陸国行方評のように新置系コホリで国造氏族の者が任用される場合もあったであろうが、大部分の新置系コホリでは国造以外の者が任用されていただろうから、国造氏族が任用されたコホリを多くみつもっても、全郡の三分の二位では国造氏族以外の者が任用されていただろう。延暦十七年三月丙申詔に「昔難波朝庭、始置二諸郡一、仍択二有労一、補二於郡領一」といわれているが（類聚国史巻十九）、そこで「択国造」ではなく「択有労」といわれている点は注目すべきであって、それは右述の国造氏族以外の者の広汎な評督・助督への任用の事実をふまえていわれていると解すべきであろう。これら新たに評督・助督に任用された人達は、七世紀中葉においてのちの郡程度の地域を支配領域として、国造の下に、或はそれと対等に在地に勢力を有していた人たちであったであろう。そして彼らの存在こそが、孝徳朝におけるコホリの分割と、それを通しての国造制から評制への転換を可能にしたのであり、そしてまた、常陸国で彼らの子孫が八世紀に各郡の郡領であったように（注(8)）、彼らの子孫は国造の子孫とともに孝徳朝以降郡領職を世襲していき、これら両者が天平七年格の「難波朝廷以還譜第重大」として現われる人たちなのである。

二

本節では大宝令の郡領任用の原則についてのべる。問題とするのは、大宝選任令郡司条註記規定（国造の郡領任用規定）と譜第主義との関係、大宝令の郡領任用の原則と譜第主義との関連についてである。

郡領の「譜第」とは郡領の世襲事実をもつ家柄という意味であり、大化前代の国造氏族の家柄という意味でないことは、既に新野直吉・大石良材・磯貝正義氏などによって明らかにされている。私もこの見解に賛成であるが、しかし従来はそのようにいいながらも、例えばこの点を初めて正しく指摘した新野氏が、実際には氏姓国造族出身郡司＝譜第郡司であったとしたり、多くの論者が郡司条註記規定を譜第主義との関連で論じたりしており、国造氏族＝譜第郡司という考え方がまだ完全に払拭されていないように思うのである。しかし前節の考察をふまえていえば、譜第郡司の中には国造氏族の者も含まれていたが、それだけではないのであり、郡司条註記規定も譜第主義とは関係のないものなのである。

先ず大宝選任令郡司条を掲げておく。

(8)凡郡司、取下性識清廉堪二時務一者上、為二大領少領一、強幹聰敏工二書計一者、為二主政主帳一、其大領外従八位上、少領外従八位下叙レ之、其大領少領才用同者、先取二国造一(12)

上記の問題に入る前に、この条文に関しては解決しておかなければならない問題がある。すなわち、問題の註記規定の「国造」が大化前代の氏姓国造（旧国造）をさすのか、天武朝に一国一員ずつ置かれ祭祀を主な任務とした律令国造（新国造）をさすのかという問題である。これについては多くの議論があるが、ここではそれらは省略して結論だけのべれば、私は伊野部重一郎氏の見解（注(3)論文）に従って氏姓国造と解すべきと考える。ただしかし、従来の氏姓国造説では、大化前代の国造県主などの地方豪族の汎称というようにややルーズに解しているが、法制上の用語として考えた場合、そのようにルーズに解するのは不適当であり、大化前代国造であった者の子孫という位に限定して解すべきであろう。

さて本論にもどるが、譜第主義を国造氏族と関連させて考える見解は、坂本太郎氏の郡司条に関する次のような特殊な理解と密接に関連している。すなわち、それは、郡司条において国造の郡領任用規定が註記規定になっているのは、律令一般の才用主義的な官人任用の原則に背馳しないための用意にすぎず、郡司条一条の意義は註記規定ではあるが、国造の郡領任用規定の部分にあるという見解である。従来の説はこの見解をうけて、改新の詔の郡領任用規定によって任用された国造氏族のものが、この大宝令の註記規定によって郡領職を世襲し、それが譜第郡司になったというように考えるわけである。しかし、前節の考察による限り、このような見解が誤りであることは明らかである。すなわち、孝徳朝以来新置系コホリが広汎に存して、そこでは国造氏族以外のものが多く任用されていたから、郡司条註記規定は国造氏族が任用されていた一部のコホリ——それは多くみつもっても全郡の三分の一ほどである——にのみ適用されるにすぎないのであり、従って郡司条註記規定は坂本氏のいうように重視することはできず、条文そのままに註記としての意味しかもたないのである。国造の郡領任用規定が、大宝令で改新の詔の本文規定と異なって註記規定でなければならなかったのは、国造氏族以外の者が任用されていた郡の広汎な存在によるのであり、因みに、そのような状況が同じであった浄御原令でも（もし存すれば近江令でも）、それは大宝令と同じく註記規定であった筈である。そして同様に、全郡に適用される譜第主義が一部の郡にしか適用されない郡司条註記規定との関連で生じてきたと考えられないことは、また明らかである。或は一部の国造系郡でだけでも、郡司条註記規定と譜第主義が関係あったと考えられないでもないが、しかし八世紀においては郡司条註記規定は殆んど実効性のない規定だったのである。任用関係の格で一度も郡司条註記規定に関してふれられたことはないし、和銅六年（七一三）三月壬午詔は郡司条によって文をなしたらしいが、そこでは「任㆓郡司少領以上㆒者、性識清廉、雖㆑堪㆓時務㆒」と本文だけによっているし、また選叙令集解郡司条の「国造」についての古記は、他の諸説と同様に、令意を誤解して律令国造と解しているのである。

以上のように、郡司条註記規定は譜第主義と無関係なのであり、天平七年格の「難波朝廷以還譜第重大」という譜第郡司は、系譜的に国造氏族とともにそれ以外に孝徳朝に新たに任用された人達の子孫をも含んでいるのである。従来の見解では、新置系コホリと、そこに多く任用されていた国造氏族以外の人達の存在を明確に認識していなかったのである。

さて郡司条は註記規定を重視すべきものでないということになれば、それは本文規定そのままに才用任用を規定したものということになるが、それと現実に行なわれていた譜第主義とはどのような関係になるのであろうか。従来これらの関係は理念と現実との齟齬というように簡単に考えられがちだが、私は令の郡領任用の原則を郡司条のみから才用任用として了うことはできないと思う。従来譜第主義は郡司条註記規定との関連のみが注目されていたため、どうしても非律令的性格ととらえられがちだが、国造と無関係であることが明らかな以上、もう一度律令官人一般のあり方の中にひきもどして考える必要があると思う。そこで律令官人一般の選叙・任用のあり方であるが、それは、徳行才用主義を標榜しながらも、実は、蔭位制やトネリ出仕・大学寮入学などの出身法上の各コースにおいて、蔭子孫・位子・白丁の諸段階を設け、それら官人内部の諸階層が固定的に再生産される仕組になっていたことが既に明らかにされている（野村忠夫氏『律令官人制の研究』第二篇）。郡司条の才用任用もこれと同じなのであり、出身法との関連で考えた場合、郡領任用の原則を郡司条のみから才用主義とすることはできないのである。

そこで地方人にとって出身の可能なコースを考えると、地方人は外位を原則とするから位子（内六位—八位の子）としての出身は不可能であり、また外位は外五位まであるから蔭子孫（三位以上の子孫・五位以上の子）としての出身の可能性は皆無ではないが、郡領の初叙が外従八位上であることを考えれば、令の原則としてはまず蔭子孫としての出身は考えられていなかったとすべきだろう。従って、地方人は白丁の資格で出身するほかはなく、それが許されているのは帳内・資人のコースのみである。しかし、注目すべきは、このような地方人一般の中で郡領が国学入学と兵衛出仕という出身法上の特権を与えられていたことである。国学入学は郡司子弟のみに許され（学令大学生条）、兵衛には内六位—八位の嫡庶子とともに郡領の子弟が出仕を許されていたのである（軍防令内六位条・兵衛条）。このように在地において郡領のみが出身法上の特権を有し、その子孫が特権的に次代の官人としての地位を保障されていたことは、譜第主義を考える場合重要なことであると思う。すなわち、中央官人社会で五位以上の貴族が蔭位制などの特権によってその地位を再生産・維持していたと同じように、在地の小政治社会において郡領氏族はその出身法上の特権によってその地位を維持することができるわけで、それは郡領の世襲任用につながるのである。そして、この二つの特権のうち郡領任用と特に関係が深いのは兵衛出仕の特権である。両者の関係を示すのは軍防令兵衛考満条である。同条は兵衛が考満ちた場合の処分法と兵衛を免ずる場合の手続きを定めているが、注目すべきは兵衛を免ずる場合の中に六十才以上になった場合などとともに、「任二郡司一」の場合があることである。これは兵衛の郡司任用を前提にした規定であり、ここからは令において兵衛の郡司任用のコースが考えられていたことが知られる。勿論この規定だけから、兵衛──→郡司のコースを令の郡領任用の唯一のコースとするわけにはいかないが、しかし律令官人制一般において正式な官人として仕官する以前に大学寮かトネリのコースを経ることが令の原則であったことからも（野村氏前掲書）、またのち天平二十一年・延暦十七年の二度の郡領任用に関する重要な改変にともなって、トネリなど中央出仕者の郡領任用が強調されていることから云っても（後述）、このコースは郡領任用の原則において、かなり一般的なあり方として令制定者に考えられていたと推測して誤りないと思う。それが認められるならば、郡領任用について郡領子弟──→兵衛出仕──→郡領任用というコースが令の原則として存したことになり、これはいわば郡領の世襲任用なのである。

　ところでこのコースによる世襲任用と郡司条の才用任用とはどのような関係にあるのだろうか。両者は決して矛盾するものではなく、うまく整合するものなのである。既に井上薫氏が明らかにしているように（『日本古代の政治と宗教』所収「舎人制度の一考察」）、トネリ制には官人養成機関的な性格があった。正式な官人として仕官するためにはそれ以前にトネリ出仕或は大学寮入学のコースを経るのが令の原則なのであり、そのいずれかのコースを経ることによって、律令官人としての素養を身につけさせようとしたのである。郡領子弟の兵衛出仕もそれと同じ意味を有していた。中央出仕者の郡領任用を強調した天平宝字元年（七五七）正月甲寅詔・延暦十八年（七九九）五月庚午勅では、中央出仕者は天皇に仕えることを知り、「頗効才能」の者であるとされているのである（後述）。すなわち兵衛として出仕したものは律令官人としての素養を身につけたものであり、従って郡司条の才用任用にもっともかなったものなのである。兵衛制は譜第主義にも才用主義にもつながっているのであり、郡領任用の二つのあり方は兵衛制を接点として複合されているのである。

以上のようにみてきた時、令の郡領任用の原則は郡司条だけによって才用主義とすることはできない。郡司条の才用主義は郡領子弟の兵衛出仕制に限定されているのであり、令の郡領任用の原則はこれらを総体として考えられるべきであり、それは、譜第主義に限定された、或はそれを前提とした才用主義とでもいうべきものである。従来、譜第・才用主義は相対立する概念として捉えられ、時期によって両者の間に変遷があったというように考えられているが、そうではないのであり、両主義はこのように複合的なものとして捉えられるべきであると思うのである。

以上の考察は、譜第主義を非律令的なものとしてとらえるのではなく、令条の中に譜第主義的な要素をさがし、郡領の譜第主義を律令官人制一般のあり方の中に位置づけようとする試みである。現実の譜第主義は、ここでのべたように兵衛制との関連で行なわれたものではないようだが、そこからひきだされた譜第主義を前提とした才用主義というあり方はそのまま実現されていったのである。

三

天平二十一年（七四九）二月郡領任用に関する重要な勅が発令された。従来の任用方式を改め、「立郡以来譜第重大之家」を簡定し、それによる「嫡々相継」の任用が命じられたのである。その勅にはその新方式を定める理由として、従来の任用方式の結果、郡領職をめぐる抗争が生じていたことがのべられている。本節では、天平二十一年勅にのべられている郡領職をめぐる抗争がどのような性格のものであり、そのような状況を生じさせた従来の任用方式がどのようなものであったのかについてのべることとする。

私見をのべる前に、まず私見と異なる上田・米田氏の見解を検討しておきたい。両氏の間では若干のニュアンスの違いはあるが、大宝令施行以降における新興郡司の台頭を考えている点が特徴的な点である。上田氏は、改新の詔浄御原令転載説の立場から、浄御原令時代には国造が任用されていたが、大宝令において才用任用になるとともに、国造氏族以外のものが多く任用されるようになったとして、大宝令施行以後における「殷富・富豪之輩」の郡司への台頭を考え、彼らが私出挙などによる私富蓄積や官物欠失などの反律令的行動をなし、又郡司職の一族独占化を図ったことなどが、天平二十一年勅発令の原因になったとしている。この上田説を継いで米田氏は、八世紀前半の郷里制や続労制の施行、東国での部姓者などの献穀の事実から、八世紀前半における階級分化から出現した新興層（有力家父長層）の存在と、彼らを律令国家機構内に組みこもうとした政府の施策を想定し、彼ら新興層と伝統的支配者である譜第層との郡領補任をめぐる抗争が生じ、そのために天平二十一年勅が発令されたとしている。これら両氏の見解には、八世紀前半における新興郡領の台頭を余り過大に評価しすぎている点で従いかねる。

まず上田氏の見解は郡司制成立過程の誤解による誤りである。前述のように浄御原令転載説は成立不能で、浄御原令・大宝令の任用規定は同じであるから、大宝令の前後で任用される者が変ったとは考えられないのである。上田氏は論拠のもう一つに、大宝以降の郡司の実例に国造の姓以外の部姓・無姓や帰化系のものが多くみられることをあげているが、既に孝徳朝以来国造以外の部姓などを含んだものたちが広汎に任用されていたから、彼らを国造以外の姓をもつという理由だけで、大宝以降の新興層とすることはできないのである。往々、郡司の実例を譜第・新興郡司とわける場合、その氏姓を手がかりに国造の姓のものを譜第郡司、それ以外の姓——特に部姓・無姓のものを新興郡司とする方法がとられるが、国造の姓のものを譜第郡司とすることは誤りないとしても、孝徳朝の任用のあり方から明らかなように、国造以外の姓のものをそれだけの理由で新興郡司とすることはできないのである。

次に米田氏の見解であるが、これも東国の部姓・無姓有勢者を新興層とした点で上田氏と同じ誤りを犯しているが、他の論拠についていえば、確かに郷里制や続労制の施行から譜第層より一段低い新興の階層の存在はうかがわれよう。しかし、彼らが八世紀前半において郡領へまで進出していたかどうかは頗る疑わしいと思う。この問題を大・少領と主政・主帳との問題から考えてみよう。既に野村忠夫氏（『法制史研究』一二所収「律令郡司制の形成」〔『奈良朝の政治と藤原氏』再収〕）、直木孝次郎氏（『奈良時代史の諸問題』所収「郡司の昇級について」）、磯貝正義氏などによって明らかにされているように、一口に郡司といっても大・少領と主政・主帳の間には官人としての地位やその出自において大きな格差が存していた。任用に当って郡領が奏任であるのに対して、主政・主帳は判任であり（選叙令任官条）、また和銅五年以前には主政・主帳は中央の簡試を経ず国司の裁量だけで任用されるような存在であり（和銅五年四月丁巳詔）、任用について譜第が問題とされたのは郡領のみであったのである。また任期について郡司は終身官であるというが、それは郡領についてだけなのであって（和銅六年五月己巳条）、主政・主帳は解任されれば白丁の待遇をうけるにすぎない存在であった（養老二年四月癸酉条）。その出自についていえば、両者は画然とわけられ郡領氏族のものが主政・主帳に任ぜられることも、その逆に主政・主帳のものが郡領に任ぜられることも原則として禁ぜられていたのである。それについては次の史料がある。

(9)神亀五年（七二八）四月二十三日格

銓㆓擬郡司㆒、自今以後、転㆓任少領㆒擬㆓大領闕㆒者、待㆑有㆓堪㆑用新人㆒、然後一時転擬（延暦十六年十一月二十七日

官符所引、類聚三代格巻七）

⑽延喜式巻十八　式部上

凡大領闕処、以二少領一転任、以二今擬者一為二少領一、其大少領並闕、先擬二少領一、

⑾延喜式巻十八　式部上

凡郡領之民（氏カ）、不レ得レ任二主政主帳一、

⑽は⑼を継承した規定であるが、これらの両規定では大領の闕には少領を転擬するが、その少領の闕には「新人」「今擬者」を擬任するというので、主政・主帳を転擬するのではないのである。⑾では明らかに郡領氏族の主政・主帳への任用を禁じている。そしてこの原則は、八世紀の郡司の実例をみると、若干の例外はあるが、大体実現されていたことが知られるのである。[13] その例外というのも郡領氏族が主政・主帳に任用された例が殆んどで、その逆は天平宝字元年（七五七）に至って初めて一例みえるのみである（後述）。後述のように、郡司は一般官司と同様に四等官の連任が禁止されていたが、特例として連任が許可される場合、特に「少領以上」と限定されて連任が許されたのは、郡領と主政・主帳の間で出自を異にするという原則が存したからなのである。このようにみてきた時、八世紀前半において主政・主帳のものが郡領に任用されることは非常に困難であり、実際にもあまりありうることではなかった。従って、八世紀前半において、官人的身分が主政・主帳より高くはない郷・里長や続労に預るものが、広汎に郡領に進出してきたとは考えられない。官人的身分として、郷・里長が主政・主帳より低位のものであることは明らかであるが、地方で続労に預るものは解任主政・主帳、外散位、無位帯勲者などで、[14] やはり主政・主帳と同等か、それよりも低位のものなのである。この他の論拠として、米田氏は天平二十一年勅に譜第層と新興層の抗争をよみとろうとするのだが、そのような解釈が誤りであることは後述の通りである。

以上、上田・米田氏の新興郡領の抬頭に関する論拠が有効でないことをのべてきたが、後述のように、私は八世紀前半における新興郡領の存在を全く認めないのではない。ただ両氏のようにそれをかなり広汎なものと評価し、天平二十一年勅の発令の原因となったと考えることはできないと思うのである。

次に私見をのべよう。私は孝徳朝に評督・助督に任用された氏族の子孫がそれ以降郡領職を世襲していたと考える。その論拠は、第一に延暦十七年三月丙申詔に「昔難波朝庭、始置二諸郡一、仍択二有労一、補二於郡領一、子孫相襲、永任二其官一」（類聚国史巻十九）とあること、第二に孝徳朝以来の世襲の事実を前提とした「難波朝廷以還譜第重大」(14)の語のあること、第三に若干の孝徳朝以来の世襲任用の例が知られることである。その好例は下総国海上郡で海上国造他田日奉部直氏が孝徳朝以来祖父・父・子と郡領に任用されてきた例（注(6)）であるが、そのほかこの例ほど明確ではないが、立評の時任用された氏族の子孫が八世紀にも任用されている例は、前述の常陸国信太郡の物部氏（物部信太連氏）、行方郡の壬生直氏、香島郡の中臣部氏（中臣鹿島連氏）や（注(8)）、斉明朝の百済の役後建評されたという伊予国越智郡の越智直氏などがある(15)。

ところで世襲任用といっても、それは嫡々相継の世襲ではなく、かなり広範囲の傍親間の相継であった。既に阿部武彦氏（『北大史学』二所収「古代族長継承の問題について」〔『日本古代の氏族と祭祀』再収〕）、井上光貞氏（『日本古代国家の研究』所収「カモ県主の研究」）によって明らかにされているように、古代豪族の族長権の継承は嫡々相承といったものではなく、かなり広範囲の傍親間の相継であったのである。阿部氏は国造職の継承などについて、井上氏はカモ神社の神官職について、各々その点を実証しているが、郡領職の世襲もそれらと同じであったと考えねばならない。その具体例は多くはないが、下総国海上郡、出雲国大原郡の例が知られる。海上郡では海上国造他田日奉部直氏が孝徳朝以来祖父・父・子と父子相継してきたが、天平二十年同郡大領国足の弟の神護は兄の後に大領に任用されんことを申請しており（注(6)）、これは実現されたかどうか不明だが、一応兄弟間相継の例となしえよう。大原郡の場合では、出雲国風土記意宇郡条に前少領額田部臣押島の塔建立の記事があり、その注に押島は現少領額田部臣伊去美の従父兄であるとあり、これは従父兄弟間の相継の一例である。

以上、傍親間の相継がやや明らかになってきたが、天平二十一年二月壬戌勅は郡領の世襲任用のあり方を一層明らかにしてくれるので、以下それを検討することにする。

⑿天平二十一年（七四九）二月壬戌勅

勅曰、頃年之間、補二任郡領一、国司先検二譜第優劣、身才能不、舅甥之列、長幼之序一、擬申二於省一、式部更問二口状一、比二校勝否一、然後選任、或譜第雖レ軽、以レ労薦レ之、或家門雖レ重、以レ拙却レ之、是以其緒非レ一、其族多レ門、苗裔尚繁、濫訴無レ次、各迷レ所レ欲、不レ顧二礼儀一、孝悌之道既衰、風俗之化漸薄、朕竊思量、理不レ可レ然、自今已後、宜下改二前例一簡二定立郡以来譜第重大之家一、嫡々相継、莫上レ用二傍親一、終塞二争訟之源一、永息中窺窬之望一、若嫡子有下罪疾及不レ堪二時務一者上、立替如レ令、

この勅は、従来「譜第優劣、身才能不、舅甥之列、長幼之序」を基準とする国司銓擬と才用・労効重視の式部省簡試が行なわれてきた結果、「其族多レ門、苗裔尚繁、濫訴無レ次」という郡領補任をめぐる抗争が生じていたことをのべているが、問題はその従来の任用方式と抗争がどのような内容・性格のものであったのかということである。まず注目したいのは「其族多レ門、苗裔尚繁、濫訴無レ次」の部分である。これは、問題の抗争がある氏族が分裂して多くの家々にわかれ、その氏族内部の家々によって争われたものであることを示している。つまり、問題の抗争の原因はある氏族の分裂であったのである。この勅の新制において「簡二定立郡以来譜第重大之家一」とともに、「嫡々相継、莫レ用二傍親一」ということが定められているが、これは右述の氏族の内部分裂の状況に対応した施策であったのであ

る。私は、この内部分裂していた「其族」とは孝徳朝以来郡領に世襲任用されてきた氏族で、天平七年格の「難波朝廷以還譜第重大」(14)に当り、譜第氏族とでもいうべきものであり、またそこから分立していた家々は譜第家とでもいうべきものであると考える。

ところで、問題の抗争をこのように考えれば、従来の任用方式において銓擬の対象とされていたのは、「其族」=譜第氏族から分立してきた譜第家の者だけに限定されていたことが明らかである。つまり、従来の銓擬方式では「其族」=譜第氏族という大枠があり、上記の四つの基準はそれを前提として適用されることになっていたと考えるべきなのである。「譜第優劣」は譜第氏族内の各譜第家の間の家柄の優劣について、「身才能不」はその各譜第家出身の個人について適用される基準であり、「舅甥之列」「長幼之序」はやや明確でないが、譜第家の間で、又各譜第家の内で適用される基準と考えるべきものなのであり、これら四基準は対立する面もあるが、互いに他を排除するというようなものではなく、譜第氏族内の人達に複合的に適用されたのである。米田氏は、「譜第優劣」によって譜第層が、「身才能不」によって新興層が各々銓擬され、その両者が抗争したと考えるのだが、それはこれら四基準が譜第氏族を前提に適用されるものであることを考えていない点で誤っている。身才・労効によって補任される者も、「譜第雖ㇾ無」とではなく「譜第雖ㇾ軽」といわれるように、譜第の資格を有していなかったわけではないのである。

ところで従来のこのような任用方式こそ前述の傍親間世襲そのものであったと思う。すなわち、孝徳朝以来譜第氏族が世襲任用されてきたが、そこでは銓擬の有資格者がある一家の嫡子にのみ限定されていたのではなく、譜第氏族内部のかなり広範囲な家々(譜第家)が銓擬の対象とされていたのである。そしてそのような傍親間世襲を秩序だてるものとして上記も四基準が慣例化されていたのである。「身才・労効」はいわゆる律令的な任用基準からきているのだが、それらは単なる才用・労効ではなく、譜第氏族という大枠をはめられたものであることは右述の通りであり、そこには前述した令における譜第主義を前提とした才用主義というあり方がそのままあらわれているのである。「舅甥之列」「長幼之序」とは傍親間相継そのものを秩序だてるためにできた慣例であろう。このような任用方式は「頃年之間」行なわれてきたというが、かなり早くから成立していたものと思う。そして、長期間にわたる傍親間の世襲の結果が、譜第氏族の分裂であり、譜第家間の抗争なのであった。元来、氏はいくつかの家々によって構成されており、傍親間世襲はそのような氏の構造を前提にして行なわれていたわけだが、その傍親間世襲によって、譜第氏族の氏としての結合はゆるみ、各家はその自立性をまし、譜第家として分立してくるのである。このような分裂は郡領氏族に限らず、「氏上」の傍親間相継が行なわれた中央氏族においても同じであったろう（前掲阿部論文）。この頃どれ程の譜第家が各郡に存したか明らかでないが、天平七年格に「除二国擬一外、別簡二難波朝廷以還譜第重大四五人一副レ之」（14）とあり、一家一人銓擬とすれば、国擬のものも譜第氏族と考えるべきだから、五・六家ということになろうか。孝徳朝からこの頃まで百年、代数は下総国海上郡の例では三代であるが、これは嫡系相継の例だから、傍親間相継の場合はもう少し多く四代ぐらいと考えられよう。孝徳朝の評督・助督の分二家が、百年三・四代後五・六家になるというのは、少し多すぎる気がするが、まずこれよりは多くはなかったろう。

天平二十一年勅はこのような譜第家の分立・抗争を阻止することを意図して、従来の傍親間世襲を基礎とする任用方式を否定し、「立郡以来譜第重大之家」による「嫡々相継」という新方式をうちだした。「簡二定立郡以来譜第重大之家一」は、従来存した譜第家の中から由緒正しいものを一郡に一家、或は大・少領の分二家を選んだと思われるが、それは他の譜第家を銓擬対象からしめだすものであり、「嫡々相継、莫レ用二傍親一」とはその「立郡以来譜第重大之家」の再分裂を防ごうとするものであった。

次に、右述と関連して「譜第」の意味について考えておきたい。譜第とは郡領としての世襲の事実のことであるが、次の三つの場合がある。(イ)天平七年格にいう「難波朝廷以還譜第重大」(14)、(ロ)天平二十一年勅にいう「立郡以来譜第重大之家」、(ハ)次の天長四年五月二十一日官符にいう「労効二世已上」譜第の三つである。

(13)天長四年（八二七）五月二十一日官符

応レ停三労効郡司預二譜第一事

右得二式部省解一偁、検二案内一、太政官去天平十年四月十九日符偁、「奉レ勅、郡司縁二身労効一被レ任一世者、不レ得レ取二譜第之限一者、」因レ茲省家所レ行労効二世已上既為二譜第一、方今功労之輩、追レ年不レ絶、一郡之譜随レ代重積、（中略）望請、無レ譜之人、蒙二採択一者、自今以後、雖レ積二功二世已上一不レ預二譜第一、（中略）但既往二世已上者為レ第猶随二前例一、謹請二官裁一者、（中略）依レ請、（類聚三代格巻七）

これら三つの譜第を考える場合、氏族としての世襲の事実による譜第、家としての世襲の事実による譜第とにわけて考えねばならない。前者は私のいう譜第氏族に当り、(イ)がこれに当り(ロ)もこれに準じて考えられる。後者は譜第家に当り(ハ)がそれである。(イ)は孝徳朝以来の氏族としての世襲（それは傍親間世襲を含んでいる）の事実によって、氏族として譜第の資格が与えられたものである。往々家としての譜第のみが考えられがちだが、氏族としての譜第を考えないと(イ)は理解できない。もし(イ)を孝徳朝以来の家としての世襲の事実による譜第とすれば、天平二十一年勅にいう譜第家の分立・抗争は生じない筈なのであり、従って(イ)は傍親間相継を含んだ氏族としての世襲によるものと考えねばならないのである。米田氏は、八世紀の郡の多くは孝徳朝に成立していなかったということを前提に、「難波朝廷以還」ということに意味がなかったと考えるが、八世紀の殆んどの郡は孝徳朝に成立していたわけだからそれはそのまま解すべきである。(ロ)は「譜第重大之家」といわれているが、(イ)に準じて考えるべきものである。実際には「立郡以来」（＝難波朝廷以還）世襲任用されてきた家は存しないわけだが、孝徳朝以来の氏族としての世襲の事実をふまえて、譜第氏族内の由緒正しい譜第家を「立郡以来譜第重大之家」として簡定したのであろう。天平期における「譜第」の主流はこの(イ)(ロ)である。(ハ)は郡領としての労効を二世以上積んだ家柄という意味で、譜第氏族の氏族的結合がゆるみ、その内の譜第家の分立・抗争が生じ、各譜第家が家としての譜第を主張することが必要になってくるとともにあらわれてくる。米田氏は天平十年格(13)が(ハ)の譜第を定めたものと考えているらしいが、天平十年格は単に「縁身労効被任一世」は譜第にあらずと定めたものにすぎないのであり、(ハ)は右のような現実上の必要に動かされて、天平十年格の式部省による解釈から生じてきたものなのである。従って(ハ)の譜第が行なわれるようになったのは天平十年から天長四年の間のいつかということになるが、天平二十一年勅にいう「譜第優劣」は各譜第家間の優劣だから、既にこの時には行なわれていたことになる。しかし、この頃にはまだ(イ)の譜第が大枠として存したわけだから、(ハ)が譜第の唯一の規定となるのは譜第氏族の氏族的結合が大きく動揺・崩壊した八世紀後半以降である。米田氏は(ハ)が適用されるようになると、新興層も譜第の資格を得るようになるとするが、それは可能性としてはあるが、天平年間には新興郡領の広汎な台頭は考えられないから、すぐにそのような状況が出現したのではなく、最初は譜第氏族内の譜第家間の優劣を判定するために適用されたのである。

四

本節では、時を溯って天平七年格を中心とする郡司任用に関する改革について考える。一つには、これらの格が、前述した郡領任用のあり方の中にどのように位置付けられるのかを考えて私見の正否を確かめ、二つには、天平七年格と同二十一年勅の関係を考えてみたい。

まず問題の天平七年格を引用しておく。

⒁天平七年（七三五）五月二十一日格

(a)終身之任理可二代遍一、宜二一郡不レ得レ并二用同姓一、如於二他姓中一无レ人レ可レ用者、僅得レ用二於少領已上一、以外悉停レ任、但神郡国造陸奥之近夷郡多褹嶋郡等、聴レ依二先例一、（弘仁五年三月二十九日官符所引、類聚三代格巻七、選叙令集解郡司条）

(b)制、畿内七道諸国、宜下除二国擬一外、別簡二難波朝廷以還譜第重大四五人一副上レ之、如有下雖レ无二譜第一、而身才絶倫、幷労勤聞レ衆者上、別状亦副、並付二朝集使一申送、其身限二十二月一日一、集二式部省一、（続日本紀）

(b)格は郡領について初めて譜第のことが云われた格で重要視されているが、その意義を考えるためには、同日に発布され密接に関連する(a)格について、まず考えなければならない。(a)格は郡司の同姓の併用（連任）を禁止したものである。連任とは親族が同一官司の主典以上の四等官に同時に任用されることで、令においては律令官司における三等以上の親の連任が禁止されていた（選叙令同司主典条）。この原則は当然郡司にも適用されるわけで、三等以上の親が主帳以上に同時に任用されることは禁止されていたのである。同司主典条の成立がいつなのか明らかでないが、少くとも郡司連任禁止の原則は浄御原令まで溯るものと考えられる（文武二年三月己巳条、同四年二月乙酉条）。この同司主典条の意図は、親族が同一官司に任用されることによって生ずる不正を、防止しようとする処にあった。

ところで、このような原則が存しながら、現実には八世紀初頭から郡司連任の傾向が存していたのである。八神郡・陸奥近夷郡・多褹島郡などで少領以上の連任が許されたのは（文武二年三月己巳条、同四年二月乙酉条、慶雲元年正月戊申条、養老七年十一月十六日格――選叙令集解同司主典条所引、天平七年格）、特例であるから一般化するわけにはいかないが、大宝三年（七〇三）三月丁酉格は、郡司たる才能あり、当郡に既に三等以上の親が任用されている者は、比郡に任用されることを聴すとし、霊亀二年（七一六）五月己丑格は、軍団大少毅は郡領三等以上の親と連任することを得ず、既に任用されている者は他国の軍団に転補せよとしている。これらは有力氏族（譜第氏族）による連任が行なわれ、それが軍団の大少毅にまで及んでいたことを示している。後述のように、連任は譜第主義と密接に関連しているから、このように連任が行なわれていた事実は譜第任用が行なわれていたことを示しているのである。

このような状況をふまえて(a)格が発令されたのだが、それは、令による連任禁止とは異なった内容と意図をもっていた、相違点は次の二点である。一つは、連任禁止の範囲が令制の三等以上の親から「同姓」に拡大されたことである。三等以上の親とは父・子・祖父・孫・伯叔・兄弟・曽祖父・従父兄弟・兄弟子・曽孫である。[16]「同姓」というのは範囲が明確でないが、(a)格を継承した延喜式部式によれば「同姓」の中にはいくつかの家が含まれていたから、[17]三等以上の親よりは広く同一氏族ほどの範囲であろう。二つは、この格では連任が世襲任用を生じさせるものと認識され、その禁令が、令制と異なって、同一氏族による世襲任用の抑制という意図を有していたことである。このことは(a)格の傍線部分から知られるが、この部分は「代遍」の語意が明確でないため難解な部分である。「代遍」とはことば自体の意味は、かわるがわるあまねく、といった意味であると思われるが、この語は郡司職の私譲を禁止した元慶七年（八八三）二月二十五日官符（類聚三代格巻七）にみえており、そこでは、従来私譲が行なわれ「一宗伝譲、或已忘二代遍之格一」といわれている。この「代遍之格」とは天平七年格と考えられるが、ここからは「代遍」が「一宗伝譲」すなわち郡司職の世襲と対立する概念であることが知られるのである。これらをふまえて問題の部分を解釈すると、「郡領は終身の任であるから、理としてその任用は一氏族による世襲ではなく諸氏族がかわるがわるあまねく任用されるべきであり（＝代遍の原則）、そのためには一氏族（＝同姓）の併用を禁止すべきである」ということになろう。すなわち、ここでは同姓併用が一氏族の世襲任用を生じさせるものとしてとらえられ、それを抑制し、代遍の原則を確立するために、同姓併用が禁止されているのである。そのように世襲任用を抑制されるべき氏族とは従来世襲任用してきた氏族だから、併用を禁止された「同姓」とは私のいう譜第氏族に当るであろう。「同姓」の中に含まれている家々は、譜第氏族に含まれていた譜第家に対応しているのである。従って、(a)格は譜第氏族の併用を禁ずることによって、その世襲任用を抑制し、「他姓」すなわち譜第氏族以外の氏族にも任用の機会を与えようとしたものと考えられる。先に指摘した連任禁止の範囲の拡大は、連任禁止にこのような令制と異なった意図が与えられたことによるのである。

さて次に(b)格について考えよう。(b)格は郡領についての譜第が初めてみえる格なので、従来どうしても譜第を重視して考えられがちで、天平二十一年勅の譜第制確立の出発点といわれたりするが、(a)格が右述のようである以上、そのように考えることは誤りである。(b)格の意義は銓擬方式の改変――副擬制の成立という処にある。これ以前の国司による郡領銓擬の方式は、神亀五年格（史料(9)）からうかがわれる処では大少領が闕けた場合国司は一人の候補者は銓擬して（(b)格に云う「国擬」に当る）式部省に申送していたらしい。それが、(b)格ではその「国擬」の外に「難波朝廷以還譜第重大四五人」（譜第氏族の者）を副え、更に譜第氏族以外で「身才絶倫、幷労勤聞ㇾ衆者」を別副して式部省に申送する方式、すなわち副擬制になったのである。この副擬制の意図する処は、一つは式部省の実質的な郡領補任権の掌握である。従来の方式では国擬の者が正式補任されるためには式部省簡試を経なければならなかったから、一応形式的には最終補任権は式部省に存していたが、国擬の者は一人であるから、現実には式部省は国擬をそのまま認めざるを得ず、実質的には補任権は国司に存していたのである。それが、(b)格では国司の銓擬者を複数にすることによって、郡領補任における国司銓擬の意義は相対的に低下することになり、式部省が実質的な郡領補任権を掌握することになったのである。(18) 副擬制のもう一つの意図は、身才・労効として譜第氏族以外の者にも任用の機会を与えようとする処にあった。大石良材氏は副擬制は譜第重大を副擬するためのものであるとしているが、そうではないのである。譜第氏族は従来から任用されていたのであるから、ここで銓擬の対象とされるのは当然なのであり、むしろこの格の新しさは身才・労効として譜第氏族以外の氏族が銓擬の対象された処にあるのである。(a)格で譜第氏族の世襲任用を抑制してそれ以外の氏族の者に任用の機会を与えようとしたことと、この(b)格で「国擬」と「譜第重大四五人」以外に譜第の資格のない者を別副しようとしたこととは対応しているのである。(a)格で譜第氏族の世襲任用を抑制しようとしながら、(b)格で彼らが銓擬されることになっているのは、従来郡領職を独占してきた彼らの勢力が強大で、彼らを無視しては在地支配が不可能だったからである。(a)格で譜第氏族の併任を禁止してはいるが、任用対象から排除したわけではなく、また但し書きを付して少領以上の併用を認めているのは、そのような彼らの勢力の強大さによるのであり、後述のように、実際同姓併任の禁止は有名無実化していくし、譜第氏族以外の氏族の任用は実現されず、譜第氏族の郡領職独占は続くのである。

ところで、このようにして銓擬されることになった譜第氏族とそれ以外の氏族を対象にして、実質的な補任権を掌握した式部省が行なおうとした補任の方針は、どのようなものであろうか。それは才用・労効重視の補任であったのである。(a)格は世襲任用を抑制しようとしたものなのであり、(b)格の副擬制の意図は新たに身才・労効のものを銓擬に加えようとしたものなのであり、実際天平七年格の結果行なわれていた式部省補任は、天平二十一年勅に「或譜第雖﹅軽、以﹅労薦﹅之、或家門雖﹅重、以﹅拙却﹅之」と云われるように、才用・労効の重視だったのである。勿論才用・労効重視といっても、譜第氏族も銓擬されることになっていたから、譜第氏族を否定するものではなかった。譜第氏族はその伝統的な強大な勢力の故に無視しえなかったのであるが、しかしその譜第氏族も複数が銓擬されることになれば、式部省はその中から才用・労効に優れた者を任用することができるわけで、才用・労効の重視が適用されるのであり、実際行なわれていた式部省補任はそのようなものであったのである。天平七年格が、代遍の原則の確立、副擬制による式部省の実質的補任権の掌握、才用と労効の別副などによって意図したのは、この才用・労効重視の任用であったのである。従って、天平七年格を譜第が初見する格だからという理由で、その譜第重大を重視して天平二十一年勅の出発点と考えたりすることが誤りであることは明らかである。両格は意図において全く逆のものなのである。

このような天平七年格の理解の正しさは、これと一連して行なわれた郡司制の改革を検討することによって、一層明らかになるであろう。天平七年格以降、これと同傾向の格が一連して発令されているのである。

一つは天平十四年（七四二）五月庚午格である。すなわち、国司が少領以上を銓擬する際には、国司の史生以上が共知簡定して「当郡推服、比郡知聞者」を簡び、もし適正な銓擬が行なわれなければ、その銓擬に関与した国司を処罰するというものである。この格は、従来守・介などが独断的に銓擬に当り適正な銓擬が行なわれていなかった状況に対して、銓擬を「国司史生已上共知簡定」とし、史生以上の共同責任とすることによって、国司の郡領銓擬の適正化を図ろうとしたものである。天平七年格は、副擬制によって国司の実質的な郡領補任権を、式部省に奪いかえそうとしたものであったが、ここに至って、国司の銓擬にも直接手が加えられ、適正化が図られたのである。

もう一つの改革は、天平十一年（七三九）に行なわれた不善郡司の整理である。同年五月甲寅詔で「諸国郡司、徒多㆓員数㆒、無㆑益㆓任用㆒、侵㆓損百姓㆒、為㆑蠹実深」として、大郡から小郡にわたる令制の郡司定員の減省が行なわれ(19)、同年七月十五日官符（類聚三代格巻七、選叙令集解郡司条所引）で諸国郡司の不善なる者は終身の任を得ざらしめよとした。前者は、職員令の定員とこの詔の定員を比較すれば明らかなように、減員されたのは主政・主帳だけであり、この格は「無㆑益㆓任用㆒、侵㆓損百姓㆒」というような不善の主政・主帳の整理を意図したものである。後者は終身の任が問題にされているから郡領を対象とするものである。従来政府は、国司の郡領に対する致仕強要に対して、郡領の終身の任を保障・擁護してきたのであるが（和銅六年五月己巳条、選叙令集解官人致仕条所引養老四年太政官処分）、この格は、不善郡領に対してはその終身の任を認めず解任しようというので、不善郡領の整理を意図したのである。このような不善の郡領・主政・主帳の整理は、天平七年格の才用・労効の重視につながるものである。

ところで、これら天平七年から同十四年に行なわれた郡司制の改革の背景となった状況はどのようなものであろうか。それは、譜第氏族が郡領職を独占し、かつ国司と結託して種々の反律令的な行為をなしていた状況である。令の規定では、郡司はその銓擬・考課・選叙や国学入学・兵衛采女貢進などの種々の点を通して、国司の強力な支配をうけていたから、（岸俊男氏注(11)論文）、その地位を維持するためには国司に従属し、又はそれと結託しなければならなかった。そしてそのような国郡司の関係からは、国郡司ともどもの反律令的な不正行為が生じていた。国郡司結託の好例は天平十六年（七四四）十月十四日勅（類聚三代格巻七）にみられる婚姻を通しての結合であるが、和銅年間以降、国郡司ともどもの不正行為を糾弾する格制が、頻出してくるのである。それらの中で、和銅五年（七一二）五月辛巳詔で指摘されている、国郡司里長らが一体となって借貸すべき大税を出挙して利を貪っていたことや、神亀五年（七二八）四月辛卯勅で指摘されている、国郡司が朝廷に貢進すべき騎射・相撲・膂力者を中央高官に給していたことなどは、そのような状況をよく示している。このような国郡司の状況に対して、政府は和銅五年五月の巡察使毎年派遣制、国守の属郡巡行制の強化、養老三年（七一九）七月の按察使設置などの諸施策をなしてきたが（『国史談話会雑誌』一三所収拙稿「按察使制度の一考察」。本書第一部第一章）、天平七年に至って直接郡司制の改革に着手し、一連の改革が行なわれたのであった。前述のように、その改革は、国司の実質的な補任権を奪い、反律令的な行為をなしていた譜第氏族の世襲任用を抑制しつつ、それ以外の氏族に任用の機会を与え、労効・才用重視の任用を行い、かつ直接に不善の譜第郡司を整理し、かつ国司銓擬の適正化を意図したものなのである。

　ところで、天平七年格はどの程度実現されたのだろうか、その結果についてみておこう。まず国司による複数銓擬（副擬制）が行なわれていたことは、天平二十一年勅により明らかである。そして、その結果、当然副擬制が意図した式部省の実質的補任権の掌握と式部省簡試における才用・労効の重視は、実現されていた。郡司に任用されるような在地の有力者達は、補任の権限の移動といったことには非常に敏感なのであって（天長二年八月十四日官符、類聚三代格巻七）、天平二十一年勅にみられるように、彼らが補任に関する訴えを国司ではなく式部省に対してなしている事実は、式部省の実質的な補任権の掌握が実現されていたことを示しているのである。しかし、その実現されていた副擬制は天平七年格そのままではなかった。天平二十一年勅で郡領職をめぐって争っていたのが譜第氏族の者たちだけであったことから明らかなように、譜第氏族以外の身才・労効の銓擬は実現されていなかったのである。その結果、式部省簡試における才用・労効の重視という意図は、譜第氏族の才用・労効の重視という限定された形で実現されたにすぎなかったのである。この身才・労効の別副の非実現は、同姓併用禁止の原則の有名無実化に対応している。主政・主帳の同姓併用を許した弘仁五年（八一四）三月二十九日官符（類聚三代格巻七、選叙令集解郡司条）では、大少領の同姓併用は認められたものとして主政・主帳の併用が問題にされているし、又天平七年格をひきついだ延喜式部式の規定（注(17)）では、一応同姓併用を禁止しながらも、それを認めた形の「同門」以外の併用の許可の規定を付加しているのであり、八世紀後半を通じて大少領の同姓併用禁止の原則は有名無実化していったのである。これらの事実は、八世紀における譜第氏族の伝統的勢力の強大さを示しているであろう。

　さて次に、天平七年格と同二十一年詔の関係について考えたい。両者がその発令の背景・意図において異なったものであることは前述の通りであるから、ここでは右述をふまえて、天平二十一年詔発令に対する同七年格の影響と、両者の間の大きな政策の転換の事情について考えてみることとする。

まず第一の点についてだが、天平二十一年勅にはその発令の理由は譜第氏族の分裂であり、それは従来の国司の銓擬方式と式部省簡試における才用・労効の重視から生じたとされている。この二原因のうち才用・労効の重視は天平七年格の結果であるから、まずこの点に天平七年格の同二十一年詔発令への影響をみることができる。しかし、この点を余り大きくみて、譜第氏族の分裂が天平七年格の結果であるというようには考えられない。僅か十数年間にそのように大きな氏族内部の変化が生じたとは考えにくいし、天平七年格の時点においても譜第氏族の分裂は存したからである。天平七年格で譜第氏族の副擬を四五人と複数にしているのは、譜第家の分立を前提にしていると考えられるのである。譜第氏族の分裂は、基本的には傍親間相継の慣例を基礎にした国司の銓擬方式から生じてきたのであり、天平七年格の才用・労効の重視はそれを幾分か促進させる役割を果したのであろう。

次に第二の点であるが、右述のように、天平七年と同二十一年の時点で譜第氏族の分裂の状況において余り変化がなかったとすれば、両格の間の方針の転換の理由は、両格の間の政治状況の変化に求めねばならない。私は、天平二十一年勅発令は、磯貝氏が指摘しているように、国分寺建立や東大寺大仏鋳造の事業の開始と関連していると思う。国分寺建立の事業には特に郡司の寄与が期待されていたのである（天平十九年十一月己卯条）。これら事業の完成のためには在地での譜第氏族の抗争と混乱は困った事態であったのであり、それらの混乱の解消のために天平二十一年勅は発令されたのである。そして実は、天平七年格はそのような混乱を中央政府に認識せしめる契機となったのである。天平七年格以前においては国司銓擬が実質的な郡領補任であったから、補任をめぐる抗争は存したとすれば、国司銓擬の場で生じていたのだが、天平七年格の式部省の実質的な補任権の掌握によって、その抗争は式部省簡試の場で行なわれることになり、それが政府に在地での混乱を認識せしめるに至ったのである。天平七年格の同二十一年詔発令への影響を求めるとすれば、この点であろう。

五

本節では、天平二十一年勅以降の郡領任用のあり方、延暦十七年の才用任用・弘仁二年の譜第任用の両格の意義について考え、更に新興郡領の擡頭についてのべることとする。

まず天平二十一年勅に一連する天平宝字元年（七五七）正月甲寅詔と同五年（七六一）三月丙戌格の意義について考えたい。天平二十一年勅は才用主義の否定・譜第主義の確立などといわれるが、同勅は右の二格と一体となって行なわれるべきなのであって、そこでは才用主義的要素が全く否定されていたわけではないのである。

まず天平宝字元年詔は、従来行なわれていた白丁の郡領・軍毅への任用を停め、有位者の任用を命じたものだが、単にそれだけの意味をもつものではない。ここで任用を禁ぜられた白丁は「有位人」に対して云われているから、無位者という意味であるが、彼らが任用されるべきでないとされたのは、詔文にいうように、彼らが「居レ家求レ官、未レ識二仕レ君得レ禄」つまり、同詔の六衛府トネリの軍毅任用の制と考えあわせると、中央出仕の経験がなく天皇に仕える道を知らない者だからである。従って、任用すべしとされた「有位人」とは、その逆に中央出仕して得考叙位され、天皇に仕える道を識った、官人としての素養を身につけた者ということになろう。このように考えれば、この詔は郡領・軍毅には中央出仕の経験のある有位者以外は任用しないことを定めたものということになろう。すなわち、郡領・軍毅任用以前の中央出仕を義務づけたのである。そして、その中央出仕は律令官人としての素質を身につけさせるためであったから、この詔は天平二十一年詔に才用主義的な要素を付加したものなのである。

ところが、この詔の結果天平二十一年詔はうまく行なわれなくなり、その両者の矛盾を解決するために発令されたのが天平宝字五年格だったのである。すなわち、同格によれば、従来立郡以来譜第重大之家の嫡子に対して中央出仕の道が十分開かれていなかったため、彼らは天平宝字元年詔に拘せられて郡領に任用されることができず、天平二十一年詔が実現されないような状況が存したのである。そこで同格は両詔の意図を満足させるため特に「少領已上嫡子」（立郡以来譜第重大之家の嫡子）の出身を許したのである。ここに至って、郡領の任用は譜第重大之家の嫡子→中央出仕→郡領というコースで行なわれることになったのである。これは、令にみられた郡領子弟→兵衛出仕→郡司という、兵衛制を接点として譜第・才用主義を複合したあり方のそのままの復活であったのである。

ところで現実の郡領任用はどのように行なわれたのであろうか。既に磯貝氏が明らかにしているように、天平二十一年勅はまもなく行なわれなくなり、それ以前同様、譜第家を対象として任用が行なわれ、郡領職をめぐる譜第家の抗争が生じていたのである。そこらのことは神火の問題から知られる。神火については多くの議論があるが、延暦年間以前の神火が郡領職をめぐる抗争を一つの原因とし、「譜第之徒」が現任郡司の失脚を図ってなした放火であることは既に明らかにされている（磯貝氏、佐伯有清氏『新撰姓氏録の研究』研究篇所収「神火と国分寺の焼失」）。この放火をなした「譜第之徒」とは、天平二十一年勅で簡定された譜第重大之家の者ではなく、天長四年五月官符（13）にいわれている労効二世以上の譜第の者である。宝亀四年（七七三）八月庚午官符に「譜第之徒、情挟二覬覦一」といわれ、同十年（七七九）十月十六日官符（類聚三代格巻十九）で彼らが「奸枉之輩」と捉えられているように、彼らは天平二十一年勅の建前からは任用されるべき者ではなかったのである。しかし、彼ら労効二世以上の者達は、彼らに対する処分として、宝亀四年八月官符で「一切勿レ得二銓擬一」とされ、同十年十月官符で譜第之徒の「苗裔之親、永絶二譜第一」とされている所から考えると、実際には銓擬に与っていたのである。このように、八世紀後半の郡領任用は天平二十一年勅が実現されていず、労効二世以上の譜第家を対象として行なわれており、そこでは天平二十一年勅以前と同様に抗争が生じていたのである。このような状況は遅くとも宝亀年間にはかなり一般的な状況であったろう。神火の初見は天平宝字七年（七六三）九月庚子勅であるが、その後宝亀年間に関係格が二度発令されており、また天平二十一年勅と密接に関係する天平宝字五年三月格が宝亀三年（七七二）十月辛酉格で停止されているのである。このような状況が出現した理由は、第一には磯貝氏がいわれるように天平二十一年勅が従来の慣例を無視した非現実な立法だったからであろうが、直接には、神火によって官物を焼損した郡司は解任して良材を簡んで任用するとした天平宝字七年（七六三）九月庚子勅が深く関連しているのである。すなわち、この勅によれば、譜第重大之家以外の者も放火してその責を現任郡領に負わせて失脚させることによって、自らが銓擬に与る機会を得ることができる筈であり、事実労効二世以上の「譜第之徒」はそのようにこの格を悪用して郡領銓擬に与っていたのである（宝亀十年十月十六日官符）。従って、任用される筈のない「譜第之徒」が銓擬に与っていたのは全く法的根拠をもたなかったわけではないのであり、神火をめぐっての郡領職の抗争の原因の一つはこの天平宝字七年格に存したのである。

さてこのような八世紀後半の状況に対して延暦十七年（七九八）三月丙申詔で、従来の譜第（労効二世以上譜第）の任用を停め、才用任用にすることにし（類聚国史巻十九）、更に弘仁二年（八一一）二月己卯詔で、その才用任用を停め再び譜第任用とすることにした（日本後紀、類聚三代格巻七、選叙令集解郡司条）。従来これらの改変については才用任用による新興層と譜第任用による譜第層という観点から、延暦十七年詔で新興層の任用を意図したが、彼らが人民の支持を得られなかったので弘仁二年詔で譜第層任用に復したというようにいわれるのだが、才用・譜第任用と新興・譜第層を各々そのように短絡的に結びつけるのは誤りであり、延暦十七年詔もそのような意図をもったものではなかった。

延暦十七年詔の意義は同十八年五月庚午勅との関連で考えられねばならない。両者が密接な関係にあることは、両者がほぼ同時に発令され、延暦十七年詔が弘仁二年詔で停廃されるとともに、延暦十八年勅も弘仁三年八月五日官符（類聚三代格巻七、選叙令集解郡司条、日本後紀同三年六月壬子条）によって停廃されていること、延暦十八年勅・弘仁三年官符の中で各々延暦十七年詔・弘仁二年詔のことがふれられていることから明らかである。そこで延暦十八年勅であるが、これは「宿衛之人、番上之輩」（兵衛・中衛・近衛などのトネリ、井上薫氏前掲論文）を本国の銓擬を経ることなく式部省簡試だけで郡領任用することを許したものである。これは彼らが長く中央出仕して「頗効才能」で、延暦十七年詔の才用任用によく適った者であることによる処置である。このようなあり方は、前述のように、令制から天平宝字元年詔にひきつがれ、更に延喜式にまでみられるあり方なのである。[20] このような延暦十八年勅との関連で考えれば、延暦十七年詔の才用任用は、新興層は勿論、在地の才用者の任用を意図したようなものでないことは明らかであろう。勿論延暦十八年勅は国司の銓擬権を否定したものではなく、国司銓擬は行なわれていたのだが、実際には「或身在㆑京争㆑第相申、抑㆓退国選㆒、遂奪㆓其位㆒」（弘仁三年八月五日官符）といわれるように、式部省簡試では在京のトネリらが優先的に任用されていたのであって、国司詮擬者の任用は行なわれていなかったのである。このように考えれば、延暦十七・十八年格が一体となって行なわれる才用任用とは、国司詮擬を否定し、式部省の手で、中央出仕して律令官人としての素養を身につけたトネリらを、郡領に任用しようとしたものということになろう。これはいいかえれば、トネリという中央政府の一分枝をそのまま在地支配の場におしだしてやろうというものである。この方策は神火をめぐる譜第家の抗争をたちきるとともに、当時問題となっていた、調庸物の粗悪化などの郡領の不正行為に対処しようとするものであった。

　さてこの才用任用は早くも十三年後の弘仁二年二月己卯詔で停廃され、再び譜第（労効二世以上譜第）の任用となる。その改変の理由は「有労之胤奕㆑世相承、郡中百姓長幼託㆑心、臨㆑事成㆑務実異㆓他人㆒」なるのであるが、「用㆓庸材之賤下一、処二門地之労上一、為レ政則物情不レ従、聴レ訟則決断无レ伏、於レ公難済、於レ私多レ愁」というのである。従来これは譜第・新興層の観点から前述のようにいわれているが、右述からいえばそれは誤りである。これは「庸材之賤下」すなわち才用任用による中央出仕者では人民の支持が得られず、「有労之胤」すなわち在地の譜第家なら人民が従うという意味であり、弘仁二年詔はそのような理由で、才用任用すなわち中央出仕者任用を停め、在地の譜第家を任用することにしたものなのである。弘仁三年八月官符に、国選（＝在地の譜第家）を抑退して「在京之人」（＝中央出仕者）を任用すると「試二之政事一、未レ克レ宣レ風、訪二之民間一、誰有二推服一」と、弘仁二年詔発令の理由と同様のことがのべられているのは注目されるのである。彼ら中央出仕者が人民の支持を得られなかったのは、彼らが元来地方出身者でありながら、長く在京して在地から遊離した存在であったからであろう。八世紀の例では海上国造他田日奉部直神護が位分資人・中央舎人として三十一年間出仕していた例があり、天平宝字元年（七五七）四月辛巳勅は中衛・兵衛の歴試三十年以上の者位一階を加うとあるから、中央出仕者の在京はかなり長期間にわたっていたと思われるのである。そして延暦年間は彼ら中央出仕の在京者の本貫の京移貫が始まる時期であったのである（「古代学」一〇の二・三・四所収喜田新六氏「桓武朝にはじまる地方人の京都貫付について」）。このような在京の地方人は在地の人民から遊離した存在であったろう。延暦十七・十八年格が短期間に停廃されたのは、このように在地を無視した立法だったからである。この弘仁二年詔とともに弘仁三年八月五日官符で延暦十八年勅の中央出仕者の式部省簡試任用は停廃され、全て国選によることになる。在地の譜第任用が復活されれば、当然国司詮擬権の回復が図られなければならなかったのである。そしてこの弘仁三年官符に関連して、弘仁十三年（八二二）十二月十八日格（類聚三代格巻七）で、国司の銓擬者はまず三年間雑務に歴試せしめた後に銓擬言上するという方式がうちだされる。これは、郡司の正式任用以前にそのための試用期間ともいうべき期間を設けたものである。この方式と関連しながら、擬郡司の正員郡司との併存、擬郡司の複数化などという形で、九世紀には擬郡司制が展開していくのである（注(2)平野・米田氏論文）。

譜第制に関する最後の格は天長四年（八二七）五月二十一日官符（13）である。弘仁二年詔は譜第家以外の任用を完全に否定したものでなかったので、「無譜之人」の任用も行なわれ、その結果労効二世以上譜第の有資格者が飽和に達するほどの程になったので、この官符は従来の譜第家の権利を認めながら、新たに譜第の資格を得ることを停めたのである。

最後に、以上のような任用制度を通して任用されたのがどのような出自の者であったのかについてのべよう。

まず八世紀後半郡領補任をめぐって抗争した譜第家であるが、その主流は譜第氏族から分裂してきた譜第家の者であったろう。八世紀後半の譜第は労効二世以上の譜第だから、譜第氏族以外の者も譜第の資格を得ることが可能であり、抗争をした彼ら「譜第之徒」を新興層と考えることもできるわけであり、上田氏は新興郡領の台頭を積極的に評価している。しかし、前述のように単に国造の氏姓以外であるという理由だけで、彼らを新興郡領とすることはできないから、彼らを新興郡領とするためには、その上に彼らが譜第氏族でないことを証明しなければならないのである。そのように考えた時、上田氏の新興郡領としてあげた例の多くは新興郡領とするには根拠が不十分であり、確実に譜第氏族でないのは大和国高市郡の檜前忌寸氏と越前国坂井郡の品遅部氏の二例だけである。高市郡の檜前忌寸氏は、最初に郡領に任ぜられたのが天平三年であり、また「莫㆑勘㆓譜第㆒、聴㆑任㆓郡司㆒」といわれているから（宝亀三年四月庚午条）、譜第氏族でないことは明らかである。同郡の譜第氏族は氏姓からみて高市連（県主）氏であったろう（天武元年七月壬子条、大日本古文書二十五204）。ただしかし、檜前忌寸氏を以て新たに台頭した新興層の例とすることはできないだろう。同氏は大化前代からの帰化系の有力豪族だったのであり、その郡領任用も中央官人である一族の者の奏言によっているのである。もう一例の坂井郡の品遅部氏については檜前忌寸氏のような史料はないが、次のような方法によって新興郡領とすることができる。すなわち、前述の郡領と主政・主帳はその出自において画然に分けられるという原則を利用する方法である。主政・主帳は官人的地位として白丁と変らないもので、それに任ぜられる氏族の者は本来郡領に任用される筈のないものだから、もしその原則をうちやぶって主政・主帳から郡領に任用される例があれば、それは新興郡領とすることができるであろう。実は、右の原則は譜第氏族の世襲任用を維持する役割を果していたので、その原則の動揺は譜第氏族の世襲任用の動揺、すなわち新興郡領の台頭を示しているのである。品遅部氏はそれの確実な最も早い例である。品遅部氏は天平五年（七三二）坂井郡主政无位品遅部広耳が初見し、彼は天平宝字元年（七五七）には大領外正六位上品遅部君広耳としてみえている（高橋水枝氏注(13)「郡司一覧」）。主政无位から大領外正六位上へ昇進し、それとともに品遅部から品遅部君に改姓されており、右記の方法により新興郡領とすることができる。この後品遅部公氏は宝亀十一年（七八〇）にも同郡少領としてみえており、これによって労効二世以上譜第の資格を得たのである。これ以外にも八世紀の郡司の実例の中には郡領と主政・主帳にわたる氏族の例が検出できるが、それらは若干の不明の例を除いて、本来郡領氏族である者が主政・主帳にも任用されたと考えられるものである。(21)

八世紀後半において一例であるが新興郡領の存在が知られたが、八世紀前半においてもその存在を確認できる。天平七年格（14）で譜第氏族以外の身才・労効を任用しようとしたのは、郡領に任用されるような有力新興層の存在を前提にしているだろうし、また天平十年格（13）で「縁二身労効一被レ任一世者、不レ得レ取二譜第之限一」としたのは、譜第の資格ではなく「身労効」によって任ぜられた新興郡領の存在を示している。しかし、私は八世紀においては彼ら新興郡領の存在をかなり一般的なものと考えることはできないと思う。八世紀前半においては、政府は天平七年格で彼らを任用しようとしながら、結局それは実現されず、譜第氏族が代遍の原則をうち破って郡領職を独占していたのであり、郡領職をめぐる抗争も譜第氏族の分裂が原因であったのである。八世紀後半においては、新興郡領の確実な例は僅か一例であり、また新興層の台頭を説く論者が、新興層の任用を意図したという延暦十七年詔も、そのような意図をもったものではないのである。私は、八世紀においては新興郡領の存在は時とともに増加しているものの、未だ部分的なものであり、主流は孝徳朝以来の譜第氏族とそこから分裂してきた譜第家のものであったと考える。延暦十七年詔で孝徳朝からそれまでの郡領任用を譜第氏族の世襲任用と概括している点は無視すべきではないのである。

新興郡領の台頭が顕著になり、その存在がかなり一般的なものとなるのは九世紀に入ってからである。新たに譜第の資格を与えることを停めた天長四年五月官符（13）は「方今功労之輩、追㆑年不㆑絶、一郡之譜随㆑代重積」と譜第の飽和の状況をのべているが、その原因は「無㆑譜之人」（功労之輩）すなわち新興層が任用されたためなのであり、これは新興郡領がかなり一般化していたことを示している。そして、この格に対応するかのように、八・九世紀にかけてかなり連続的に郡司名の知られる越中国礪波郡[22]・近江国坂田郡では、いずれも天長年間を境に新興郡領の台頭が確認できるのである（表2、表3参照）。礪波郡では、八世紀における世襲任用のあり方と、郡名と氏の名の一致から、利波臣氏が譜第氏族と考えられ、前述の方法によって、主政・主帳から郡領に進出してきた飛鳥戸造氏・秦人部氏・中臣氏などを新興郡領とできるが、彼ら新興郡領の出現は天長四年副擬少領飛鳥戸造浦丸以後のことであった。坂田郡の場合は礪波郡のように明確でないが、譜第氏族はその氏の名と郡名との一致から坂田酒人真人氏、新興郡領は礪波郡と同じ方法によって穴太村主氏と考えられる。当郡でも新興郡領穴太村主氏の出現は天長十年である。このようにみてくれば、新興郡領出現の画期が九世紀初頭にあったことはほぼ明らかであろう。九世紀初頭からの擬郡司制の展開もこれら新興郡領の出現と関連して考えられるべきであろう。勿論、これら新興郡領の台頭は急激にあったのではなく、八世紀におけるそれの部分的な存在、また新興層の主政・主帳としての活動などを前提にしているのであり、

表2 越中国礪波郡

		大領	少領	主政	主帳	史料
七五〇	天平勝宝2		利波臣虫足		多治比部北里	礒貝氏注(22)論文による
七五一	3		利波臣虫足		蝮部北里	
七五七	天平宝字元			蝮部北里		
七六七	神護景雲元				(副擬)蝮部公諸木	
七七一	宝亀2	利波臣真公				
七八四	延暦3	(擬)利波臣大田				
七九一	10	(擬)利波臣大田				
八〇七	大同2	(擬)利波臣田人	(擬)利波臣豊成			
八〇八	3	(擬)利波臣豊成		(擬)利波臣家成		
八一八	弘仁9		利波臣豊成	飛鳥戸造有成		
八二七	天長4		(副擬)飛鳥戸造浦丸	(擬)利波宮成 (擬)中臣家成	(擬)秦人部古綿	
八三〇	7	(擬)利波臣甥丸	(転擬)秦人部益継			
八四六	承和13		利波臣奥継	中臣御成		
八五二	仁寿2	(転擬)中臣御長		(擬)春米吉長		
八五五	斉衡2	(擬)利波臣氏良 (擬)中臣御成				
八六二	貞観4	利波臣氏良 (擬)利波臣安直				
八六三	5	(転擬)品治部稲積	(擬)飛鳥戸造貞門			
八六四	6	(転擬)品治部稲積	(擬)飛鳥戸造今貞			
八七八	元慶2	(擬)品治部鴨雄	(擬)飛鳥戸造貞氏			
八八三	7	(擬)穂積穀守	(擬)利波臣氏高			
八九一	寛平3	(擬)秦忌寸常岡				
八九七	9	(擬)飛鳥戸造春宝	(擬)物部連茂生 (擬)粟田時世			

表3

近江国坂田郡						
七四七	天平19	坂田酒人真人新良貴	中臣嶋足		穴太村主麻呂	日古九644
七六二	天平宝字6		坂田酒人真人			日古二十五335
八三三	天長10	穴生村主 (副擬)息長真人	坂田酒人真人 (擬)比瑠臣 (副擬)息長真人	志賀忌寸 (擬)春日臣 (副擬)穂積臣		平遺54
八三六	承和3	穴生村主牛刀自□		志賀忌寸 (擬)春日臣		同60
八三九	6	穴生村主□ (副擬)息長真人福麿	坂田酒人真人広公 (擬)比瑠臣薗継 (副擬)息長真人	志賀在守 (擬)春日臣 (副擬)穂積臣		同53

又、譜第氏族は新興郡領の台頭とともにその勢力を完全に失ったのではなく、分裂しながらも、利波臣・坂田酒人真人氏の例のように、譜第家としてその地歩を維持していたのである。

むすび

以上の考察を概括しておこう。

まず任用制度については、八世紀における郡領任用は大体譜第主義といってよいであろう。その譜第主義は八世紀前半と後半の二時期にわけられる。八世紀前半は「難波朝廷以還譜第重大」という氏族としての譜第で、傍親間相継を含んだ譜第氏族の世襲であり、後半は「労効二世已上」という家としての譜第で、譜第氏族から分立してきた譜第家の世襲である。選叙令郡司条からひきついだ才用主義は、譜第主義を前提にしたものにすぎなかったのである。勿論、天平七年格・延暦十七年詔など、時によって才用主義的な傾向を濃厚にもった格が発令された時もあったが、それらは十分に行なわれなかったし、又それらが譜第氏族を任用から排除して新興層だけの任用を意図したようなものでなかった点は注意を要する。これら才用主義的任用については、それらが中央政府の補任権掌握や、中央出仕者の任用と密接に結びついていた点に注意すべきであろう。兵衛制など地方人の中央出仕制は、郡領任用制度と密接に結びついていたのである。令や天平宝字五年格では、中央出仕制は、複合された譜第・才用主義の接点に位置づけられ、延暦十八年勅では才用主義と結合していた。

次に郡領の出自については、七世紀中葉から八世紀にかけて任用されたのは、孝徳朝以来の譜第氏族に系譜をひくものであり、新興郡領の台頭が一般化してくるのは九世紀初頭である。八世紀における新興層の成長はまだ十分でなく、主政・主帳に任用される程度のものであり、郡領への任用は部分的なものにすぎなかったのである。

以上明らかにしてきたことは、八世紀の郡領の性格を考える上での基礎的な事実にすぎず、残された問題は多い。最後に問題点を二三あげておこう。まず第一に、国造制から評制への転換を可能にした、七世紀中葉における国造以外の有力者の存在をもっと明らかにする必要があろう。彼らは国造氏族とともに譜第氏族になっていったのである。第二に、八世紀前半から後半にかけての譜第氏族からの譜第家の分裂の様相と、両者の存在形態の相違が明らかにされねばならない。第三に、九世紀初頭における新興郡領の台頭と擬郡司制の展開の問題が明らかにされねばならない。

注

(1)　小論が問題とするのは郡司四等官のうち大・少領に関してのみである。第三節でのべるように、大・少領と主政・主帳の間にはその官人的身分や出自において大きな格差が存しており、また小論が問題とする譜第・才用主義の任用制度の変化があったのも郡領についてのみである。新野直吉氏（注(2)論文）は天平年間の譜第主義は主政・主帳にまで適用されたとするが、それは誤りである。磯貝正義氏注(2)第三論文参照。

(2)　既往の研究については、米沢康氏「郡司関係文献目録」（『続日本紀研究』八の一二）「続・郡司関係文献目録」（『同』一三八・一三九合併号）を参照されたい。ここでは小論と特に関連の深いものをあげておく。坂本太郎氏「郡司の非律令的性質」（『日本古代史の基礎的研究』下・制度篇所収）、新野直吉氏「譜第郡司小論」（『日本歴史』一〇九）「桓武朝における郡司層の動向」（『古代学』一〇の二・三・四）、平野博之氏「平安初期における国司郡司の関係について」（『史淵』七二）、大石良材氏「譜第郡司の性質」（『西田先生頌寿記念日本古代史論叢』所収）、磯貝正義氏「郡司制度の一研究」（『山梨大学学芸学部研究報告』九）「桓武朝の譜第郡司政策について」（『同』一五）「律令時代の地方政治」（『日本古代史論集』上所収〔いずれも『郡司及び采女制度の研究』再収〕）、上田正昭氏「郡司制展開の諸形態」（『史林』四六の二〔『日本古代国家論究』再収〕）、米田雄介氏「八世紀の郡司について」（『書陵部紀要』二〇）「譜第の意味について」（『日本歴史』二五四）「擬郡司考」（『延喜天暦時代の研究』所収〔『郡司の研究』再収〕）「律令制下の豪族」（『講座日本史』1・古代国家所収）。これらの内私見にもっとも近いのは磯貝氏の見解で、小論は磯貝氏の研究を継承・発展させようとするものである。尚、ここで引用した論文について以下のべる場合には特にことわらないこととする。

(3)　郡司制成立の問題については、虎尾俊哉氏「国司・郡司制研究の成果と問題点」（『歴史教育』一一の五）、伊野部重一郎氏「郡司制の創始についての覚書」（『日本歴史』一八九）で問題点の整理がなされている。

(4)　磯貝氏注(2)第三論文、関氏「大化の郡司制について」（『日本古代史論集』上所収）「再び大化の郡司制について」（『日本歴史』一九七）。関氏は、孝徳朝において評制が施行されたのは新置系コホリだけで、国造系コホリでは天武朝初年まで国造制であったとしており、私の整理と矛盾しているように思われるかもしれない。私は関氏の評制・国造制の併存については疑問を感じ、孝徳朝から全てに評制が施行されたのではないかと思うが、それは問わないとしても、関氏は、大化以後に存続した国造系コホリの国造制は大化前代そのままではなく、新置系コホリの評制と実質的にはあまり変らないものとし、またそのクニはのちの郡にそのまま直結するものと考えているから、私の整理とは何ら矛盾しない。

（5）志田諄一氏「孝徳朝の評の設置について」（『史元』八〔『常陸国風土記とその社会』再収〕）は常陸国風土記のこれらの記述の信憑性に疑問をなげかけているが、その論拠は十分に有効ではなく、私は信用できるものと考える。

（6）海上国造他田日奉部直神護解（寧楽遺文九四七頁）この史料は後にも使うので若干説明を加えておく。この解は、神護が海上郡大領に任ぜられんとして提出した自薦状で、自家が祖父・父・兄と同郡の郡領に任用されてきた譜第家であることと、自分が長く中央に出仕して労効を積んだ者であることをのべたものである。文書には年月日がかけているが、天平元年（七二九）より今に至る二十年間中宮舎人として出仕していたと記されているから、天平二十年（七四八）に提出されたものである。その記載内容については自薦状という文書の性質上疑問がもたれるが、次のような点から信用してよいと思う。まず、祖父・父・兄の冠位・位階が各時期の冠位・位階制と矛盾がないこと、父宮麻呂が少領から大領に転任したとする記載など具体的なこと、祖父忍について自薦状なのだから大領としてよさそうなものなのに少領としていること、神護が藤原麻呂の位分資人になった年と麻呂が五位に叙された年との間に矛盾がないことなどである。

（7）石城評造部志許赤については、石城評造の部志許赤、石城評の造部志許赤、石城の評造部志許赤など、いろいろによまれている。決めてはないが、糟屋評造（妙心寺鐘銘――寧楽遺文）という例があるから、評造を官職として本文のように解する。尚、評造は、郡領が大・少領の包括名称であったと同じく、評督・助督の包括名称と考えるべきものである。磯貝氏「評造・評督考」（『山梨大学学芸学部研究報告』一六〔『郡司及び采女制度の研究』再収〕）参照。

（8）行方郡　天平勝宝五年大領壬生直足人（調庸綾絁布墨書、寧楽遺文）、信太郡　延暦九年十二月庚戌条大領物部志太連大成（養老七年三月戊子条、物部氏の物部志太連賜姓）、香島郡　天平勝宝四年十月擬少領中臣鹿嶋連浪足（人参袋布墨書、寧楽遺文）・天平勝宝年中大領中臣連千徳（天安三年二月十六日官符・類聚三代格巻三）（天平十八年三月丙子条、中臣部の中臣鹿嶋連賜姓。但し、この賜姓は郡領家の中臣部の賜姓とは考えにくく、郡領家の賜姓はこれより早かっただろう）。

（9）『藤原京跡出土木簡概報』（『奈良県文化財調査報告』第十集）の木簡番号10番、『藤原宮』（『奈良県史跡名勝天然記念物調査報告』第二十五冊）の木簡番号115番。

（10）この評木簡は半截されたもので、「三方」の二字ははっきりよみとれないが、『概報』執筆者のよみに従うべきものと思う。その論拠は、「耳五十戸」とは「耳里」の意味で、「耳里」に当る郷を和名類聚抄で検すると、確実なのは若狭国三方郡弥美郷だけであ

表4

年		大領	少領	主政	主帳	史料
七四〇	天平12		(擬)宇治宿祢都恵	宇治連千庭		東南院文書二の390
七四八	同20	宇治宿祢君足	宇治宿祢都恵		今木連安万呂	日古三の113
七六一	天平宝字5	(擬)宇治宿祢水通	(擬)宇治宿祢	神造部造安比等	今木連	日古十五の128
七六五	天平神護元		笠臣気多麻呂			続紀
八四一	承和8	宇治宿祢宅成	(擬)宇治宿祢貞世	(擬)秦忌寸継人	(擬)宇治山守連部麿	平遺70
八四七	同14		(擬)宇治宿祢清雄	(擬)秦忌寸継人		同86
八五〇	嘉祥3	宇治宿祢清雄	(擬)宇治宿祢安奈	大宅臣薗継 (副擬)秦忌寸継人		同81

(擬＝擬郡司　副擬＝副擬郡司　日古三の113＝大日本古文書　巻三の113頁　平遺70＝平安遺文文書番号70番)

ること、写真版でみると残された墨痕は「三方」の二字によく適合することである。

(11) 岸俊男氏「律令体制下の豪族と農民」(『岩波講座日本歴史』3所収)、新野直吉氏『国造と県主』。

(12) ○印部分は大宝令復元可能部分を示す。

(13) 高橋水枝氏「奈良時代郡司一覧」(『続日本紀研究』一の一一)参照。これの好例は次の山背国宇治郡の例である。八世紀中葉から九世紀中葉まで宇治宿祢が郡領をほぼ独占し、郡領氏族が主政・主帳になることも、主政・主帳のものが郡領になることもみられない(表4)。

(14) 大宝三年八月甲子条、慶雲元年六月己未条、養老二年四月癸酉条、同五年六月乙酉条、天平七年五月乙亥条。

(15) 日本霊異記上巻第十七話は、伊予国越智郡は同郡大領の先祖の越智直が建てたものと伝える。事実天平八年大領越智直広国(大日本古文書二の七)、神護景雲元年二月庚子大領越智直飛鳥麻呂などの存在が知られる。

(16) 等親のことは儀制令五等以上親条に定められているが、選叙令集解同司主典条古記によれば、大宝令の規定は養老令と若干異なっていたらしい。今大宝令による。

(17) 延喜式巻十八式部上、凡郡司者一郡不㆑得㆑併㆓用同姓㆒、若他姓中无㆑人㆑可㆑用者、雖㆓同姓㆒、除㆓同門㆒外聴㆑任（後略）。

(18) ことわっておかなければならないが、この労効は同じく労効といっても、前述の「労効二世已上」譜第の労効とは内容が違う。譜第の労効は郡領としての労効であるが、この労効は郡領になるための労効だから、郡領としての労効ではない。明確ではないが、海上国造他田日奉部直神護が自分の労効としてあげたトネリなど中央出仕の労効や、主政・主帳など郡領以外の地方官司での労効であろう。

(19) この格制は、天平宝字五年以前に令制に復したと推定されている。岸俊男氏「郷里制廃止の前後」（『日本古代政治史研究』所収）。

(20) 延喜式部式上、諸衛任官条。

(21) 郡領と主政・主帳にわたってみられる氏族は次の例である。元来郡領氏族と考えられる例——駿河国駿河郡金刺舎人、越前国江沼郡江沼臣、同加賀郡道公、出雲国意宇郡出雲臣、薩摩国薩摩郡薩麻君、同阿多郡薩麻君、不明な例——出雲国大原郡勝部臣、豊後国日田郡日下部君、高橋水枝氏注(13)「郡司一覧」参照。

(22) 磯貝氏「郡司制度の一研究—越中国礪波郡司を中心として—」（『山梨大学学芸学部研究報告』九〔『郡司及び采女制度の研究』再収〕）。

（一九七一年一月稿、同年一一月抄）

（付記）本論文と関連する著者の論考として、「『国造氏』の存在について—米田雄介氏の論考を読んで—」（『続日本紀研究』一六四号）、「書評　米田雄介著『郡司の研究』」（『史学雑誌』第八七編一一号、一九七八年）、「平城宮木簡の郡領補任請願解」（『国史談話会雑誌』二三号、一九八二年。「平城宮跡出土の郡領補任請願の木簡」と改題して『古代木簡の研究』に再収、一九九八年）があるので、参照されたい。なお山口英男氏は「郡領の詮擬とその変遷—任用関係法令の検討—」（笹山晴生先生還暦記念会編『日本律令制論集』下巻、一九九三年）において、本論文に対し全面的な批判を加えられたが、その批判に対しては、『古代木簡の研究』所収の「平城宮の跡出土の郡領補任請願の木簡」の補記で応えたのであわせて参看されたい。

第二部　古代東北の南と北

第一章　古代東北の南と北

一　陸奥国の地域区分

私の報告は、文献史学の立場から古代東北の南と北の問題について考えるということです。文献史学の立場からといいましても、じつはここ十数年考古学によって明らかになってきている新しい事実をもとにしまして、文献史料の読み直しを試みてみようということです。今日の報告のなかでも進藤報告(1)・村田報告(2)などが密接に関係しています。古代東北の南と北の問題について、七世紀中葉から九世紀までの陸奥国を対象にして、律令国家の政治支配の観点から考えてみようと思っています。

律令国家の支配領域がどのように拡大していったか、またどのようにその支配が浸透していったかという観点です。この観点は南北論といいますけれども、結局は南からみた南北論ということになるかと思います。南といいますのは律令国家の支配領域、すなわち郡の設置されている地域、北というのはまだ支配下に入っていない、蝦夷の居住する地域ということになります。このような律令支配の拡大という観点から、陸奥国の区域わけを試みたわけです。図8がその結論です。

陸奥国を大きくはA・B・C区の三大区、さらに細分してA・B—1・B—2・C—1・C—2区の五小区に分け

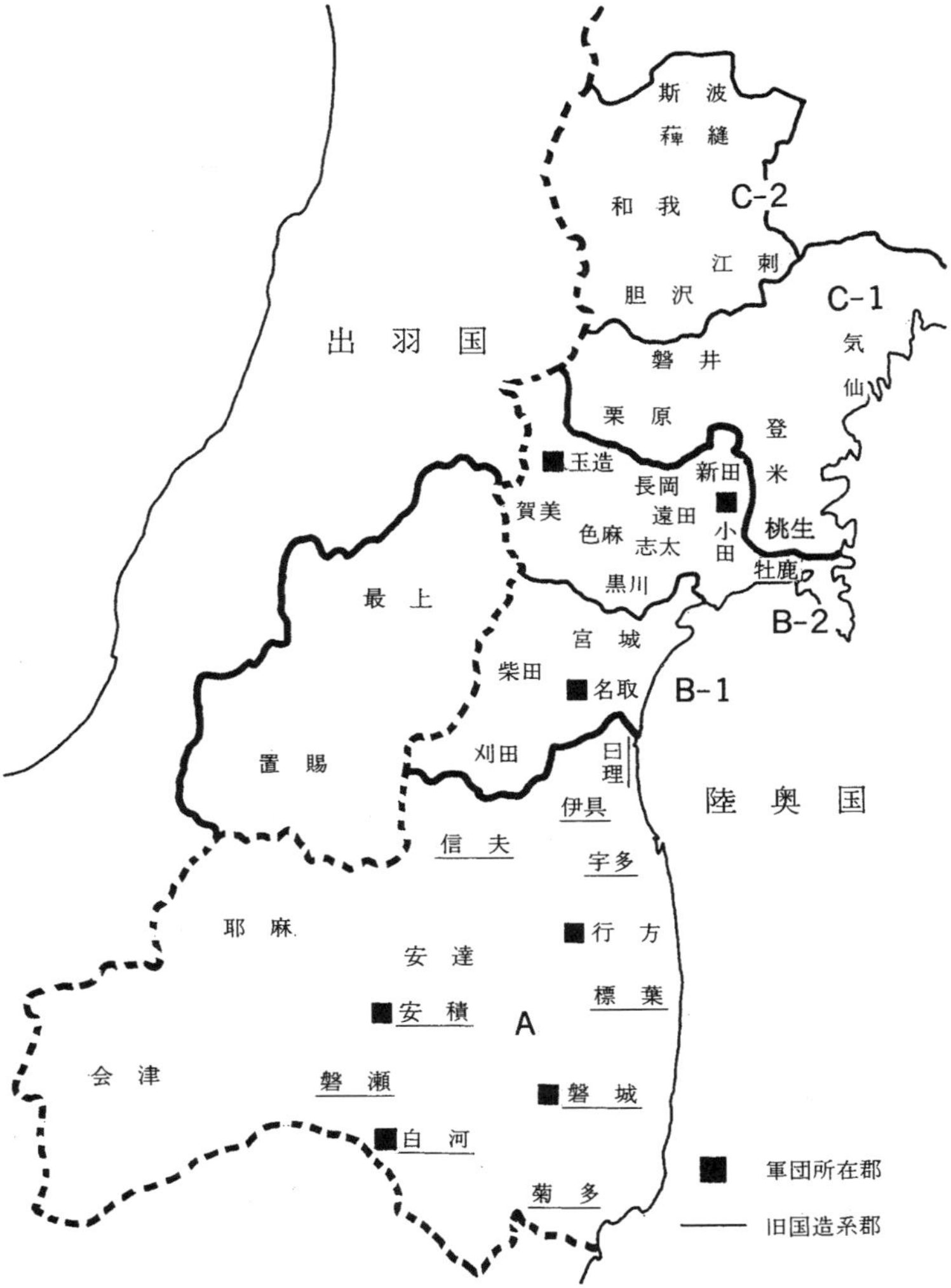

図８　陸奥国の版図の拡大

ました。この図には、十世紀初めの『延喜式』にほぼ基づきまして郡名をかきこんであります。さきに各区の説明をしておきます。

A区は、現在の福島県と宮城県の亘理《わたり》郡以南の地域です。B―1区が仙台市以南の地域、つまり仙台平野以南の地域です。それから最上郡と置賜《おいたみ》郡は七一六年（霊亀二）に出羽国に移管されるわけですけれども、それ以前は陸奥国の所管でした。最上郡が山形盆地、置賜郡が米沢盆地ですが、これもB―1区に準ずる地域と考えます。

B―2区が、文献史料に「黒川以北十郡」と出てくるものでありまして、古川市〔現大崎市〕の大崎平野から牡鹿半島へかけての地域で、宮城県の県北地域です。C―1区としましたのが、宮城県の北端から岩手県の南端の地域です。C―2区が岩手県盛岡市以南の北上川の中流域です。

二　辺遠国における基本政策

まず辺遠国の基本政策について話します。

陸奥国、越後国とその後身の出羽国は、律令国家全体のなかで辺遠国、あるいは辺国といわれていました。これはつまり律令国家の支配領域のなかのもっとも端に位置する国という意味で呼ばれているわけであります。

この辺遠国に対しまして、一般の諸国は「中国」つまり「ナカックニ」と呼ばれました。「中国」という言葉に関しては都からの遠近による遠国・中国・近国の用例、国の大小による大国・上国・中国・下国の用例などもありますが、辺遠国に対して一般諸国を中国という用例がありました。

辺遠国において採られた基本政策は、まだ支配下にはいっていないエミシの地域に律令制の支配領域を拡大すること、具体的には評あるいは郡を設置することでした。評あるいは郡の設置について、辺境では一般諸国の中国とは異なる方式で行われました。

中国における方式を中国型、辺境のものを辺境型とここでは呼びますけれども、中国型の方式は、大和政権の時代の国造制支配を前提としまして、在地の有力者を評造に任じてその支配下の人民を評の下に編成していくという方式であったわけです。

いっぽう、エミシの地域に郡を設置していく辺境型の場合には、まず城柵を設置して、ほかの地域から柵戸というかたちで人民を強制的にその近辺に移住させ、開拓と村作りにあたらせ、彼らを公民として評里制、あるいは郡里制を施行していくという形をとったわけであります。

この移民は自国の南部の地域である磐城郡・白河郡・磐瀬郡・会津郡、それから坂東諸国、つまり現在の関東地方、さらに東海道・東山道の東国の諸国、つまり現在の中部地方などから移住させられました。

いっぽう、その地域の原住の民であるエミシに対しましては、服属するように働きかけがあって服属させました。服属したあとには、すぐには律令制的な調庸などの課役を賦課することができませんでした。そのかわりに定期的に朝貢してミツギモノを貢納させるとか、臨時的な兵役・労役などに徴発することが行われました。課役を賦課されない間は、身分的に一般の公民の扱いはされませんで、蝦夷・俘囚という身分で把握されていました。

このような支配が数代、数十年にわたって続きまして、そのあとにようやく調庸を賦課して身分上も公民とすることが行われていたわけです。

城柵とは、結局この辺郡の移民系の公民と、辺郡とさらに北のエミシを支配する役割をもっていたと考えるわけであります。

三　陸奥国における郡の拡大

つぎに陸奥国の拡大についてのべます。陸奥国における律令制支配の拡大を考えていくためには、第Ⅰ地域・第Ⅱ地域・第Ⅲ地域という三つの地域に類型化して考えていくと、考えやすいかと思います。

第Ⅰ地域は、令制の郡が設置されまして律令制支配が確立している南部の地域です。第Ⅱ地域は、その第Ⅰ地域の北の周辺部で、城柵を設置して柵戸を移住させて郡を設け、一応は律令制支配が成立している地域です。こういう郡を辺郡とか、エミシに近い郡という意味で近夷郡と呼んでいました。この地域は移民系の公民とエミシが混在して住んでいますから、政情が不安定でありました。

第Ⅲ地域は、エミシの居住地域でありまして、律令制支配が未成立の地域です。エミシのなかには服属しているものもありまして、そういうものはエミシ村とかエミシ郡というかたちで把握されていまして、定期的に城柵に朝貢するという関係を作っていました。

このⅠ・Ⅱ・Ⅲの地域は固定的なものではなく、変化するわけです。律令制支配の拡大は、第Ⅲ地域に第Ⅱ地域を拡大していくこと、それから第Ⅱ地域と第Ⅲ地域のエミシを服属させて支配していくこと、第Ⅱ地域のまだ不安定な支配を第Ⅰ地域の支配にまで充実させていくことを通じて、実現されていくわけです。

陸奥国の律令制支配の拡大、すなわち郡の設置は、具体的には五つの段階を経て実現したと考えています。その五つの段階にほぼ対応するかたちで五小区に分けているわけであります。

第一段階が七世紀中葉、第二段階が七世紀後半、第三段階が七一〇年から二〇年代、第四段階が七六〇年代以降、第五段階が九世紀初めであります。

さきほどの進藤報告(1)で城柵設置のA～Dの四段階が設定されましたが、そのAが私の第一・二段階、B～Dが第三～五段階に対応します。

まず第一段階については、令制の国がいつ置かれたかということに関しては、いろいろ議論がありますけれども、一応私は七世紀中葉の孝徳朝に置かれたと考えています。陸奥国も六四九年（大化五）から六五三年（白雉四）の間に設けられたと考えます。そしてこの段階の陸奥国の領域がA区です。国が置かれるとともにA区に評が置かれたわけであります。

第二段階の七世紀後半には、B—1区とのちに出羽国になります最上・置賜郡、それからB—2区の一部に評が設けられたと考えています。

第三段階はそのB—2区に大量の移民によって、「黒川以北十郡」という郡が置かれたと考えます。それとともにこの地域に玉造《たまつくり》柵・色麻《しかま》柵・新田《にいた》柵・牡鹿《おしか》柵などの五柵が整備あるいは設置され、その後援の基地としましてB—1区の宮城郡に国府の多賀柵が設けられました。

第四段階は、C—1区に城柵が設けられて進出していきます。桃生《もむのう》城・伊治《これはり》城が設けられ、そして桃生郡・栗原郡が置かれます。しかしじつはこの進出がもとになりまして、これから三八年間断続的に続く、いわゆる三十八年戦争に突入していきます。C—1区・C—2区をまきこんで三十八年戦争が戦われます。C—1区の郡の設置の年代ははっきりわかりませんで、C—2区に設置される前に置かれたとしかいえません。第五段階は、延暦の征討、七九四年（延暦十三）と八〇一年（同二〇）の征討で政府軍が勝って、胆沢城・志波城が設けられ、そしてC—2区に五郡が設けられました。

以上のべたように、五段階の領域の領域の拡大と五区の区分けが考えられます。このうち、第四段階・第五段階に関してはいままでもわかっていたことでありまして、第二段階と第三段階に関してB区における新しい考古学的な成果によって、新しい考え方ができるようになってきたわけです。

四　B区への進出

そこでつぎに、律令制支配のB区への進出についてのべます。B区における新しい考古学の成果は、第一にB区に七世紀後半から八世紀初めの地方官衙の遺跡が発見されたことです。第二に同時期の関東系の土師器がこの地域から出土していることです。

第一の点は、B—1区に仙台市の郡山《こおりやま》遺跡、B—2区に古川市〔現大崎市〕の名生館《みょうだて》遺跡です。進藤報告(1)に詳しくのべられたように、郡山遺跡は七世紀後半から八世紀初めの遺跡であり、名生館遺跡も七世紀後半に始まります。このような城柵や官衙の設置にともないまして、同じ地域からだいたい同時期の関東系の土師器が出土しています。出土した遺跡は官衙・集落・墳墓などです。

関東系の土師器については、すでに村田報告(2)でのべられているので、簡単に触れます。結論として、関東系の土師器は、城柵の設置にともなう坂東諸国からの柵戸の移民に関するものと考えることができます。B—1・2区における七世紀後半から八世紀初めの城柵や官衙の設置、柵戸の移民を推測させる関東系の土師器の出土から、七世紀後半からB—1・2区に律令国家の支配が及んでいたことが確認できます。

これらの事実をふまえて文献史料を見ますと、『続日本紀』にはすでに七〇七年〔慶雲四〕、B—2区に信太《しだ》郡があったことが確認できます。それからその同じ史料のなかで、六六一年（斉明七）から六六三年（天智二）に行われた百済救援の戦いに、この地方から兵士が徴発されていたこともわかります。

したがいまして六六〇年段階にこのB—2区の地域に兵士を徴発できるような体制が施かれていたわけでありまして、七世紀の後半段階にB—2区の一部に、評が設けられていた可能性が考えられるわけです。

ところでB区に関しまして、1区・2区とわけましたのは、一つには、北半の2区が八世紀後半に「黒川以北十郡」という形で、行政的にまとめて把握されていたからです。2区は八世紀後半にもなお政情が不安定で、1区とはおのずから区別されます。二つには、1区には郡山遺跡の存在などからみて第二段階に全面的に建評されたと思われますが、2区は、第二段階の部分的な建評をふまえて、第三段階に大量の移民によって、いっせいに十郡が建郡されたと考えられるからです。

2区の十郡は、『和名抄』によりますと、一郡が平均三・二郷の、規模が非常に小さく、均一な郡でありまして、同一時にいっせいに行政の力で作られた郡と考えられます。『続日本紀』によると、七一五年（霊亀元）に一〇〇〇戸、七二二年（養老六）に一〇〇〇人の柵戸の移民がありますが、この移民によって十郡がいっせいに建郡されたと考えられます。一郷が五〇戸ですから、七一五年の一〇〇〇戸は二〇郷分になり、黒川以北十郡は『和名抄』では三二郷ですから、相当な数の移民があったことがたしかです。

この時期にじつは陸奥国は狭くなりました。七一六年（霊亀二）最上郡と置賜郡を出羽国に移管し、七一八年（養老二）伊具《いぐ》郡を除くA区を割いて、石城国と石背国を置き、陸奥国はB—1・2区の狭い領域になりました。

じつはこのような郡と国の分割を行うことができたのは、その段階においてB—2区における領域の拡大と支配の充実があったからであると考えられます。B区はこのように二つの小区に分けられますが、建評が七世紀後半に始まったという点からいえば、大きくB区としてまとめて把握することができます。

五　三大区の歴史的前提

つぎに五小区を大きく三大区にまとめて、その三大区の区域分けの歴史的な前提について述べます。領域拡大の五段階のうち大きな画期となりますのは、まず令制の国が設置されました第一段階。つぎにエミシの地域に建評し始めた第二段階。第三に、エミシの強力な抵抗を受けた三十八年戦争の契機となった第四段階の三つであると考えます。そしてこの三画期に対応して五小区はA・B・Cの三大区にまとめられます。

この律令国家の支配拡大の三大区の段階差の前提には、その前史となっている大和政権の支配の浸透度の差異があったと考えられます。A区は大和政権の時代に国造制支配が行われた地域、B区は国造制支配は行われなかったが、古墳時代前期後半から終末期まで継続的に古墳が築造され、大和政権との間に一定の支配・服属関係があった地域であり、C区は、陸奥国建国の以後の七世紀後半から群集墳が築造される地域です。胆沢に古墳時代の角塚《つのづか》古墳がありますが、これは孤立した存在でした。

A区と国造制

まずA区の国造制の施行された地域については、九世紀末に成立しました『先代旧事本紀《せんだいくじほんぎ》』の「国造本紀《くにのみやつこほんぎ》」によって陸奥国の国造が知られます。「国造本紀」に載せる国造名は六世紀中葉から七世紀後半までの間に実在した国造と考えられており、陸奥ではつぎの十国造が知られます。つまり、道奥菊多《みちのおくのきくた》・石城・染羽《しめは》・浮田《うきた》・思・白河・石《いわ》背《せ》・阿尺《あさか》・信夫《しのぶ》・伊久《いぐ》国造です。このうち思国造はいろいろの説がありますが、曰理《わたり》国造に当たると考えます。

国造のクニは、七世紀中ごろの建評の際、評となりさらに郡にひきつがれます。図8はこれら国造系の郡を、郡名に線をひいてしめしました。表記の変わったものもありますが、石城→磐城郡、染羽→標葉《しめは》郡、浮田→宇多《うだ》郡、石背→磐瀬郡、阿尺→安積郡、伊久→伊具郡となりました。

B区はエミシの地

同じく大和政権の支配がおよんでいたといっても、古墳も築造されたうえに国造制が施行されたA区と、古墳は築造されたが国造制が施行されなかったB区とでは、大和政権の支配の浸透度に差異があったと考えられます。

このことを明らかにしてくれるのは、大化改新のクーデターの直後の六四五年（大化元）八月に派遣された東国国司に対する命令です。東国国司とは、中央政府によって現在の中部・関東地方の「東国」へ、臨時の任務をもって派遣された使者で、のちの令制の国司とは異なります。八組の使者が派遣され、その一組がのちの陸奥の地方をも管轄しました。

東国国司が命じられた任務の一つに、人民の兵器を収公することがありましたが、陸奥の地域を管轄した国司には、蝦夷と境を接する辺国では一度兵器を収公して数を数えたのちに、持主に返却するようにという特別の命令が出されました。しかし陸奥を管轄した国司はこの特別命令に違反し、国造が送ってきた兵器を持主に返さずに国造に与えるという誤りを犯しました。このことから、蝦夷と境を接する地域の任務に国造が当たっていたことがわかり、また「辺国」という言葉がでてきますが、この時にはいまだ令制国が成立していませんから、辺国とは国造のクニで、もっとも北に位置するクニをさしたものと考えられます。

これらのことから、中央政府は国造のクニのA区の外側はエミシの居住地と認識していたことがわかります。B区は古墳が築造され大和政権の支配がおよんでいたのですが、国造制が施行されていなかったので、七世紀中ごろにはエミシの地と認識されていたのです。

国造制の施行されていたA区は、中央政府にとって、いわば体制内の地域で、「中国」と同質の支配が行われていたので、建評に当たっても中国型の方式で行われたと思います。これに対して、B区では郡山遺跡などの城柵が設けられたように辺境型の建評が行われました。B区はA区と区別されながらも、七世紀後半から八世紀初めという比較的早い時期に、評あるいは郡が設置されたのは、古墳が築造されるという形で大和政権の支配がおよんでいたからと考えられます。

C区における律令制支配

これに対して、C区の建郡が泥沼の三十八年戦争をひきおこし、B区よりも大幅に遅れましたが、その原因の一つはやはり七世紀後半になってようやく群集墳が築造されるようになるという支配の遅れであったと思われます。ただしC区への支配の進出もこれまで考えられていたより早かったことにも注目すべきです。

七世紀後半の群集墳の築造、また七三七年（天平九）ごろには和賀地方のエミシが服属し、朝貢関係を結んでいました。さきほど話に出た御駒堂《おこまどう》遺跡は、八世紀初めの関東系土師器を出土し、移民の集落と考えられます。移民の集落がこの時期に、C—1区の栗原郡に出現することは、いまのべたような国家とエミシとの関係のなかに位置づけられるかもしれません。

最後に、C区における律令制支配について述べます。さきほどから述べますように、C区は七六〇年代から建郡を始め、三十八年戦争を経て九世紀初めまでに律令制支配下に組みこまれました。しかしこの地域の公民制支配は、九世紀になってもなお脆弱であったと考えられます。この点を軍団制の問題から考えます。

城柵には鎮守のために兵が駐屯しました。この城柵の鎮守に重要な役割を果したのが、軍団兵士制と鎮兵制です。

鎮兵制が坂東など他国の兵士を徴発したのに対して、軍団兵士は自国の公民を徴発しました。軍団兵士は各地に設けられた軍団によって徴発され、軍団の設置地域が兵士の徴発地域となりますが、陸奥国では八、九世紀を通じて軍団兵士の徴発地域はA・B区で、ついにC区にはおよびませんでした。

陸奥国の軍団数は、八、九世紀を通じて二～七団の間を変化し、九世紀中ごろにもっとも多い七団となります。それは図8に■の印を書き入れてしめしましたが、A区の白河団・安積団・磐城団・行方《なめかた》団、B—1区の名取団、B—2区の玉造団・小田団でした。

公民を兵士に指定することを差点《さてん》といいますが、令制では一戸のうち三正丁ごとに一兵士を差点する定めで、また一戸ごとに一兵士が差点されたといわれています。軍団兵士の徴発のためには公民制の充実が必要であったわけです。

C区には伊治城・桃生城・胆沢城・志波城・徳丹《とくたん》城などがあり、その鎮守には初め他国から徴発された鎮兵が当てられ、八一五年（弘仁六）の鎮兵制の廃止後はB区の兵士が交替で勤務しました。じつはC区から兵士を徴発して鎮守させる方式が、もっとも好都合であったわけですが、それがこのような無理な体制をとったのは、結局C区からは兵士が徴発できなかったからと考えられます。そして、その原因はC区への第四段階以降の移民が、それ以前の段階の富民を戸単位に移民させたのにくらべて、罪人・浮浪人・乞食などであり、弱体化していたために、C区における公民制の形成が十分ではなかったからと考えられます。

このようにC区は九世紀において公民制の充実が十分ではなかったのですが、十世紀後半に在地の勢力である安倍氏の権力が、C—2区を基盤に成長してきます。この在地権力が、律令制支配のおよばなかった地域ではなく、およんだけれどももっとも支配の弱かったC—2区から成長してきたという事実は、安倍氏権力の形成について興味深い問題を含んでいると思います。

以上、律令国家の支配の拡大という観点から、つまり南からの視角から古代東北の南北問題について考えました。結論として図8の区域わけができるということです。これは直接は政治の問題をしめしているわけでありますが、文化の問題などがこれとどのように関係するのかがつぎの課題となります。

注

（1）進藤秋輝「古代城柵の設置とその意義」。
（2）村田晃一「古代東北地方南部の集落と生業」。
いずれも、日本考古学協会編『北日本の考古学―南と北の地域性―』（吉川弘文館、一九九四年）に所収。

【本書編集にあたっての注記】
本章は日本考古学協会編『北日本の考古学―南と北の地域性―』（吉川弘文館、一九九四年）に収録されたもので、日本考古学協会一九九一年度大会（於仙台市、一九九一年十一月）における報告をもとにしている。

第二章　律令国家と蝦夷

一　陸奥国における宮城県域の位置づけ

版図の拡大と地域区分

これからのべることを理解しやすくするために、最初に古代の陸奥国《みちのおく》を地域区分し、そのなかにおける宮城県域の位置づけをしておこう。陸奥国は、出羽《いでは》国とともに時代の進展にしたがって、評または郡の設置によって北に領域を拡大する国である。その評または郡の設置は、七世紀半ばから九世紀初めのあいだに五段階をへて進展し、これに対応して国内を五区に地域区分できる。この地域区分には大和政権と律令国家の時代の各地域の政治と文化が反映している。

なお支配領域の拡大の過程を考えるために、領域をつぎの三種類の地域にわけると理解しやすい。Ⅰ地域＝南部の律令制支配の確立地域。Ⅱ地域＝Ⅰ地域の北の周辺地域で、本来蝦夷《えみし》が居住するが、城柵を設け辺郡を設置し、一応律令制支配が成立している地域。Ⅲ地域＝蝦夷の居住地域で、律令制支配が成立していない地域。律令制支配の拡大はⅢ地域へⅡ地域を拡大してその地域の蝦夷を服属させ、Ⅱ地域の支配をⅠ地域の支配に転換することによって達成され、三つの地域は支配の拡大にしたがって変化する。

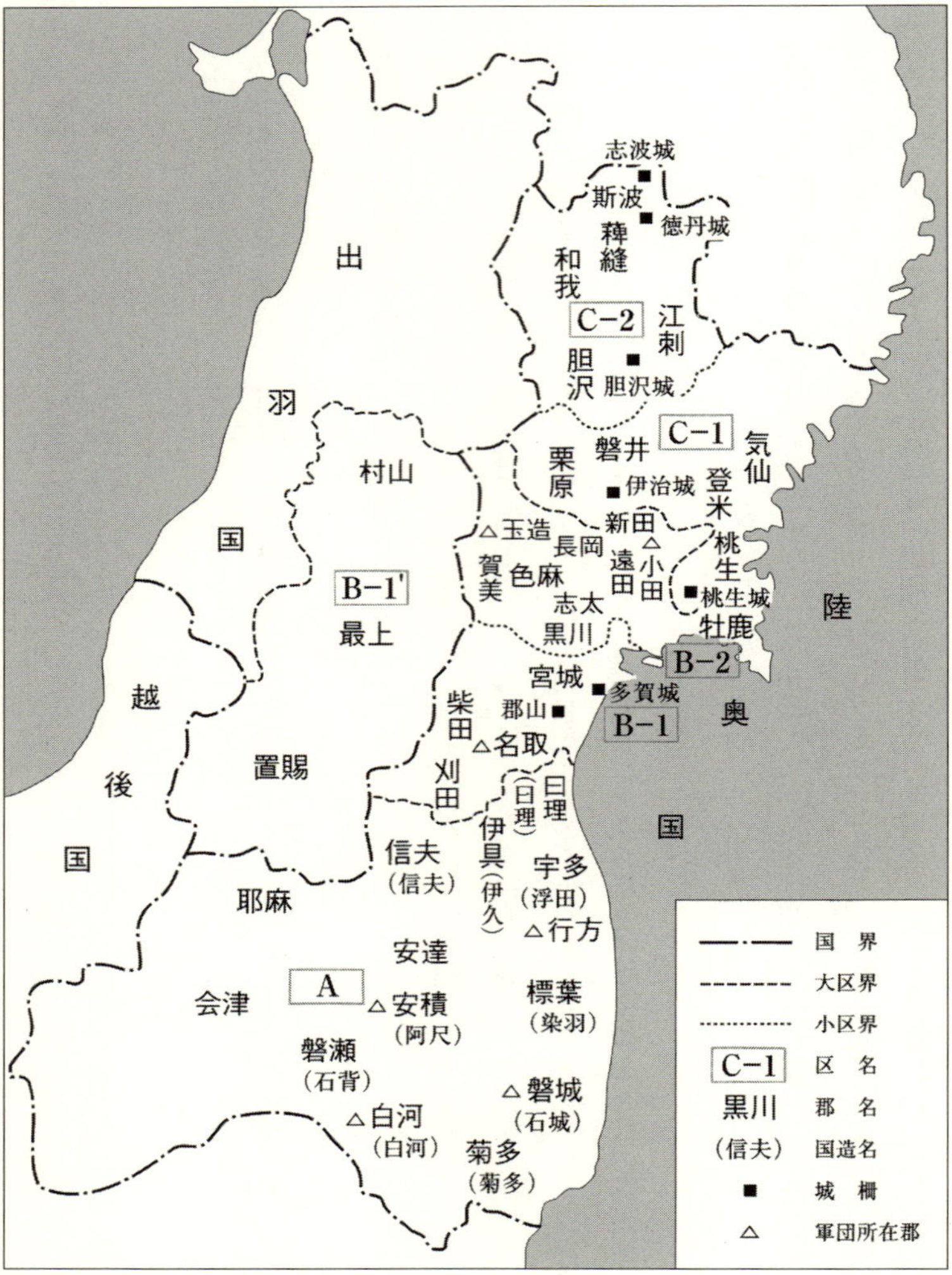
志波城
斯波
徳丹城
稗縫
和我
C−2
江刺
胆沢
胆沢城
出
羽
国
C−1
気仙
栗原
磐井
伊治城
登米
新田
村山
玉造
長岡
小田
遠田
桃生
賀美
色麻
桃生城
B−1'
志太
陸
黒川
牡鹿
最上
B−2
宮城
多賀城
越
柴田
郡山
奥
B−1
名取
置賜
後
刈田
曰理
(曰理)
国
伊具
(伊久)
国
信夫
(信夫)
宇多
(浮田)
耶麻
行方
安達
A
会津
安積
(阿尺)
標葉
(染羽)
磐瀬
(石背)
磐城
(石城)
白河
(白河)
菊多
(菊多)
国界
大区界
小区界
C−1
区名
黒川
郡名
(信夫)
国造名
城柵
軍団所在郡

図９　陸奥国の地域区分

陸奥国の地域区分はつぎの通りである（図9参照）。A区＝曰理《わたり》・伊具《いぐ》・信夫《しのぶ》郡以南の宮城県南端と福島県域。B—1区＝宮城郡以南の仙台平野を中心とする地域。B—2区＝黒川《くろかわ》郡以北の一〇郡と遠田《とおだ》郡＝宮城県大崎平野から牡鹿半島におよぶ地域。C—1区＝栗原・磐井《いわい》・登米《とよめ》・桃生《ものう》・気仙《けせん》郡＝宮城県北部から岩手県南端。C—2区＝胆沢《いさわ》郡から斯波《しわ》郡までの岩手県北上川中流域。なおB—1′区は山形県内陸部の山形・置賜《おきたま》盆地で、霊亀二年（七一六）に出羽国の管轄になる以前は陸奥国の所管であったので、B—1区に準じて扱う。この五小区はA・B・C区の三大区にまとめられる。宮城県域は、A区北端の伊具・曰理郡からB区をへてC—1区の南半の栗原・登米郡にわたる。

評・郡の設置の五段階については後に詳しくのべるが、簡単に示せばつぎの通りである。第一段階＝七世紀半ば。道奥国の設置とともにA区に評がおかれた。第二段階＝七世紀後半。B—1区、B—2区の一部、B—1′区。第三段階＝七一〇〜七二〇年代。B—2区に第二段階の部分的な建評をふまえて、黒川郡以北の一〇郡がいっせいに設置された。第四段階＝七六〇年代以降。C—1区。C—1区に桃生・伊治《これはり》城を設けて建郡したところで、蝦夷の激しい抵抗をうけてC区全体を巻き込んだいわゆる三十八年戦争の時代に突入する。第五段階＝九世紀初め。C—2区。領域拡大の過程において、A区は第一段階からⅠ地域で、第二段階にB区は辺郡地域のⅡ地域、第三段階にB—1区はⅠ地域になり、B—2区はⅡ地域であり、第四段階にC—1区がⅡ地域になる。

宮城県域の位置づけ

大和政権時代にA区は国造制が施行され、これより南の地域と同質の支配が行なわれていた。B—2区の江合川流域まで、古墳時代に継続的に古墳が築造され、この地域まで大和政権とのあいだに政治的な支配関係があったが、その支配はA区よりゆるやかなものであり、七世紀中頃にB区の住人は蝦夷とよばれた。B区までは畿内の政治・文化が早い時期からはいっていたのに対して、北方系の文化がB—2区を南限としてC区に濃厚に分布していた。のちにのべるアイヌ語によるアイヌ語地名の濃厚な分布の南限はC区の南限あるいはB―2区にはいったところであり、また北海道系土器の分布の南限もB―2区である。C区に継続的に終末期古墳が築造されるようになるのは道奥国の設置後の七世紀後半以降である。建郡がC区にはいったところで蝦夷の大きな抵抗をうけた背景には、このような政治的・文化的な断絶があった。宮城県域は南端の伊具・亘理地方を除く大部分が、大和政権の国造制の支配体制に組み込まれなかった地域で、七世紀中頃には蝦夷の地域であった。そして、そのなかでも畿内系の政治・文化と北方系文化の濃淡によって、B区とC区の地域分けができる。

二　陸奥国の始まり

大化の改新と東国国司

大化元年（六四五）六月、中大兄皇子と中臣鎌足らは、実権を握っていた蘇我氏を滅ぼして権力をにぎり、大化の改新とよばれる政治改革に乗り出した。この政治改革は七世紀後半をつうじて進められた律令制国家の形成の出発点となった。この政治改革によって中央集権的な地方支配のための国評制が施行され、そのなかで道奥国も設置された。

クーデターから二ヵ月後の大化元年八月、東北地方にも改革の波が押し寄せてきた。このとき改新政府は「東国国司」とよばれる八組の使者を、三河（愛知県）・信濃（長野県）より東の中部・関東から東北地方南部に派遣した。これは、今後の政治改革遂行のために人口と田地面積の調査、武器の収公などの任務をもって、臨時的に派遣された使者であった。その使者のなかの紀麻利耆拕《きのまりきた》らの組はのちの陸奥国の南部を管轄地域に含んでいた。彼らは他の使者とは異なり、武器の収公にあたって、辺境の国造のクニの蝦夷と境を接する地域では、一度武器を集めて数を確認したのちに持ち主に返すように注意されていたが、国造に武器を与えるという失策を犯してとがめられた。この話から紀麻利耆拕らの管轄地域に陸奥南部の国造制施行地域、すなわち宮城県南端と福島県域（A区）が含まれていたこと、中央政府がこの時点で、国造のクニの北の外の住人を蝦夷ととらえ、彼らに注意を払っていたことなどがわかる。

道奥国の設置

孝徳朝の後半に第二次の使者が派遣されて国造制が評制へ転換された。常陸国の例では、大化五年（六四九）にまず国造のクニを評とし、さらに白雉四年（六五三）にそれらの評を分割して新しい評を設けた。評は大宝律令の郡の前身のコホリであり、その官人は長官を評督、次官を助督、両者をあわせて評造といい、それぞれが郡制の大領・少領・郡領に相当する。孝徳朝の評制の施行によって八世紀の郡の大部分が成立した。この評制の施行をうけて孝徳朝のうちに評の上に国が設けられ、中央政府から国宰とよばれる常駐官が派遣された。国宰は大宝律令の国司の前身である。こうして律令国家の地方支配のための国郡制の前身である国評制が成立した。

東北地方でも大化五年から白雉四年頃に評がおかれ、孝徳朝後半に道奥国が設けられた。その領域は、国造制が施行されていたA区で、最初におかれた評は曰理《わたり》・伊具《いぐ》・宇多《うだ》・行方《なめかた》・標葉《しめは》・信夫《しのぶ》・安積《あさか》・石背《いわせ》（磐瀬）・白河・会《あい》津《づ》・石城《いわき》（磐城）評の一一評であろう。菊多《きくた》・安達《あだち》・耶麻《やま》郡はのちに分置された郡であった。この一一評のうち行方・会津評を除く九評が国造のクニであったもので、行方評は分割・新置の評であろう。曰理・伊具評が宮城県南端、宇多評以下が福島県域である。

道奥国の表記はのちに陸奥国と改められるが、それは京から東にのびる東山道の前身の道の最末端の国、いいかえれば中央政府の支配領域の最末端の国という意味である。こうして道奥国の設置によって宮城県南端の伊具・曰理地域は国家の直接支配下にはいったが、それより北の宮城県の大部分の地域は蝦夷の居住地域と認識されていた。

郡山遺跡と仙台平野への進出

政府は国評制の施行をうけて、七世紀半ばから後半にかけて陸奥国と日本海側の越《こし》国の両方で、蝦夷の地へ支配拡大の政策を展開した。越国では大化三年（六四七）渟足柵《ぬたりのさく》（新潟市山ノ下・河渡地区、信濃川河口）を、同四年磐舟柵《いわふね》（新潟県村上市付近）を設けてともに柵戸をおき、さらに斉明四年（六五八）以前に都岐沙羅柵《ときさら》を設けた。こうして越後平野北半の蝦夷の地に進出していった。陸奥国でも同様の支配領域の拡大が行なわれたことが、郡山《こおりやま》遺跡・名生《みょう》館《だて》遺跡の発掘、関東系土器の発見などの近年の考古学の成果によって明らかになってきた。

郡山遺跡は仙台平野中央部にある地方官衙の遺跡である。東流する名取川に西北から東南する広瀬川が合流するが、その合流地点の西の三角形地帯にある。古代の名取郡内である。仙台市太白区郡山、ＪＲ東北本線長町駅の東側に広がる住宅街のなかに埋もれている。新旧二時期の遺跡が重なっていて、その年代は、古い時期のⅠ期が七世紀の半ばから同末のあいだ、新しい時期のⅡ期が七世紀末から八世紀初めのあいだにそれぞれおさまる。Ⅱ期官衙には郡山廃寺が付属する（図10）。

Ⅰ期官衙の建物群は基準方位が真北に対して西に五〇〜六〇度振れる。全体の外囲いの施設は材木列塀で、南西辺と南東・北西辺にあたると思われるものを発見しており、全体の規模は南東—北西二九五・四メートル、南西—北東は五六〇メートル以上で、あまり例のない長方形の平面形で、総面積は一六ヘクタール以上である。材木列塀というのは溝を掘ったなかに丸柱材を密接して立て並べて埋めこんだ塀で、史料に「柵」といわれるものにあたり、郡山遺跡では区画施設として多く用いられている。この全体の内部を材木列塀また掘立柱一本柱列の塀によって区画し、大規模な掘立柱建物の中枢区、総柱建物の倉庫区、掘立柱建物と竪穴建物の雑舎区などの区画を設けている。京で用いるために畿内でつくった土師器（畿内産土師器）が数点出土していて、この官衙に京から役人が下向していたことがわかる。

Ⅱ期官衙は、Ⅰ期官衙を取り壊して造営している。造営の基準方位はほぼ真南北で、全体の区域は南北四二二メートル、東西四二八メートルのほぼ正方形である。総面積は約一八ヘクタール。外囲いの施設は材木列塀で、その外側に幅三～五メートル、深さ一メートルほどの大溝がめぐる。南辺の中央に八脚門の南門を開き、また外囲いの塀に櫓を設ける。全体の中央南寄りに政庁があるらしく、正殿と推定される大規模な掘立柱建物を発見している。政庁には正殿の東北方に玉石組みの方形の池があり（東西三・七メートル、南北三・五メートル、深さ〇・八メートル）、この池は、飛鳥の倭京の石神《いしがみ》遺跡（奈良県飛明日香村）にある七世紀後半の池と形態がよく似ていて、政庁で行なった蝦夷の服属儀礼の際のミソギに用いるために京から導入されたものと思われる（図11）。

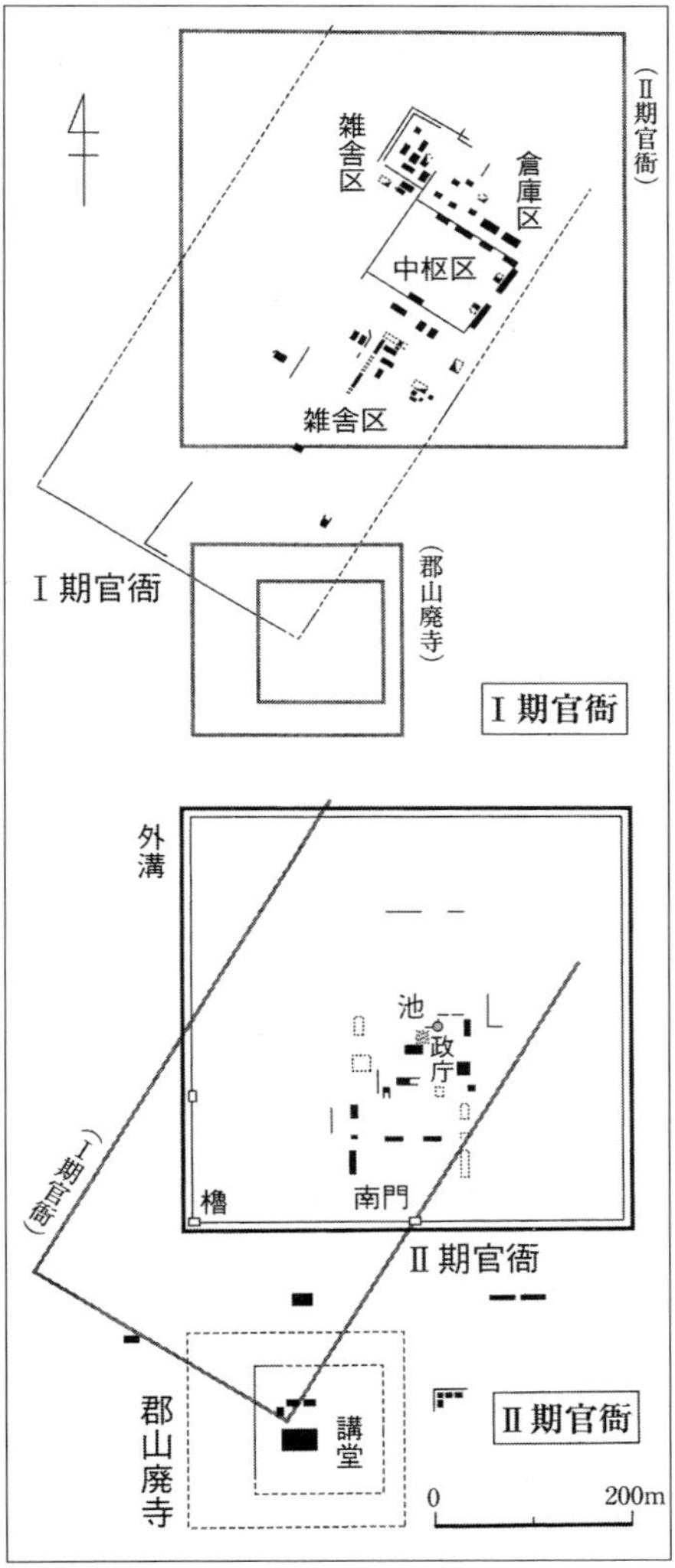

図10　郡山遺跡遺構図
（『発掘　郡山』による）

図11　郡山遺跡のⅡ期官衙（石組池写真）
（南より、仙台市教育委員会提供）

Ⅰ期官衙は、設置の時期と、設置の地が国造制施行のすぐ外側の地域である点で、越国の渟足柵と共通することから、渟足柵と同じ目的で設置された城柵と推測される。改新政府は国評制の施行をうけて、越国と陸奥国で蝦夷の地への支配拡大をめざして、渟足柵と郡山遺跡を設けたのであった。郡山遺跡の設置にともなって関東地方の民を移住させて柵戸となし、彼らを編成して七世紀半ばすぎには仙台平野以南に宮城・名取・柴田評を設けた（一一六頁図9のB—1区）。郡山遺跡はⅡ期官衙に至って陸奥国府になったと推測する。Ⅱ期官衙が廃絶する頃に多賀城が設置されるのがその根拠の一つである（今泉隆雄「郡山遺跡へ・郡山遺跡から」『市史せんだい』四）。

向山横穴群と郡山遺跡

郡山遺跡の北西一・五キロの仙台市向山《むかいやま》に、郡山遺跡の官衙にかかわる人たちを埋葬した横穴が群集している。青葉山丘陵の東端部が広瀬川に落ちこむ丘陵の斜面で、大年寺山《だいねんじやま》・愛宕山《あたごやま》・宗禅寺《そうぜんじ》・茂ケ崎《もがさき》・二《ふた》ツ沢《さわ》横穴群の五小群からなり、全体を向山横穴群とよぶ。一〇〇基を確認し、二〇〇基以上あると推定される。南西一・二キロにある土手内横穴群を加えると三〇〇基以上になり、県内最大の横穴群である。

時期は、大年寺山が六世紀末から七世紀、愛宕山・宗禅寺・茂ケ崎が七世紀後半から八世紀前半である。郡山遺跡と時期が重なり、茂ケ崎・宗禅寺からは郡山遺跡と共通する須恵器・土師器が出土するから、郡山遺跡にかかわる人たちが埋葬されたと思われる。宗禅寺・茂ケ崎から出土した九体分の骨は、成年男性と成年女性・小児であるから、彼らは家族でこの地に定住していたものである。大年寺山と茂ケ崎の横穴の玄室は石敷きで、これは南関東の横穴と共通する特徴である。

これらの点からこの横穴群の被葬者は、郡山遺跡の官衙の設置とともに、その周辺に関東地方から移住してきた柵戸集団にかかわる人たちであろう。大年寺山からは鉄刀・馬具、茂ケ崎からは鉄鏃・鉄刀が出土し、被葬者は軍事集団といわれるが、柵戸は城柵に兵士として勤務し、力役を徴発されたから、柵戸集団が武器や郡山遺跡と同じ土器を副葬することはありうるのである。官衙とそこに勤務した集団の墓が発見されていることは興味深い。郡山遺跡からは向山丘陵をのぞむことができ、ここの住人は先祖の墳墓の山を朝夕眺め暮らしたのであろう。

名生館遺跡と大崎地方への進出

仙台平野の宮城郡から北へ松島・大松沢丘陵をこえると大崎平野で、この平野から牡鹿半島へかけての地域は八世紀に「黒川以北十郡」とよばれ、一つのまとまった地域ととらえられていた（B—2区）。七世紀後半にすでにこの地域に名生館《みょうだて》遺跡（大崎市古川大崎）が設けられ、国家の支配が拡大されていた。

名生館遺跡は大崎平野の北西端に位置する地方官衙である。江合川の南岸で、西の玉造丘陵から伸びる標高四〇メートルの河岸段丘端に位置する。古代の玉造郡内である。官衙の全域は東西四〇〇メートル、南北六〇〇メートルの範囲と思われる。年代は七世紀後半から一〇世紀初めまでで、建物は五回つくりかえられた。第1期は七世紀の後半後半から末、第2期は七世紀末から八世紀初め、第3期は八世紀前半、第4期は八世紀後半である。政庁は第2期は遺跡の中央部に、第3期は南東部、第4期は南西部と場所を変えてつくりかえている。この遺跡は和銅六年（七一三）設置の丹取《にとり》郡、それを改名した玉造郡の郡家の可能性がある。

色麻古墳群と移民たち

名生館遺跡の南西九キロにある色麻古墳群《しかま》（色麻町上郷・高野）は、関東地方から移住してきた移民の墳墓である。大崎平野の南西端、鳴瀬川支流の花川の中・下流域に東西二キロ、南北一キロの範囲で広がる。直径一〇メートル前後の小円墳が密集する群集墳で、五〇〇基以上あると推定され、一二二基を調査した。埋葬施設は大部分が横穴式石室で、竪穴式小石室・箱式石棺もある。

七世紀半ばから八世紀初めの年代で、三時期に大別される。供献された土師器・須恵器が出土し、関東系土師器がまじっている。関東系土師器の出土状況は時期によって変化する。第一期は七世紀の半ばから後半で、在地の土師器と関東系土師器をそれぞれ主体とする古墳がある。第二期は七世紀末から八世紀初めで関東系土師器を主体とする古墳がなくなり、在地の土師器を主体とする古墳から関東系土師器が少量出土する。第三期は八世紀初めで、在地の土師器だけが出土する。

横穴式石室と竪穴式石室には平面形の側面がふくらむ胴張りがみられ、これは群馬県西南部、埼玉県北部の古墳にもみられる特徴である。この点と関東系土師器の出土からみて、この群集墳は、七世紀後半に関東地方から移住してきた移民の墓であろう。移住当初は郷里の土師器をつくっていたが、時をへるにしたがって東北の土師器をつくるようになったことが読みとれる。名生館遺跡の存在、色麻古墳群を含む関東系土師器の出土からみて、すでに七世紀後半にB―2区の一部にも官衙を設け、柵戸を移住させて評を設置していた。

黒川以北十郡の一つ信太郡《しだ》（大崎市）はすでに慶雲四年（七〇七）に存在し、さかのぼって斉明七（六六一）～天智二年（六六三）頃に朝鮮半島での戦争にこの地方の民が兵士として徴発されていたから、評がおかれていたと思われる。版図拡大の第二段階の七世紀後半には、仙台平野（B―1区）から大崎平野（B―2区）の一部、また山形県内陸部（B―1′区）に評を設けていたのである。

海沿いの進出

越国守の阿倍比羅夫《あべのひらふ》は斉明四（六五八）～六年に三回にわたって、船団を率いて日本海岸沿いに遠征し、秋田・能代・津軽・渡島《わたりしま》（北海道）の蝦夷をしたがえた。これは海岸沿いに点的に支配を拡大するものであったが、陸奥国でも太平洋岸沿いに同様の遠征が行なわれた。『常陸国風土記』はつぎの話を伝える。すなわち天智朝（六六二～六七一）に陸奥国が遠征軍を遣わすために石城《いわき》の造船者に船をつくらせたが、その船が常陸国の海岸で座礁して、八世紀初めに朽ち果ててあったと。このことから、天智朝に船団の遠征計画があったことがわかる。霊亀元年（七一五）に岩手県三陸海岸に面した閉《へい》村の蝦夷のいうところによれば、彼らは祖父の代から服属して特産の昆布を貢献していたというから、七世紀後半に先の遠征の結果服属したものであろう。

三　蝦　夷

帝国型国家と蝦夷

陸奥・出羽国の歴史にとって蝦夷の存在は重要である。蝦夷は、古代国家が中華思想にもとづいて設けた政治的な存在である。中国では古代以来、漢民族がみずからの国家と文化をすぐれたものとして世界の中心である中華とし、周辺の国家と民族を未開で野蛮な夷狄であるとする中華思想があり、また天命をうけた有徳者である天子は、徳によって人民はもとより夷狄をも感化して、理想の政治を実現しなければならないという王化思想があった。中国ではこの二つの思想にもとづき、皇帝が夷狄である周辺の国家と民族を支配する帝国型国家をつくった。東アジア世界のなかで、日本の古代国家は、帝国型国家である唐帝国と対等な地位をえるために、これらの思想と国家形態をうけいれて、朝鮮諸国などの諸蕃と夷狄を支配する帝国型国家を建設した。この国家形態において、国家支配にくみこまれていない東北地方などの原住の民を夷狄と位置づけ、蝦夷の呼称を与えた。

蝦夷の生業と文化

七世紀半ば以降、蝦夷とよばれた人々は、国造制の施行された地域の北の外側、すなわち宮城県阿武隈川以北の仙台平野、山形県、新潟県新潟平野北部から、北海道南部に至る広大な地域に居住する人々であった。彼らは人種・文化・生業において多様である。形質人類学のうえでは、蝦夷には、倭人（日本人）とそれと共通の祖型から発し別な進化をとげた続縄文人が含まれていた。

文化的には、この地域は縄文文化に系譜を引く狩猟・漁撈・採集を基盤とする北海道系文化と、弥生文化に系譜を引く稲作を基盤とする西日本系文化が混在する中間地帯で、蝦夷の文化は両者の複合的なものであった。

西日本系文化を示すものとして第一に、古墳時代の古墳の築造があり、陸奥では大崎平野の江合川を北限とする地域で、古墳時代に古墳が継続的に築造された。これらの地域では稲作を行ない、古墳を築造する首長が成長し、大和政権と一定の政治的関係を結んでいた。第二に、さらにこの北側の岩手県域まで、西日本の土器である土師器を出土し、稲作をいとなむ集落が分布する。

北海道系文化を示すのは、北海道の続縄文土器の出土である。本州が弥生時代になっても北海道では稲作をうけいれず、狩猟・漁撈・採集を生業とする縄文文化的生活を継続し、これを続縄文文化とよび、それを特徴づけるのが続縄文土器である。この土器のうち後北《こうほく》C_2式（三世紀末から四世紀）、北大《ほくだい》式（五世紀から八世紀初め）とよぶ土器が、おもに宮城県大崎平野を南限とする地域から出土する。続縄文土器は、岩手県以北では海岸部や山間の河川流域の遺跡から単独で出土するが、宮城県北部では低地の河川流域の土師器を主体とする遺跡から出土する。続縄文土器の出土する地域には、続縄文的な生活をする人々が居住していたと考えられる。

このような文化の複合性からみて、蝦夷の生業は地域的な多様性をもっており、平地において稲作を中心に行なうもの、山間において狩猟・漁撈・採集を行なうもの、海の漁撈を行なうものなどがいた。

言語については、宮城県北部・秋田県南境を南限とする東北地方には、北海道と同じく、アイヌ語地名が濃密に分布することから、この地域の蝦夷の言語はアイヌ語系言語といわれている。アイヌ語地名とは、アイヌ語によって解釈できる地名で、北海道にはもちろん、東北地方の北部三県にも濃密に分布する。おもに地形による地名で、語尾につぎの語がつくのが特徴である。すなわち「ナイ」（「内」と表記。小川・沢の意味。例＝稚内《わっかない》）、「ペッ・ベッ」（「別・辺・部」と表記。大川の意味。例＝登別《のぼりべつ》）、「ウシ」（「牛・臼・石」と表記。群在するなどの意味。例＝浦臼《うらうす》）、「オマ」（「前・舞」と表記。ある・いるなどの意味。例＝松前）などである。

アイヌ語地名は東北地方北部では、山間の河川流域や海岸部に密集して分布する。宮城県は分布の南限地域で、北部（C—1区）にはかなりの密度で、大崎平野（B—2区）にも少し希薄になるが分布する。たとえば、海岸部には登米沢《とよまさわ》・赤牛《あかうし》（気仙沼市）、伊里前《いさとまえ》・水戸辺《みとべ》・双苗《そうない》（南三陸町）、内陸部県北端には西内《にしない》（登米市）、北上川下流域には日根牛《ひねうし》・登米《とよま》・黄牛《きうし》（登米市）、荒雄川上流には鎌内沢《かまないざわ》・保呂内沢《ほろないざわ》・鬼首《おにこうべ》・尿前《しとまえ》（大崎市）、一迫川上流には年内沢《としないざわ》・登米《とよま》（栗原市）、大崎平野には混内山《こんないさん》（大崎市）、不来内《こずない》（大郷町）、品井沼《しないぬま》（大崎市）、井内《いない》（石巻市）などがある。

アイヌ語地名の分布は、その地域に古代にアイヌ語系言語を話す人たちが居住していたことを示す。蝦夷の言語は夷語とよばれ、政府では蝦夷との交渉のために通訳をおいた。通訳の必要である夷語は、アイヌ語系言語と考えられる。

このような生業・文化の多様性にもかかわらず、『古事記』『日本書紀』などにみるように国家が蝦夷を未開・野蛮な狩猟民と表現するのは、蝦夷を夷狄と位置づけ野蛮人であることを強調するために、その一部の生業を誇張したからである。そして国家は蝦夷を夷狄として種々の面で差別した。

四　陸奥国の辺境支配

律令国家の辺境政策

律令国家の諸国のなかで、陸奥国は越・越後国、その後身の出羽国とともに、国家の支配領域の周縁地域に位置するので辺国または辺遠国とよばれ、他の諸国と区別された。陸奥は東辺、越・越後・出羽は北辺の国である。辺国に対して一般の諸国は「中国」とよばれた。辺国の奥越羽三国の支配領域の外には、律令制支配にくみこまれていない蝦夷と彼らが住む大地が広がっていた。

律令国家は、七世紀半ばから九世紀初めまで、蝦夷の土地へ評・郡の設置による公民制支配の拡大と、蝦夷の服属、さらにその公民化の政策を展開した。蝦夷の服属政策は王化思想にもとづくものである。この政策の実現のために、蝦夷の地に城柵を設けて、中国の民を柵戸として移住させて土地の開発と村作りにあたらせ、彼らを公民として編成して郡（はじめは評）・里（のちに郷）を設けた。一方、蝦夷に対しては服属させてすぐに課役を賦課することができず、長期間にわたって朝貢などを課し、その期間をへてはじめて公民化した。評・郡の設置の方式について、「中国」ではその地域の住民を公民として評・郡などを設置するのに対して、辺国の辺境では原住の民＝蝦夷をすぐに公民化できなかったので、他の地域からの移民によって設置する点に特徴がある。陸奥など辺国は支配領域を拡大する国であり、それがこれらの国に課せられた最大の政治課題であった。

城司と兵隊

城柵は辺境における支配拡大の政策遂行と、辺境の公民と蝦夷の支配の中核である。城柵は支配領域の拡大にともなって南から北へ設置された。陸奥国では、城柵は文献史料から知られるもの一四（そのうち遺跡を確認したもの六）、遺跡が知られるが城柵名の確定しないもの三で、計一七が知られる。このうち宮城県域にあるものは、前者が九、後者が二である（図12・表5）。

図12　東北地方の古代城柵

城柵というと建物などの施設を思いうかべるが、重要なのは支配の機構・組織とそれが行なう支配の内容である。八世紀初めから九世紀末まで、国司四等官・史生や鎮守府の官人である鎮官を、城司（城主）として城柵に派遣して駐在させた。これを城司制という。これらの官人は中央政府から派遣されたもので、城柵の機構は国府の出張所的な性格をもっていた。

城柵のおかれた辺郡は政情が不

表５　陸奥国の城柵

城柵・遺跡名	設置・初見年代	備　考
優嗜曇評の柵	（689）	のち出羽国置賜郡
〈郡山遺跡〉	７世紀半ば	宮城県仙台市
多賀城*	724	宮城県多賀城市
玉造柵・新田柵・牡鹿柵・色麻柵など５柵	（737）	
中山柵	（804）	小田郡
〈城生柵遺跡〉	８世紀前半	宮城県加美町
桃生城*	760	宮城県石巻市
伊治城*	767	宮城県栗原市
覚鱉城	（780）	
〈宮沢遺跡〉		宮城県大崎市、玉造柵か
胆沢城*	802	岩手県奥州市
志波城*	803	岩手県盛岡市
徳丹城*	812	岩手県矢巾町

(1)　城柵・遺跡名のうち、〈　〉は城柵名の確定しない遺跡、＊は遺跡を確認している城柵。
(2)　設置・初見年代のうち、（　）は史料上の初見年次。

安定だったので、城柵には城司のもとに軍団兵士・鎮兵などの兵隊が駐屯した。蝦夷の攻撃から、城柵そのもの、辺郡の公民、帰服した蝦夷を守り、敵対する蝦夷を攻撃するための兵力である。兵士は陸奥国内から徴発された軍団に属して、城柵に交代で勤務し、鎮兵はおもに坂東諸国の兵士を徴発したもので、長期間にわたり城柵に勤務した。城柵の城司は兵隊を率いて、辺郡の公民と辺郡の内と外の蝦夷の支配にあたった（図13）。

陸奥国では軍団は時期によって異なるが、最多で七団がおかれた。玉造《たまつくり》・小田《おだ》団（B―2区）、名取《なとり》団（B―

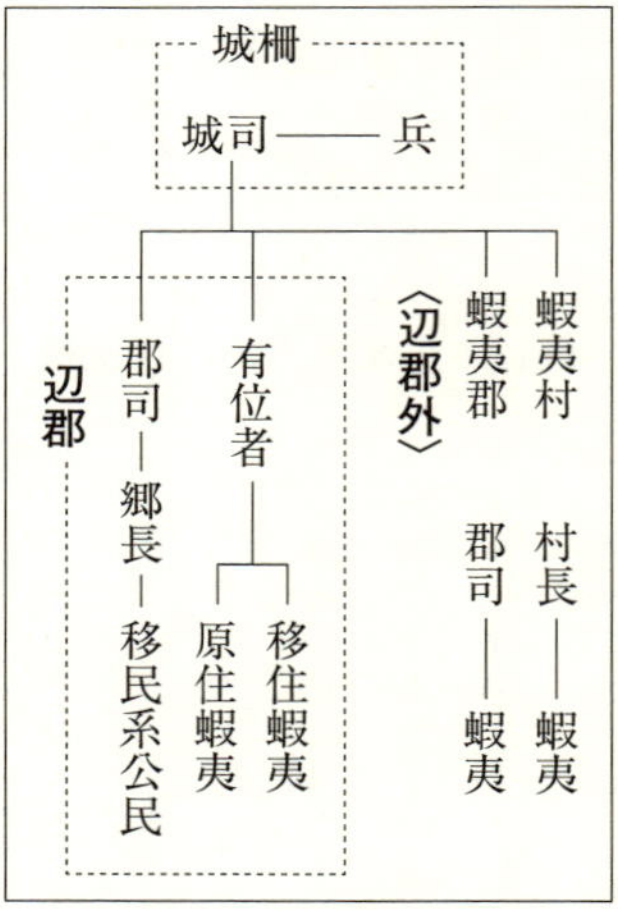

図13　辺境の支配組織

1区)、行方《なめかた》・磐城《いわき》・安積《あさか》・白河団（A区）の七軍団で、兵士はA・B区から徴発された。宮城県域の軍団は、玉造・小田・名取団の三団である。

国府・郡家などの一般の地方官衙とくらべた場合の城柵の施設の特徴は、国府型の政庁を設けることと、周囲を築垣・柵・土塁などの外囲施設で囲むことの二点である。この二点は、それぞれ城柵の機構が国府の出張所的な性格をもつことと、鎮守のための兵隊が駐屯することと対応する。

柵戸と辺郡

移住させられた柵戸は開発と村づくりにあたる。はじめ城司に直接管轄されるが、数年内に郡・郷が設けられ、柵戸のなかから任命された郡司と郷長のもとに支配された。辺国の周縁地域の郡なので辺郡・縁辺郡、近夷郡、奥郡などとよばれる。一つの城柵のもとに一つまたは複数の辺郡を管轄した。柵戸は移住後定着のために一〜三年間調庸などの租税を免除されるが、その後は公民として租庸調、兵士役、雑徭、公出挙などの諸負担を負った。辺郡の公民は城柵に支配されてその保護をうける一方、城柵に労役・兵士役・軍糧などを供給して城柵存立の基盤の一部となり、両者は一体的な関係にあった（図13）。

蝦夷の支配

城司は蝦夷に対して、その動静を探って帰服させ、敵対すれば征討するのを任務とした。帰服のためには宴会を催し麻布などの禄を与えて、懐柔する饗給という方法が、第一にとられた。服属した蝦夷は辺郡の内と外に居住するものがいた。辺郡内の蝦夷は移民系の公民とは別に集団をつくり、その長を通して城司が支配した。辺郡外の蝦夷は彼らが本来もっている部族的集団をもとに蝦夷郡または蝦夷村をおき、その長を郡司または村長に任じ、彼らを通して城司が支配した（図13）。

蝦夷は帰服しても、すぐに公民となし調庸を課することができなかった。蝦夷との支配・服属の関係を維持するために饗給をして、彼らを毎年定期的に朝貢させる関係をつくった。朝貢とはミツギモノをもって国府・城柵さらには京に来朝することで、朝貢と饗給は蝦夷の服属の儀礼として、国府・城柵の政庁、京の朝堂で行なわれ、毎年この儀礼をくり返すことによって国家と蝦夷の支配・服属の関係が固められるのである。蝦夷は租庸調などの律令制的な諸負担を賦課されることはなかったが、朝貢の際に集団で特産物をミツキ（「調」）として貢納し、またエダチ（「役」）として蝦夷を組織した俘軍の兵や城柵の造営の力役に徴発された。蝦夷は調庸などを納めないあいだは、身分的に公民ではなく「蝦夷」「俘囚」の身分であり、このような服属関係を数代、数十年にわたって続けたのちはじめて公民とされた。蝦夷の調庸民化（公民化）がむずかしかったのは、彼らが大和政権時代の国造制支配をへず、中国の民にくらべて国家支配の歴史が浅く、またそのために文化的に異質な面をもったので、国家支配に対する不服従性を有したためである（今泉隆雄「律令国家とエミシ」『古代の日本』九、同「東北の城柵はなぜ設けられたか」『新視点　日本の歴史』三〔いずれも『古代国家の東北辺境支配』再収〕）。

五　多賀城の支配

黒川以北十郡の成立

七一〇〜七二〇年代に大崎平野から牡鹿半島にかけてのB―2区に、第二段階の部分的な評の設置をうけて大量の柵戸の移民によって「黒川以北十郡」が成立した。版図拡大の第三段階である。十郡とは黒川《くろかわ》・賀美《かみ》・色麻《しかま》・富田《とみた》・玉造《たまつくり》・志太《しだ》・長岡・新田《にいた》・小田《おだ》・牡鹿郡である。これら十郡は一郡が二〜五郷、平均三・二郷の均一で小規模な郡で、霊亀元年（七一五）の坂東の六国からの一〇〇〇戸、養老六年（七二二）諸国からの一〇〇〇人という大量の柵戸移民によっていっせいに設けられた。五〇戸＝一郷であるから一〇〇〇戸は二〇郷分にあたり、九世紀にこの十郡の地域は三二郷であるから、一〇〇〇戸の柵戸移民は大変な数である。天平二年（七三〇）には十郡に隣接して蝦夷の郡として遠田郡もおかれた。

このような県北域の充実をうけて、陸奥国から郡・国がわけられた。霊亀二年B―1′区の山形県内陸部の置賜《おきたま》・最《も》上《がみ》両郡を、和銅五年（七一二）に設けられた出羽国に移管し、養老二年伊具郡を除くA区をわけて、石城《いわき》国（福島県浜通り地方）と石背《いわせ》国（同中通り・会津地方）をおいた。この結果、陸奥国はほぼB区を領域とする狭域の国になった。石城・石背両国の分国は、本来「中国」的な性格のこの地域を切り離して行政の負担を軽くし、陸奥国が黒川以北十郡の経営に力を集中するためにとられた政策であった。しかし、両国は辺境経営に人と物資を供給する基盤の地域であったから、国を別にすることによって行政上の不便が生じたために、養老五〜神亀元年（七二四）のあいだにふたたび陸奥国の管轄に戻された。

多賀城の設置と黒川以北十郡

神亀元年（七二四）多賀城が創建され、国府が郡山遺跡から移され、それとともに黒川以北十郡に城柵・官衙とその付属寺院が設置・整備された。多賀城の創建に用いられたのと同じ瓦が、この地域の名生館《みょうだて》遺跡（第3期の政庁）とその付属寺院の伏見《ふしみ》廃寺跡（大崎市）、城生柵《じょうのさく》跡の付属寺院の菜切谷《なぎりや》廃寺跡（加美町）、寺院跡の一の関遺跡（色麻町）、東山《ひがしやま》遺跡（賀美郡家跡、加美町）、新田《にいた》柵擬定地（大崎市田尻八幡・大嶺地区）から出土し、そのうえ多賀城創建瓦などは、大崎地方の日の出山（色麻町）、木戸（大崎市）・大吉山《だいきちやま》（大崎市）・下伊場野《しもいばの》（大崎市）の四瓦窯で焼かれたのである（図14）。多賀城創建瓦との共通性から、これらの官衙・寺院が多賀城創建と同時期に一体となって造営・整備されたことがわかる。多賀城創建瓦が三〇キロも離れた大崎地方の瓦窯で製造されたのは、その供給先が多賀城とともにこの地域の官衙・寺院であったからである。黒川以北十郡には天平九年（七三七）以前に玉造・色麻・新田・牡鹿《おしか》柵などの五柵が設けられており、前記の官衙・寺院遺跡にはこの五城柵やその付属寺院にあたるものもある（図14）。

図14　宮城県の古代遺跡

黒川以北十郡のこの城柵・官衙の整備は、新しくおかれた十郡の律令制支配の強化をめざした拠点の整備であった。そして、それと一体の多賀城の創建はこれらの拠点の後援のための根拠地の設定を意味した。多賀城は、仙台平野中央部にあった前の国府の郡山遺跡の東北方一三キロの地点で、同平野東北隅の松島丘陵の支丘上に位置する。この地は宮城郡の北端、律令制支配が確立し黒川以北十郡の経営のために人と物資を提供する基盤の地域の先端であり、ここから松島・大松沢丘陵をこえると黒川郡であり、両地域の境界近くであって、黒川以北十郡の拠点の後援の地として最適であった。

多賀城と陸奥国の支配体制

陸奥国には国司のほかに陸奥国鎮守府・陸奥按察使という令外の官がおかれた。鎮守府は神亀元年（七二四）におかれ、令制外の兵制である鎮兵の統轄と蝦夷の征討を任務とした。按察使は養老三年（七一九）に全国的に設けられた地方行政監察官で、まもなく全国的にはおかれなくなり陸奥按察使のみが残り、国司より上級の行政権をもって陸奥・出羽両国を管轄した。陸奥国の支配体制においてこれら三官のうち国司が基本で、大同三年（八〇八）以前には、国司が按察使・鎮官（鎮守府の鎮守将軍・副将軍・軍監・軍曹などの官職）を兼任する体制であった。たとえば国守が按察使・鎮守将軍を兼任する形であり、守はこれらを兼任することによって按察使・鎮守将軍の職権をもつことができた。

多賀城は陸奥国府であり、按察使・鎮守将軍を兼任した国守が駐在した。国守は、南部の律令制支配の確立したⅠ地域の諸郡を郡司を通して支配し、さらに兼任した鎮守将軍の職権をあわせて、辺境のⅡ・Ⅲ地域の公民・蝦夷を城柵の城司を通して支配して辺境政策を推し進めるとともに、按察使の職権によって出羽国司を管轄して奥羽両国にわたる辺境政策を遂行した。この意味で多賀城は陸奥国支配、奥羽辺境政策の根拠地だったといえる。

九世紀には延暦二十一年（八〇二）に胆沢城《いさわ》（岩手県奥州市）が造営されると鎮守府は同城に移され、大同三年以降鎮官が国司と別に任じられるようになった。これは、第五段階に新しく版図にはいった岩手県の北上川中流域（C―2区）の支配の拠点として設けられた胆沢城の城司に、鎮官をあてたものであり、国府多賀城は胆沢城鎮守府の後援の役割をになった。

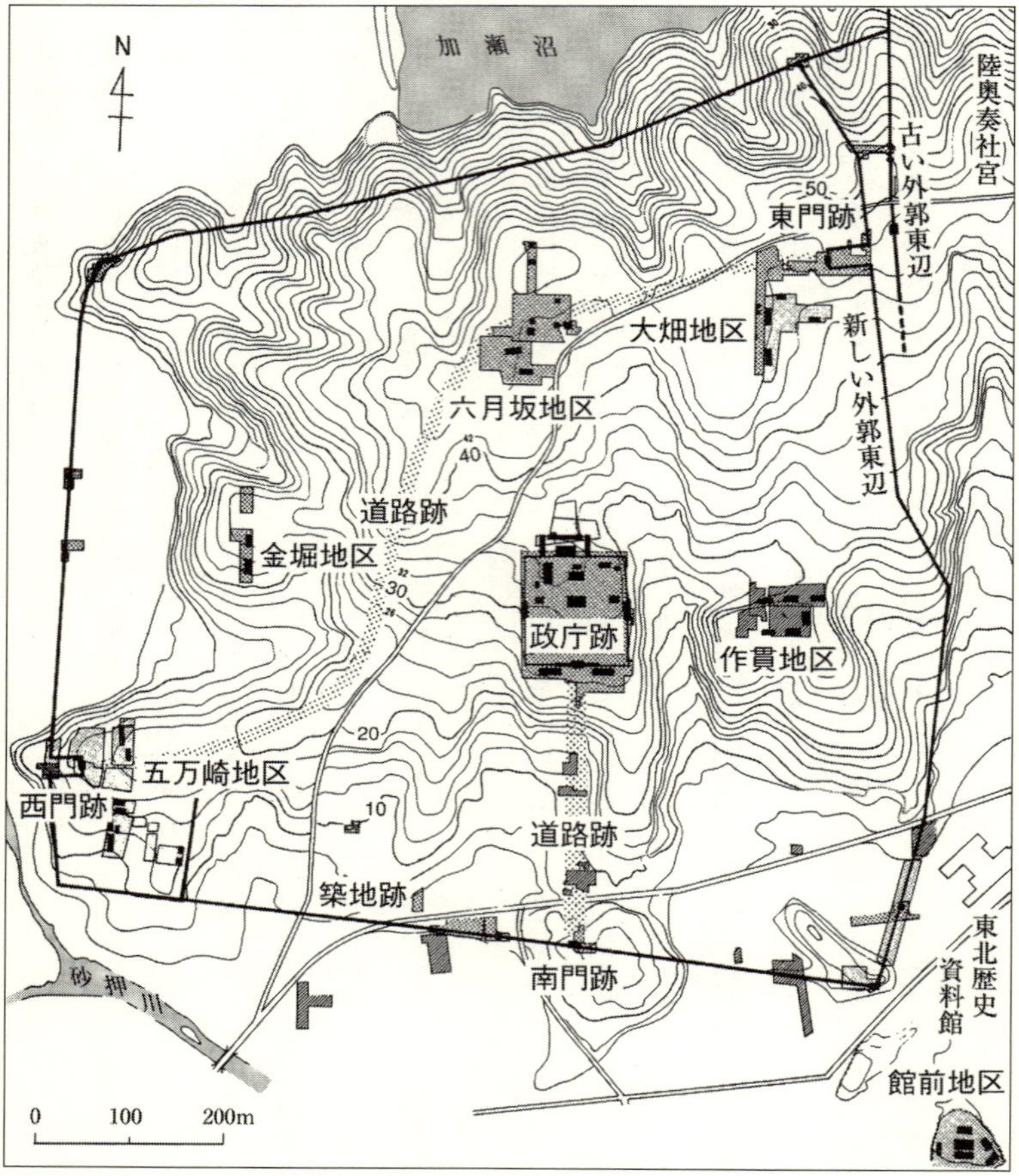

図15　多賀城全体図（『図説 宮城県の歴史』による）

多賀城の変遷

多賀城は八世紀初めから十世紀半ばまで存続し、その間大きく四回の造営が行なわれた。第1期（七二四～七六二年）＝神亀元年（七二四）按察使大野東人が創建した。第2期（七六二～七八〇）＝天平宝字六年（七六二）藤原恵美朝獦が改修してから、宝亀十一年（七八〇）伊治公呰麻呂の反乱で焼亡するまで。朝獦の改修によって多賀城は整備される。第3期（七八〇以降～八六九年）＝呰麻呂の乱による焼亡の復興から貞観十一年（八六九）の大地震による倒壊まで。第4期（八六九年〜十世紀半ば）＝震災の復興から廃絶まで。

多賀城の構造

多賀城は、松島丘陵から突き出た支丘の西端に位置する。多賀城市市川《いちかわ》・浮島《うきしま》の地である。丘陵の標高は最高五二メートルで、この丘陵から標高四メートルの沖積地にかけて占地する。全体の平面形は丘陵に立地するために四辺形に近い不整形で、規模は東辺一〇〇〇メートル、南辺八六〇メートル、西辺六七〇メートル、北辺七七〇メートルであり、総面積七四ヘクタールである。奈良の都の平城京の一二〇ヘクタールにはおよばないが、志波城（八〇三年造営、盛岡市）とならぶ最大の城柵で、郡山遺跡Ⅱ期官衙の四倍の面積である。

外囲いの塀は大部分が高さ五メートルほどの築垣（土をつき固め屋根をかけた塀）で、一部に材木列塀を用いる。南面ほぼ中央に南門、東辺北部に東門、西面南部に西門がそれぞれ開く。南門は城全体の正門で、門をはいると北の政庁へ道路が通じる。南門の外には南北大路が伸びる。東門と西門を結ぶ道路が城内を走る。東門をでて東へ三・五キロいくと、国府の港の塩釜湾に至る。塩竈市内には国府津《こうづ》の転訛である香津《こうづ》町の地名を残している。東門と東辺北半の塀は、創建時のものが九世紀前半に西へ移動してつくり直された。

城内の中央部、中央丘陵の平坦部に政庁がある（一三六ページ図15）。東西一〇三メートル、南北一一六メートルの規模で、四周に築垣をめぐらす。四期の変遷をたどるが、建物の配置は基本的に変わらない。南辺中央に南門を開き、中央北寄りに南面する正殿、その南前方の東西に各一棟の南北棟の脇殿を配し、その三殿に囲まれて広場つまり庭があるという構造である。政庁では政務・儀式・宴会を行ない、正殿が国守の殿で、国司の属僚・郡司などのその他の参加者は、政務・宴会の際には脇殿に座し、儀式の際には正殿にむかって庭に列立した。朝貢の蝦夷の服属の儀式や宴会も政庁で行なった。

城内には国政の実務を分担する役所（曹司）、道具・工具をつくる工房、倉庫、兵隊の住居などが設けられていた。政庁の東の丘陵の作貫地区には八世紀から十世紀前半までの役所がある。政庁の北の六月坂地区では、東門と西門をつなぐ道路の南に九世紀前半に役所、後半に倉が設けられていた。政庁の西の丘陵の金堀地区には八世紀から十世紀前半に役所があった。東門をはいった南の大畑地区には九世紀から役所があり、九世紀に道路の南と北に兵隊の竪穴住居が設けられていた。西門をはいったところの五万崎地区には道路の北に九世紀の役所があり、南には十世紀に銅・鉄製品の鍛冶工房があり、南門をはいったところの西の鴻の池地区には木工の工房があった。一般に国府には十～十一世紀に大帳所・税帳所・朝集所・国掌所・調所・田文所・公文所・政所・細工所などのいわゆる「所」が設けられて国務を分担し、このような「所」は九世紀初めにも存在した。城内の各所に発見された役所は、このような「所」にあたるものもあるであろう。

表6　陸奥国官人の定員

按察使(798年)		国(798年)＊		鎮守府(812年)	
按察使	1	守	1	将　軍	1
記　事	1	介	1	軍　監	1
(小計)	2	大　掾	1	軍　曹	2
		小　掾	1	医　師	1
		大　目	1	弩　師	1
		少　目	2	(小計)	6
		博　士	1		
		医　師	1		
		史　生	5		
		守傔仗	2		
		(小計)	16	総　計	24

＊このほか、国には陰陽師・弩師・国掌・国画工・国学生などもおかれた。

表7　国府徭丁の定員

徭　　丁	定　員
大帳・税帳所書手	18
造国新紙丁	60
造筆丁	2
造墨丁	1
装潢丁	6
造函并札丁	6
造年新器仗長	1
造年新器仗丁	120
国駈使	320
収納穀類正倉官舎院守	院別12
採黒葛丁	2
事力廝丁	156

弘仁13(822)年制定の大国の定員による。

官人と働く人々

城内には正式な役人である官人、国府の徭丁（雑徭で徴発された者）、兵士などが勤務していた。官人の人数は国司・按察使・鎮官の定員を表6に掲げたが、大同三年（八〇八）以前には国司が按察使・鎮官を兼任し、また守以外の国司は他の城柵に城司として赴任していたから、多賀城にいる官人は数人であったろう。弘仁十三年（八二二）に定められた国府徭丁の種類と人数を表7に掲げたが、彼らは文書の作成、工房での作業などにあたり、その合計は七〇〇人をこえる。ただし全員が同時に働いていたわけでないから、同時期に働く人数はこれより少ない。兵士は、兵数を削減した弘仁六年の決定によれば、多賀城に五〇〇人が駐屯することになっており、また軍団の幹部である軍毅・主帳二〇人も勤務することになっていた。これらは平時のことで、造営や戦争の際には臨時に数万の役夫や兵隊が多賀城に集まってきたであろう（表6・7）。

多賀城は一般諸国の国府と異なり、城柵の形態をとる国府である。それは具体的には官制・組織の面では駐在する国守が城主でもあり、多数の兵が駐屯することであり、施設の面では外囲いの塀をめぐらしていることである。

奥羽連絡路の開削計画

天平五年（七三三）に庄内にあった出羽柵が秋田村（秋田市寺内）に移されたことにともない、同九年多賀柵と出羽柵を連絡する駅路の開削工事が計画された。多賀柵に駐在した陸奥按察使が出羽をも管轄したので、出羽北端の出羽柵との緊急連絡をつけられるようにするためである。その計画ルートは、賀美郡家（加美町東山遺跡）から西進し奥羽山脈を鍋越峠《なべこし》の南でこえて尾花沢にで、ほぼ奥羽本線のルートに沿って新庄盆地・横手盆地を北上して秋田村出《いで》羽柵《はのき》に至るものである。持節大使藤原麻呂の指揮下に七三八八人の兵を動員し、陸奥按察使・陸奥守・鎮守将軍大野東人と出羽守田辺難波がそのうちの六五八四人の兵を率いて工事にあたり、賀美郡家から奥羽山脈をこえ、新庄盆地の比羅保許山《ひらほこ》（神室山《かむろ》か）の麓までの約八五キロの道路を開いたが、雄勝村《おかち》（横手盆地）の蝦夷の征討ができなかったので、途中で放棄した。この駅路が完成するのは天平宝字四年（七六〇）に雄勝城が造営されたときであった。

六　動乱の時代

桃生城と伊治城

天平宝字元年（七五七）、中央政界において橘奈良麻呂をのぞいて覇権を確立した藤原仲麻呂（恵美押勝）は、外に対して新羅強硬策を推進するとともに、内では奥羽両国で領域拡大の積極策を展開した。版図拡大の第四段階である。仲麻呂の三男の藤原朝獦は按察使・陸奥守・鎮守将軍として、天平宝字四年に出羽国の雄勝城（秋田県横手盆地、遺跡不明）とともに陸奥国牡鹿郡に桃生城を完成し、さらに同四年から五、六年にかけて多賀城と秋田城（ともに出羽柵、秋田市寺内）を改修し整備した。多賀城は第2期の造営である。桃生城は海道の蝦夷に対する支配の拠点として設けられ、のちに牡鹿郡をわけて桃生郡をおいた。

桃生城跡は、宮城県桃生郡河北町飯野から桃生町太田にかけての長者森と称される丘陵に所在する。多賀城から北東へ三五キロの地点である。北上川の西、標高六五〜八〇メートルの丘陵南端に位置し、丘陵の西と南に北上川の旧河道が走る。城全体の平面形は丘陵のために不整形で、規模は東西八五〇メートル、南北七〇〇メートルである。外囲いの施設は土を土手状に積んだ土塁で、尾根上を屈曲しながら走り、西部は二重になっている。政庁は城の中央部に位置し、方七〇メートルの規模で周囲に築垣をめぐらし、正殿と東西脇殿をコ字形に配置し、正殿の北に後殿がある。宝亀五年（七七四）海道の蝦夷の反乱で消失した。

中央政界で藤原仲麻呂が天平宝字八年に滅亡して道鏡が政権を掌握した後も、陸奥経営の積極策が推進され、神護景雲元年（七六七）伊治城が造営された。この城は山道の玉造郡の北の栗原地方の蝦夷の支配の拠点として設けられ、神護景雲元年または三年には移民によって栗原郡を設けて領域を拡大した。

伊治城跡は栗原市築館城生野にあり、多賀城の北約五二キロの地点である。奥羽山脈から東へ広がる築館丘陵の一支丘の北に接した独立した丘陵に位置する。標高二二〜二四メートルで、北に二迫川、東に迫川が流れる。城全体の規模は東西七〇〇メートル、南北九〇〇メートルと推定され、外囲いの施設は土塁である。城の南東部に内郭、そのほぼ中央に政庁があり、いずれも築垣で囲まれている。政庁は全体の平面形がややゆがんだ方形で、東西五四〜五八メートル、南北六一メートルの規模で、三回造営され、第2期は宝亀十一年（七八〇）の伊治《これはり》公《のきみ》呰麻呂《あざまろ》の乱で焼かれた。三期を通じて基本的に、正殿と東西脇殿をコ字形に配し正殿の北に後殿をおき、南門を開く構造である。内郭は西北角・東南角が鋭角になる平行四辺形で、東西一八五メートル、南北二四五メートルの規模で、内部に官衙の建物があり、その外部には竪穴住居がある。全体が政庁・内郭・外郭の三重の構造になっているのが、伊治城の特徴である。

伊治公呰麻呂の反乱

七六〇年代の桃生城と伊治城の設置によるC—1区への支配の拡大と強化に対して、蝦夷は反発を強め、ついに反乱に立ち上がる。宝亀元年（七七〇）八月、帰服していた蝦夷の族長の宇漢迷《うかめ》公《のきみ》宇屈波宇《うくはう》が、かならず城柵を侵略するといって、一族を率いて自分の本拠地に逃げ帰るという事件がおきた。その後も不穏な状況が続き、政府が征討を計画中のところ、宝亀五年七月、桃生地方の海道の蝦夷が桃生城を襲撃して焼き討ちした。これ以後、宮城北域では政府と蝦夷との衝突が恒常化し、政府は何度か征討の軍をおこすが、蝦夷側がさらに奥の胆沢や出羽の蝦夷勢力とつながりをもつことを知ることとなった。

宝亀十一年三月、按察使の紀広純《きのひろずみ》が胆沢攻撃の拠点として覚鱉《かくべつ》城造営を計画して伊治城に駐屯しているとき、その配下の上治《かみはり》郡の大領の伊治公呰麻呂が俘囚の軍を率いて反乱し、伊治城を侵して広純と牡鹿郡大領の道嶋大楯を殺害し、さらに長駆して多賀城をおとしいれた。蝦夷軍は多賀城の倉庫の貴重な品をことごとく奪い、放火して焼亡させた。発掘によって確認される多賀城第2期終末の火災の痕跡はこのときのものである。

この反乱の張本人の伊治公呰麻呂は、栗原地方（栗原市付近）の蝦夷の族長である。神護景雲元年（七六七）伊治城が設けられたころ、彼はその蝦夷集団を率いて服属し、その造営に協力した功績によって、蝦夷にのみ授けられる夷爵第二等と伊治公のウジ・カバネを与えられた。伊治公のウジ・カバネの賜与は、彼が国家の支配にくみこまれ、栗原地方の蝦夷の首長と認められたことを示す。呰麻呂という名前は和人にもよくみられ、この名前も服属した際に、もともともっていた蝦夷の名前を改名したものであろう。呰麻呂の名は彼が疵をもっていたことにちなむと思われる。呰麻呂は宝亀八年の征討に功績をあげ、翌年外従五位下を授けられ官人の身分をえた。神護景雲元年または三年に、伊治城周辺に移住させられた柵戸によって栗原郡がおかれ、一方、宝亀九～十一年のあいだに蝦夷集団によって上治郡がおかれ、呰麻呂はその大領に任命された。

そして宝亀十一年の反乱の年を迎える。呰麻呂の反乱の理由について、『続日本紀』は、呰麻呂が按察使の紀広純と道嶋大楯に個人的な恨みをもっていたと記すが、より根本的には、伊治城を設置されて柵戸にみずからの大地を占拠され、蝦夷らは上治郡に押し込められ、蝦夷として差別され、そのうえで城柵の造営の労役や俘軍に徴発されていたことに対する反発にあったのである。

呰麻呂の反乱は国家への反逆罪と断ぜられたが、彼は捕えられることなくふたたび姿を現さず、歴史の彼方に姿を消した。呰麻呂は国家に帰服してその征夷事業に協力して地位をえながら、国家に反発して離反していったが、これは蝦夷の族長の国家に対する一つのあり方であった。

呰麻呂の反乱は、国家の転覆や新しい蝦夷国家の建設をめざしたようなものではなく、多賀城をおとしいれて物資を略奪するにすぎなかった。しかし、陸奥国支配の中枢である多賀城の陥落によって、これより北の地域は混乱におちいった。報告をうけた政府は、すぐさま征討軍を派遣し多賀城などを回復するが、この光仁朝の征討ははかばかしい成果をあげることができなかった。そしてこの反乱をきっかけとして、陸奥の動乱の火は広く広がり、桓武朝の泥沼の戦争の時代に突入していき、征夷事業は桓武朝の課題として残された。

道嶋氏の隆盛

道嶋氏は陸奥国牡鹿郡の郡領であった氏族で、国家の征夷事業のなかで勢力を伸張させ、一族の嶋足が中央貴族に出世することによって、古代陸奥国でもっとも権勢を誇る豪族となった。古代東北の豪族には蝦夷系豪族と非蝦夷系豪族がおり、さらに非蝦夷系豪族はその地域にもともと居住する在来系豪族と南から移住させられた移民系豪族にわけられる。道嶋氏は移民系豪族で、はじめ丸子氏を称し、もともと後の上総国夷灊《いしみ》郡の地域（千葉県いすみ市）に居住していたが、七世紀後半に（版図拡大の第二段階）国家の移民政策によって陸奥国牡鹿郡（宮城県牡鹿郡・石巻市）に移住させられ、この郡の郡領氏族となった。東松島市の矢本横穴群は道嶋氏の墳墓で、同市の赤井遺跡は牡鹿郡家跡と推定され、矢本付近がこの氏の本拠地である。

神亀二年（七二五）郡領であったらしい一族の丸子大国が、前年の海道の蝦夷の反乱の鎮圧に功績をあげて褒賞された。八世紀前半に丸子氏はこの地方有数の豪族に成長していたために、その子弟が本来陸奥国からは出仕するはずのない大舎人や兵衛などのトネリになって中央政府に仕えていた。矢本横穴群から「大舎人」と墨書きする八世紀前半の須恵器、赤井遺跡から「舎人」とヘラ書きする同時期の須恵器が出土していることが、このことを示している(図10)。

天平勝宝五年(七五三)、嶋足を含む丸子氏二五人が牡鹿連姓を賜る。嶋足はこれ以前から授刀舎人などとして中央政府に出仕し、天平宝字元年(七五七)の橘奈良麻呂の乱の際には、都で有数の武人として注目される存在であった。同八年、嶋足の出世のきっかけとなる藤原仲麻呂(恵美押勝)の乱がおこった。この乱に際して、従七位上で授刀衛の下級武官の将曹であった嶋足は孝謙上皇・道鏡の側にあって、仲麻呂の息子の藤原訓儒麻呂を射殺して天皇御璽と駅鈴を奪い返すという大功をたてた。嶋足は、一躍従四位下授刀少将兼相模守になって貴族の仲間入りをし、氏姓も牡鹿宿禰、翌年には道嶋宿禰を与えられた。彼は体も容貌も雄壮で、志気が強猛で、騎射が巧みであり、このような武人としての能力が好機にめぐりあって発揮されたのである。このの5嶋足は延暦二年(七八三)に亡くなるまで位階を正四位上に進め、近衛中将という武官を本官として下総守・播磨守を歴任した。

嶋足の出世にともない、道嶋氏の一族は三山が陸奥国少掾・大掾・員外介・鎮守軍監を歴任して伊治城の造営に功績をあげ、また大楯は牡鹿郡大領として覚鱉城の造営に参加し、次の世代の御楯は延暦八年の征討に征東使の別将として働き、鎮守軍監・征夷副将軍・鎮守副将軍を歴任した。中央の武官や国司・鎮官・征東使などは本来中央貴族が就任する官職で、道嶋氏がこれらの官職に就いたのは地方豪族として異例のことであり、嶋足の中央貴族化によることであった。

道嶋氏は陸奥国の非蝦夷系・蝦夷系の豪族に対して大きな権威をもち、嶋足は他に例をみない陸奥国大国造、三山は国造に、ついで御楯も大国造に任じられた。国家は征夷事業の遂行のために道嶋氏の陸奥での権威を利用し、一方、道嶋氏はそのなかで大きな役割をはたすことによってその地位を上昇させていった。一般的に古代奥羽の豪族は国家の征夷事業に協力することによって、位階・勲位を獲得してその地位を上昇させていった。道嶋氏は嶋足の軍功によって中央貴族化した点では例外的な存在であったが、征夷事業のなかで律令国家と結合して発展した点では、奥羽の豪族の一つの典型であった。

延暦二十四年、律令国家の征夷事業の終焉とともに道嶋氏の征夷事業における顕著な活躍はみられなくなり、嶋足の子孫が陸奥とは遊離して中央氏族として九世紀中頃まで余命を保つにすぎなくなる（熊谷公男「道嶋氏の起源とその発展」『石巻の歴史』第六巻、一九九二年）。

東北三十八年戦争

天応元年（七八一）に即位した桓武天皇は、二五年間の治世のあいだに律令国家の建て直しに取り組み、とくに長岡京・平安京の都城の造営と征夷の二大事業の実現にあたった。桓武朝の征夷は、光仁朝に失った地域の回復からさらに進んで、蝦夷勢力の根拠地と目された岩手県北上川中流域の胆沢から和我・斯波の地の征討をめざした。

延暦三年（七八四）大伴家持を征東将軍に任じて征討を企てるが、はかばかしい成果をあげられなかった。このの ち大規模な征討が三回にわたって行なわれる。まず第一次征討は、同八年征東大将軍紀古佐美が五万人をこえる征軍を率いて胆沢に攻め入ったが、胆沢の族長で蝦夷軍の指導者の大墓公阿弖流為の巧みな作戦にはまって大敗した。ついで同十三年の第二次征討は征夷大将軍大伴弟麻呂のもとに征軍十万人、同二十年の第三次征討は征夷大将軍坂上田村麻呂のもとに征軍四万人によって戦い、それぞれ勝利をおさめた。田村麻呂はすでに第二次征討に征夷副将軍として実質的な指揮をとり、桓武朝の征夷に大きな功績を残し、伝説的な名将として語り伝えられた。同二十一年に蝦夷軍の指導者の大墓公阿弖流為と盤具公母礼が五〇〇人の蝦夷を引き連れて投降した。

これらの大征討は、中断の期間をはさんで一二年間に三回行なわれ、奥羽両国はもちろん関東・中部地方の諸国から、多数の兵隊と軍糧や兵器などの大量の物資を徴発し、国力をあげた大事業であった。一方蝦夷側も、胆沢とその後方の和我・斯波の勢力が連携して政府軍にあたり、律令国家と蝦夷勢力がそれぞれ総力をあげて対抗する全面的な戦争であった。

これらの征討の結果、胆沢から斯波に至る岩手県の北上川中流域が支配下にはいり、坂上田村麻呂によって、延暦二十一年胆沢城（岩手県奥州市水沢区）、同二十二年陸奥国北端に志波城《しわ》（盛岡市太田）が、新しい版図の支配の拠点として造営された。胆沢城付近には移民によって胆沢・江刺《えさし》郡が設けられ、しばらくして胆沢城には多賀城から鎮守府が移され、胆沢城鎮守府がこの新版図を支配する拠点となった。

延暦二十三年に第四次征討が計画され坂上田村麻呂が征夷大将軍に任じられるが、翌二十四年に桓武天皇の御前で行なわれた公卿会議で激論の末に、征夷と造都が天下の人民の困苦の原因であるという理由で、この二大事業は中止された。この征夷の終結は律令国家の辺境支配の政策の大きな転換点であり、これ以後辺境政策は消極的なものに変わっていった。

嵯峨朝にはいって、弘仁二年（八一一）田村麻呂の征夷の地に和我（和賀郡）・薭縫《ひえぬい》郡（稗貫郡）・斯波郡（紫波郡）の三郡を設け、ついで同年征夷将軍文室綿麻呂《ふんやのわたまろ》が征軍二万を率いて、さらに奥地の爾薩体《にさったい》村（岩手県北端の二戸市付近）・幣伊《へい》村（のちの閉伊郡、岩手県東部沿海部）の蝦夷を征討した。この征討は桓武朝の征夷の残党の掃討であり、城柵の建設や建郡には至らず、いわば征夷集結のための征討であった。こうして宝亀以来の陸奥国の動乱は集結した。『日本後紀』は、宝亀五年（七七四）の桃生城侵略から弘仁二年の征夷までのあしかけ三八年間を、陸奥国の動乱の時代ととらえているので、この戦争を三十八年戦争とよぶ。この間宮城県域は、動乱の初期に多賀城が焼亡して、その北の県北域が直接戦場となって被害をこうむり、また征討の時代をつうじて県域から多数の兵隊と、大量の軍糧や兵器などの軍需物資を調達されて、重い負担を負ったのである。

県北の騒乱と新体制の構築

延暦二十四年（八〇五）の征夷終結の決定は、蝦夷問題が解決したからではなく、長期間の征夷による国家財政の窮乏と東国・奥羽の民衆の疲弊によるものであった。この決定を転換点として、辺境政策は積極策から消極策に大きく転換した。弘仁二年（八一一）の征夷は東国からの兵の徴発をやめ、奥羽両国の兵力のみに依存するものであったし、同三年志波城をやめ、代わりに南に後退して徳丹城《とくたん》（岩手県矢巾町）を造営するが、志波城の規模は城柵のなかで最大であるのに対して徳丹城は最小であった。同六年陸奥国で鎮兵制をやめ兵数を三分の一に削減した。律令国家は北進策をやめ、北上川中流域を確保する政策に転換したのである。そして、最大の転換は建郡のための移民政策をやめたことである。北端の斯波・和我・薭縫三郡では建郡のための移民を送りこまず、蝦夷を基盤として蝦夷の豪族の力に依存する支配体制に転換した。これにともない移民の公民と蝦夷を分割して支配する政策も放棄された。

このような新しい支配体制が模索されるなかで、承和三（八三六）～七年、斉衡元（八五四）～二年にかけて連年のように、胆沢郡から宮城県北部の栗原・桃生郡、黒川以北十郡の地域で、公民と蝦夷のあいだ、蝦夷相互のあいだの抗争などの騒乱がおこった。承和三～四年の騒乱は、玉造郡の温泉石神《ゆのいし》（大崎市）で湯口の大石が鳴動し、大量の湯が噴出して荒雄川《あらお》に流入するという異変をきっかけに、栗原・賀美郡の人民が動揺して逃亡することによっておきた。律令国家はこれら騒乱を軍事力によって鎮圧するとともに、九世紀後半に奥郡では征討以後に没落した旧来の蝦夷の豪族にかわって、新興の蝦夷豪族を登用して新しい支配体制をつくって動揺を克服していった。

十世紀初めに胆沢城の鎮守府将軍は受領官的性格のものに変わり、同じ頃におかれた岩手郡と斯波・薭縫・和我・胆沢・江刺郡のいわゆる奥六郡の領域支配を行なうようになり、蝦夷の豪族を鎮守府の在庁官人に編成した。十世紀後半以降、奥六郡を支配した安倍氏はこの鎮守府在庁官人のなかから成長している（熊谷公男「平安初期における征夷の終焉と蝦夷支配の変質」『東北文化研究所紀要』二四号、同「『受領官』鎮守府将軍の成立」『中世の地域社会と交流』、同「九世紀奥郡騒乱の歴史的意義」『律令国家の地方支配』）。

【本書編集にあたっての注記】

本章の原論文には、コラム「移民と工器・地名の移動」「多賀城碑」「多賀城の街区」が付けられているが、本書では省略した。

第三章　陸奥国と石城郡

はじめに

本章では、石城郡をめぐって、石城評と道奥国の設置、郡領氏族、石城・石背国の分国と併合、石城郡からの移民などの諸問題を論じ、あわせて陸奥国における石城郡の位置づけについて考察する。

一　道奥国と石城評の設置

道奥国の設置

大化元年（六四五）に始まる大化の改新の政治改革によって、中央集権的な地方支配のための国評制の施行が開始され、その中で石城評、その上に道奥国が設けられた。

評の設置が令制国の設置に先行して行われるが、ここでは論証の都合で、まず道奥国の設置について述べる。『日本書紀』斉明五年（六五九）三月条に「道奥国司」が阿倍比羅夫の北方遠征に参加して褒賞されたことがみえる。この史料では後の「陸奥」ではなく「道奥」という古い用字を用いているから信拠できると思われるので、この時までに道奥国が設置されたと考えられる。

『常陸国風土記』によって道奥国の設置がさらに孝徳朝にさかのぼることが知られる。同書の巻首の総記に常陸国の設置について次のように伝える。すなわち、相模国の足柄岳の坂（駿河・相模国界の足柄山の峠）より東を「我姫《あづまの》国《くに》」（東国の意）と称し、そのうち常陸国の地域には新治・筑波・茨城・那賀・久慈・多珂の六つの国造のクニがあった。孝徳天皇の時に惣領の高向臣・中臣幡織田連の二人を派遣して「自坂已東之国」すなわち「我姫国」を八つの国に分け、その中の一つが常陸国であったと。惣領は大宰とも呼ばれ、七世紀半ばに全国的に派遣され、令制国数国分の広域を管轄した地方官で、評・国などの設置に当たった(1)。足柄峠の坂と信濃・上野国界の碓氷峠の坂より東の地域は後に「坂東」と呼ばれ、八国あったので「坂東八国」ともいわれた。ここで「自坂已東之国」＝「我姫国」に置かれたという八国はこの「坂東八国」に当たると思われがちであるが、この八国には坂東八国の一つの安房国は含まれず、その代わりに道奥国が入っていたとみなければならない。『常陸国風土記』の撰述年代については諸説あるが、和銅六年（七一三）五月から、郷里制の始まる霊亀三年（七一七）か、石城国が設置された養老二年（七一八）五月までの間とする説が有力であり(2)、これに対して安房国の設置年代は養老二年五月であるからである。養老二年まで下がるにしても、孝徳朝に設置された八国に設置されたばかりの安房国を含めて数えることはないと考えられる。坂東に陸奥国も含まれる例として、『続日本紀』神亀元年（七二四）四月癸卯条に、坂東八国と陸奥国をあわせた「坂東九国」の記載がある(3)（後述）。従って孝徳朝に置かれた八国とは坂東の七国と道奥国と考えられる。

令制国の成立について、早川庄八氏は、令制国の分割設置は一斉に行われたのではなく地域によって遅速があり、全国的に成立するのは天智朝初めで、天武朝までかかり、『常陸国風土記』の孝徳朝における八国分置の伝承は信じがたいとした（注(1)早川論文）。また天武十三年（六八四）十月の諸国の国界の画定の事実から令制国の成立を天武朝まで下げる見解もあって、その成立時期を遅くみる考えが有力である。全国的な令制国の設置が一斉に行われたのでなく、長い期間かかったというのは早川氏の指摘の通りであるが、『常陸国風土記』の記事については、後にみるように惣領の高向臣らが孝徳朝の大化五年（六四九）、白雉四年（六五三）に常陸国で評の設置に当たったのは動かせない事実であるから、彼らの八国設置の記事も簡単に否定できないと考える。

また令制の「国」というものの構成要素を考えると、(1)国司によって構成される官司機構、(2)施設としての国府、(3)国司が支配する郡―里―戸とその領域の三つで構成され、そのような三要素を備えた国制は、国府の建造から見てようやく大宝律令施行以降に完成するのである。天武朝の国境の画定を重視するのは上記の(3)を重視するのであるが、七世紀後半における中央集権的な国評制の形成過程を考える上では、中央から国宰（国司の前身）が派遣されて評の官の上に常駐する体制の成立を重視すべきであると考える。孝徳朝における八国の設置といっても、国宰の派遣・常駐ということであったであろう。

石城評の立評

鎌田元一氏は『常陸国風土記』の立郡記事を中心に検討して、評制の施行について明らかにした[4]。ここでは石城評の立評を考える上で必要な点を整理しておく。(1)評制の施行は孝徳朝に全国的規模で全面的に行われた。大化五年（六四九）が「天下立評」の時といわれ、評制の全面的な施行が始まった年である。常陸では同年に新治・筑波・茨城・那珂・久慈・多珂国造の六クニを評に転換して新治・筑波・茨城・那珂・久慈・多珂評の六評を置き（国造系評）、加えて香島神社に関連して那珂のクニと下総の海上国造のクニから分割して香島評を置いた。次いで白雉四年（六五三）にすでに置かれた評から分割して白壁・河内・信太・行方・石城評の五評を置いた（新置系評）。石城評は『風土記』では白雉四年（六五三）に「多珂之国」から「分置多珂石城二郡」と記されるが、大化五年（六四九）に置

氏名	史料・備考
石城直美夜部	『常陸国風土記』多珂郡条、白雉4年(653)立評記事
(丈)部志許赤	同上
丈部山際	『続日本紀』神護景雲3年(769)3月辛巳条、於保磐城臣賜姓
磐城臣[　]	多賀城跡第2号漆紙文書、宝亀11年(780)磐城郡司解署名
磐城臣藤成	『類聚国史』天長3年(826)正月庚寅条、外従5位下に昇叙
磐城臣雄公	『続日本後紀』承和7年(840)3月戊子条、借外従5位下に昇叙
磐城臣雄公	同条承和10年(843)11月癸亥状、(外)従5位下に昇叙
磐城臣雄公	同上承和11年(844)正月辛卯条、阿倍磐城臣賜姓
於保臣	荒田目条里遺跡第2号木簡、郡符木簡署名
於保磐城臣御炊	『続日本紀』延暦元年(782)7月丁未条、外従5位下に昇叙
丈部善理	同上延暦8年(789)6月甲戌条、胆沢の征討で戦死
丈部善理	同上延暦10年(791)2月乙未条、外従5位下を贈位

推定できるもの。8、9は石城郡の郡領氏族と推定できるもの。

かれていた多珂評から白雉四年に分割・新置されたのである。(2)信太・行方・香島・多珂郡条に見える立郡記事では、在地の二人が惣領高向臣らに申請して立郡されたと記すが、申請者二人はいわゆる「立郡人」で、多珂郡条以外ではそれぞれの評の初代の評督・助督に任じられた。多珂郡条の立郡記事は石城評の立評を記したもので、その申請者の多珂国造の石城直美夜部と石城評造の部志許赤（後述のように正しくは丈部志許赤）は石城評の初代の評督と助督に任じられた。評の官制は孝徳朝から評督・助督を備えていた。

従うべき見解である。石城評に焦点を絞り若干の問題点を述べる。問題になるのは、『風土記』には、多珂のクニの領域が、南は久慈の境の助川（日立市北部）から北は石城郡の苦麻村（福島県大熊町熊）までの石城郡を含む地域であると記すのに対して、『古事記』中巻神武天皇段に「道奥石城国造」、『先代旧事本紀』巻十「国造本紀」に「石城国造」とあり、石城国造が存在していることである。七世紀半ば立評の際の多珂のクニの領域は『風土記』に記す通りであるから、それ以前に石城のクニがあり、後に多河のクニの領域に組み込まれることになったと解すべきであろ

表8　石城郡の郡領氏族

番号	地　　位
1	多珂国造(評督か)
2	石城評造(助督か)
3	磐城郡人外正6位上
4	(大領または少領)
5	外正6位上
6	磐城郡大領外正6位上勲8等
	磐城郡大領借外従5位下勲8等
	磐城郡大領外従5位下勲8等
7	大領
8	女孺正8位上
	(征東使)別将
9	磐城郡人外従7位下

※1〜5は明記しないが評督・助督、郡領と

う。石城直美夜部の肩書の多珂国造についても諸説があるが、鎌田氏は現任の国造を示すのではなく、多珂国造の一族であることを示す身分的称号であるとする。これに従えば、石城のクニが多珂のクニの領域に組み込まれるとともに、石城国造であった石城直氏は多珂国造氏の同族結合の中に組み込まれることになったということになる。そして評制施行に当たって旧石城のクニが石城評として再び独立し、旧石城国造の氏族の石城直氏が初代の評督に任じられたのである。

発掘調査によれば、根岸遺跡では郡家は確実には七世紀末から存し、一方豪族居宅が七世紀前半代から八世紀中頃まで存続する。この豪族居宅は初代の評督の石城直美夜部か、助督の丈部志許赤の居宅であろう。どちらかといえば美夜部の居宅である可能性が高い。そしてこの居宅は郡家が七世紀半ばまで遡らないならば、それが建設されるまで石城評家の役割を果たした可能性がある。根岸遺跡は豪族居宅から評家への変遷が考古学的に明らかにできる上に、その居宅者を推定できる点で稀有な遺跡であり、評家・郡家研究の上できわめて重要である。

石城郡の郡領氏族

石城評の初代の評督・助督の任官者に関連して、石城郡の郡領氏族についてふれておく(史料は表8の番号で示す)。石城郡の郡領氏族は、宝亀十一年(七八〇)磐城郡司解(4)、承和七年〜十一年(八四〇〜八四四)に見える磐城臣氏(6)と、荒田目条里遺跡第二号木簡に見える於保《おほ》臣氏である(7)。両氏の関係について、平川南氏は、荒田目

条里遺跡第二号木簡の年代を伴出した木簡の仁寿三年（八五三）頃とし、神護景雲三年（七六九）の丈部山際の於保磐城臣への改姓（3）に注意して、磐城臣氏は正しくは於保磐城臣という複姓で、木簡の大領於保臣は承和七年〜十一年に見える磐城臣雄公その人である可能性が高いとした（5）。すなわち磐城臣氏と於保磐城臣氏を同氏と考えている。しかしこのように考えると、磐城臣雄公が承和十一年（八四四）正月に阿倍磐城臣の複姓を賜っていること（6）と矛盾する。於保磐城臣であった雄公が、阿倍磐城臣を賜姓された後にも於保臣を名乗ったということになるからである。

ここでは磐城郡には大領・少領がおり、複数の郡領氏族がいたことを前提に考えるべきと思う。磐城郡の郡領氏族は少なくとも二氏あり、一つは雄公の磐城臣氏で、承和十一年（八四四）に阿倍磐城臣姓を賜った（6）。これは初代の評督石城直美夜部（1）の後裔であろう。天長三年（八二六）に外従五位下に叙された磐城臣藤成（5）も郡領で、この氏のものであろう。二つは神護景雲三年（七六九）に丈部氏を改めた於保磐城臣氏である（3）。荒田目条里遺跡第二号木簡の出土によってこの氏が郡領氏族であることが明らかになった（7）。丈部山際も外正六位下であるから郡領であった可能性が高い（3）。初代の助督の部志許赤は姓に欠字があると考えられるが、丈部氏が郡領氏族であることが明らかになったから、この某部氏は丈部氏で、山際と木簡の於保臣の先祖であろう。延暦元年（七八二）七月に下級の宮人である女孺正八位上於保磐城臣御炊が外従五位下に叙されるが、彼女も郡領於保磐城臣の出身で、采女として後宮に出仕したのであろう（8）。延暦八年の胆沢の征夷戦争で、磐城郡人外従七位下丈部善理が征東使の「別将」として戦って戦死し、外従五位下を追贈されるが（9）、彼は征討軍の別将になっていることから軍団の幹部だったと思われ、郡領氏族の丈部氏のうち於保磐城臣姓を賜らなかった家の出身のものである。

整理すると石城郡の郡領氏族は少なくとも、石城直（美夜部・1）→磐城臣（千□・4、藤成・5、雄公・6）→

阿倍磐城臣（雄公）と改姓した氏と、丈部（志許赤・2、山際・3）→於保磐城臣（山際、木簡の大領・7）と改姓した氏の二氏があり、「立郡人」で初代の評督・助督に任じられた二氏が譜第氏族として九世紀半ばまで残ったのである。

奥羽の豪族は改姓される場合、中央氏族名＋地名＋カバネという複姓になることが多い。中央氏族名を冠するのは、その氏族と系譜関係を有しその支族であることを示し、権威づけるためである。(6) 於保磐城臣、阿倍磐城臣ともその例である。奥羽の豪族の複姓では阿倍氏はきわめて多いが、於保氏（太、多、大、意富とも表記、いずれも「おほ」）はこの一例だけで珍しい。磐城郡の丈部氏があえてこの於保磐城臣の複姓を得たのは、『古事記』中巻神武天皇段に、道奥石城国造が神八井命の後裔で、意富《おほ》臣（於保臣）と同族関係にあるという系譜があることと関係していると思われる。

道奥国の立評

前記のように、常陸国で立評に当たった惣領の高向臣らが、常陸国などとともに道奥国の設置に当ったから、道奥国の地域でも彼らが常陸国と同時期に立評を行ったと考えられる。大化五年に国造のクニを評に転換し、白雉四年に評を分割新置をしたであろう。「国造本紀」によると、陸奥国の地域の国造は道奥菊多・阿尺・思・伊久・染羽・浮田・信夫・白河・石背・石城国造の一〇国造である。『先代旧事本紀』は九世紀中頃に撰述された史書で、その巻十「国造本紀」の国造名は七世紀に存在したものであると考えられている。(7) 石城国造について問題のあることは先に記した通りで、また道奥菊多国造も同様であり、さらに思国造は曰理国造の誤りであるという説が有力である。大化五年に石城・菊多国造を除く、八国造のクニがそれぞれ、阿尺→安積評、思＝曰理→曰理評、伊久→伊具評、染羽→標葉評、浮田→宇多評、信夫→信夫評、白河→白河評、石背→石背評と評に転換された。こののち白雉四年に石城評が多珂評から分割新置されるとともに、行方評が隣の宇多評か標葉評から分割新置されたと思われる。これらの地域は、ほぼ会津地方を除く福島県域と宮城県南端の亘理町〔ママ〕・伊具町〔ママ〕に当たる。これらの地域の北方の外側は蝦夷の居住地と考えられ、そこでは国造制施行地域と異なって、城柵の設置と坂東と東国からの移民という方式で立評された。宮城県仙台平野、大崎平野の一部、山形県の米沢・山形盆地などで、七世紀半ばから移民が始まり、後半を通して立評されていった。国造制が施行されていた地域は、政治支配の点で坂東以西の地域と同質の地域であり、そこではそれらの地域と基本的に同じ方式で立評されたのに対して、その外側の蝦夷の居住地域では特別の方式によったのである。ただし後にみるように（二〇〇ページ表9）、国造制施行地域でも、安積・標葉・行方・曰理郡には移民の痕跡が認められ、いつの時期かわからないが、全面的ではないものの移民があったかもしれない。

石城評の所管

他国では国の設置は立評より遅れるから、道奥国でも大化五年（六四九）・白雉四年（六五三）の立評を受けて孝徳朝のうちに、すなわち白雉五年までに道奥国を設置したと思われる。その領域は孝徳朝に立評された地域である。

国設置当初の石城評の所管については『常陸国風土記』には明記されず、多珂郡条の立郡記事で「分置多珂石城二郡」の本文に「石城郡、今存陸奥国堺内」の注を付すだけである。『続日本紀』養老二年（七一八）五月乙未条の石城・石背国の分国の記事によれば、石城郡はこの時まで常陸〔陸奥か〕国所管の南端の郡であり、さらに『常陸国風土記』香島郡条の同郡の軽野の浜の大船の記事の注に、天智朝に「陸奥国石城船造」に大船を作らせたとあり、石城評が陸奥国の所管であるのは天智朝にまで遡りそうである。私は先に、石城評が元来多珂の国の領域であることをふまえ、前掲の注の「今存陸奥国堺内」の「今」を強調して考えると、反対に「旧」すなわち国設置当初は石城評は陸奥国所管ではなく、常陸国所管であったと考えた。しかし再考してみると、もし国設置当初常陸国所管であったならば、『常陸国風土記』の立場からは前掲の注などにそのことを明記するはずで、その記載がないのは石城評が当初から陸奥国所管だったからと考えるに至った。

二　石城国・石背国の分国と併合

併合の時期

養老二年(七一八)五月に陸奥国から分割して石城・石背国が設置された(『続日本紀』同年五月乙未条)。石城国は石城・標葉・行方・宇太・曰理郡と常陸国多珂郡から分割した菊多郡のあわせて六郡で、現在の福島県浜通り地方と宮城県亘理町の地域、石背国は白河・石背・会津・安積・信夫郡の五郡で、福島県中通り地方と会津地方である。いわき市域の菊多郡がこの時設置され石城国の所管となり、この後陸奥国の所管に移る。石城・石背両国の存続と陸奥国への併合の時期については、一般には次の史料が指摘されている。存続については『類聚国史』養老四年(七二〇)十一月甲戌条に「陸奥・石背・石城三国」と見え、この時まで石城・石背両国が存したことは確かである。併合については『続日本紀』神亀五年(七二八)四月丁丑条に陸奥国に白河軍団を置くとあるから、これ以前に両国は陸奥国に併合された。

これらの史料より確実度は低いが、次の史料の解釈によってこの時期を縮められる。『続日本紀』養老五年(七二一)八月癸巳条によれば、一部の按察使の管轄国が変更され、陸奥按察使が出羽国を管轄することになった。陸奥按察使は全国的に設置された養老三年七月には見えないが、同四年九月丁丑条に初見する。按察使は一国の守を任じて、近隣二、三国を管轄させる上級広域地方官であるから、必ず自国以外に管轄する国があるはずである。出羽国が養老五年八月に初めて陸奥按察使の管国になったから、少なくともこれ以前には石城・石背両国が管国であったはずで、両国はこの時まで存したと思われる。

次に両国の併合については、『続日本紀』神亀元年（七二四）四月癸卯条に、「坂東九国」の軍三万人に軍事教練をし、物資を陸奥鎮所に運搬させたとある。この年三月に起きた蝦夷反乱の征討のために、「坂東九国」から軍士と物資を徴発させたのである。この「坂東九国」は坂東八国ともう一国であると考えられる。そしてもしこの時に石城・石背両国が存したと仮定すると、その一国は石城・石背・陸奥国のいずれかの一国ということになる(8)。しかし征討の軍士と物資の負担について、坂東八国が負担することを考えると、陸奥国は負担するがその隣国の石城・石背両国は免れることも、石城・石背両国のうち一方は負担するが他方は免れることもはなはだ不自然であり、あり得ることではない。従って、このような不自然なことが引き出される石城・石背両国が存したという仮定が誤っているのであり、この時すでに石城・石背両国は陸奥国に併合されて存在しなかったと考えるべきである。「坂東九国」は坂東八国と両国を併合した陸奥国で、これら九国に征討の負担を負わせたと考えるのが最も自然である。もし両国が存していたならば、ここは坂東十国あるいは十一国とあるべきところであろう。

以上によって、石城・石背両国は養老二年（七一八）五月に設置され、同五年八月〜神亀元年（七二四）四月の間に陸奥国に併合されたと考えられる。両国の存続期間は短かければ三年、長くても六年の短期間であった。石城郡は石城国の国名を負う郡であるから同国の中心であり、国府が置かれたと考えられるが、国府の施設のあり方は、この国の短い存続期間を考慮する必要がある。

駅路の設置

養老三年閏七月に、石城国の設置に伴い常陸国府―石城国府―陸奥国府（仙台市郡山遺跡）を連絡するために、石城国に一〇駅家が設置された（『続日本紀』同年同月丁丑条）。常陸国から浜通りを通って東山道の玉前駅（宮城県岩沼市玉崎）まで駅路（海道）が開かれたのである。これによって石城国府は南は東海道を経て平城京、北は陸奥国府と緊急の連絡がとれるようになった。この駅路は弘仁二年（八一一）四月に廃止された（『日本後紀』同年四月乙丑条）。

分国と併合の理由

石城・石背国の領域は、孝徳朝の立評地域と重なる部分が多い。両国の分国によって残った新しい狭域の陸奥国は仙台・大崎平野の地域で、元来蝦夷の居住地に移民によって建郡した、どちらかといえば律令制支配の遅れた地域であるのに対して、両国の領域は国造制支配の伝統の上に早くに立評して律令制支配の確立した地域であった。律令国家は和銅から養老にかけて、全国的に各地域の実情に即して支配を強化するために分国の政策を採ったが、石城・石背両国の分国はそのような政策の一環として、このように政治支配の伝統と充実度の異なる二つの地域を分離して、実情に即して支配を強化するために行われたことであった。

養老四年九月に陸奥国の大崎平野で大規模な蝦夷の反乱が起こり、新しく建郡されたこの地域の支配が解体するという深刻な打撃を受けた。律令国家はすぐさま租税の免除などの民力の回復策を打ち出して支配の復興に取り組み、神亀元年の新国府多賀城の建造を含む陸奥国の新支配体制の構築に当たった。石城・石背両国の陸奥国併合はこのような政策の一環として行われたことであった。

両国の領域は辺境支配のための人的・物的基盤の地域である。城柵を中核に展開される辺境支配には、移民、城柵の守衛のための軍団兵士・鎮兵、鎮兵の食料、蝦夷に与える夷禄・食料など多くの人と物資を必要としたが、国内では律令制支配の確立した両国の領域がそれらを多く負担した。両国の地域が陸奥国内であった時には、この地域からの人と物資の調達は国守の裁量で可能であったが、両国が分国されてからは、そのことのために中央政府の許可が必要になって辺境政策が円滑に行えなくなった。按察使の上級権限によって行おうとしたのかもしれないが、十分に機能しなかった。辺境政策の円滑な遂行のためには両国の地域を一つの国の下に一体的に支配した方が便宜であったので、先の陸奥国の新支配体制の構築と関連して、両国の分国は短期間にやめられ、陸奥国に併合されたのである。

ここでは石城郡を含む孝徳朝立評の地域が、陸奥国内では国造制支配の伝統を受け継いで律令制支配の確立した地域で、またそのために北の辺境支配の遂行のための人的・物的基盤の地域であったことを強調しておきたい。

三　石城郡と移民

『倭名類聚抄』と移民

律令国家が辺境の蝦夷の居住地域に支配領域を拡大するために、南の地域の公民を移住させる移民政策を採ったことは先にも記した。南の公民を強制的に辺境に移住させて村作りと開拓に当たらせ、彼らを公民として郷に編成して郡を設けたのである。陸奥国ではこの政策は七世紀半ば～九世紀初めの間行われた。その移民を出した地域は正史などから坂東を中心に東国の諸国であることがわかるが、『倭名類聚抄』の郷名から石城郡を初め陸奥国南部の郡からも出していたことがわかる。『倭名類聚抄』には九世紀にあった全国の郷名を載せるが、陸奥国の郷名または郡名に、坂東・東国の諸国の郡名・国名、陸奥国南部の郡名と同名のものが見られる（二〇〇ページ表9）。これは移民の移住先の郷名に出身地の郡名・国名を付けることがあったからで、移民に伴って地名が移動したのである。出身地の郡名を付けるのは郡単位に、国名を付けるのは国単位に移民が集められて移住先で郷に編成されたからである。二〇〇ページ表9によって移民の出身地とともに移住先もわかる。

石城郡からの移民

陸奥国内で移民を出したことが明らかなのは次の四郡で、その移住先を含めて示すと次の通りである。

磐城郡―名取郡・宮城郡・桃生郡

白河郡―宮城郡・黒川郡・胆沢郡

磐瀬郡―標葉郡・加美郡

会津郡―栗原郡

登米郡行方郷があるが、行方郡は陸奥国にも常陸国にもあるから除いておく。これら四郡が移民を出したことは正史に載せないが、それはこれら同国内での移民が中央政府の許可を得ずに国守の裁量でできたので、政府の記録に残らなかったからである。移民を出した時期については移住先の評・郡の設置時期からある程度推定できる。磐城郡については、名取・宮城郡へは七世紀半ば、桃生郡へは七五〇年代後半、白河郡については宮城郡へは七世紀半ば、黒川郡へは七世紀後半か七二〇年前後、胆沢郡へは八〇二年頃である。移民を出すことは公民が引き抜かれることで、辺境支配を支える負担のなかで最も重いものであるから、辺境政策を支えた陸奥国南部の地域でもこれら四郡は特別な郡であった。律令制公民支配が充実し、公民の人口が多くなければ負担できなかったと思われる。特に石城・白河郡は少なくとも三郡に三郷分の移民を出していた。三郷分は一五〇戸である。『倭名類聚抄』の管郷数では、白河郡が一七郷で大郡、磐城郡が一二郷で上郡で、陸奥国内一位と二位の管郷数であり、このような大きな郡だから負担できたことである。

おわりに

七世紀半ばの孝徳朝に国造制の施行されていた地域に立評され、道奥国が設けられた。石城評も白雉四年に多珂評から分割して設置され、石城直美夜部と丈部志許赤が評督と助督に任じられた。この二氏が磐城臣・阿倍磐城臣氏と於保磐城臣氏となって、石城郡の譜第氏族になった。石城郡を含む孝徳朝立評の地域は、政治的な面でいうと、国造制支配の伝統があり、立評の方式も南の地域と同じであって、北の蝦夷の地域に立評した地域とは異なり、かえって坂東以西の地域と同質であった。この地域は、北の地域に比べて律令制支配が確立していたので、七世紀後半から八世紀にかけて北の辺境支配を支える人的・物的基盤の役割を果たした。石城郡をはじめとする南部四郡は、坂東・東国と同じく辺境地域に移民を出す負担を負った。

本文にはふれなかったが、天智朝に行った太平洋岸の船団による北方遠征の際に、石城の造船集団が大船を作ったという伝承は、石城に海上交通集団がいて、その面で辺境政策を支えたことを示していて興味深い（『常陸国風土記』香島郡条）。

養老二年（七一八）の石城・石背国の分国は、このように政治支配の伝統と充実度の異なる北と南の地域を分離して、実情に即して支配を強化しようとしたものであった。これによって石城郡は石城国の中心になった。しかし分国によって南の地域が辺境支配の基盤としての役割を果たしにくくなったので、養老五年～神亀元年（七二四）の間に両国は陸奥国に併合された。

石城郡が常陸国と関係深い点も注意したい。石城郡が元来多珂国造のクニの領域で、多珂評から分割され、石城直氏は多珂国造氏の同族関係の中に組み込まれていた。〔『根岸遺跡 磐城郡衙跡の調査』（いわき市埋蔵文化財調査報告書第72冊 二〇〇〇年）〕第五章五〔「木簡と磐城郡」〕で指摘した石城郡の楯縫氏と生部氏が陸奥国に見られず、かえって常陸国に見られるのは、このような歴史的な関係があったからである。

注

（1）早川庄八「律令制の形成」『岩波講座日本歴史』第二巻、一九七五年〔『天皇と古代国家』再収、二〇〇〇年〕。
（2）秋本吉郎『風土記』（日本古典文学大系）一九五八年、田中卓『風土記』（神道大系古典編7）一九九四年。
（3）時代が下る例であるが、嘉祥元年（八四八）十一月三日太政官符（『類聚三代格』）、延長五年（九二七）十月二十二日太政官符（『政事要略』）に「坂東十国」の記載があり、いずれもいわゆる坂東八国と陸奥・出羽国を指すと考えられているのも参考になる。前沢和之「古代坂東についての基礎的考察」『ぐんま史料研究』一三号、一九九九年。
（4）鎌田元一「評の成立と国造」『日本史研究』一七六号、一九七七年〔『律令公民制の研究』再収、二〇〇一年〕。
（5）平川南「里刀自小論―いわき市荒田目条里遺跡第2号木簡から―」『国立歴史民族博物館研究報告』六六集、一九九六年〔『古代地方木簡の研究』再収、二〇〇三年〕。
（6）熊谷公男「古代東北の豪族」『新版古代の日本9 東北・北海道』一九九二年。
（7）吉田晶「国造本紀における国造名」『日本古代国家成立史論』一九七三年。
（8）新日本古典文学大系『続日本紀』二の補注73の同条の注釈に「坂東九国」はいわゆる坂東八国に伊豆国か、陸奥国かを加えたものかとしているが、足柄峠の位置から見て伊豆国が坂東に入ることは考えられない。注（3）前沢論文も坂東八国と陸奥国と考えている。

第四章　陸奥国と白河郡

はじめに

古代の白河郡をめぐって、道奥国と白河評の設置、石背国・石城国の分国と併合、白河軍団、白河剗、白河郡からの移民の問題などを通して、陸奥国における白河郡の位置づけについて考察する。

一　道奥国と白河評

大化元年（六四五）六月、中大兄皇子ら改新派は、朝廷の実権を握っていた蘇我氏を滅ぼし、大化の改新とよばれる政治改革に着手した。大化の改新は、七世紀後半を通じて進められ、大宝元年（七〇一）の大宝律令の施行によって完成する律令国家建設の出発点であった。この政治改革の中で、中央集権的な地方行政機構である国評制が始められ、その一環として、陸奥国と白河郡の前身である道奥国と白河評が設置された。

改新政府はクーデターの直後の八月に、「東国国司」とよばれる八組の使者を、参河・信濃以東の地域に派遣して、田の面積・人口、地方政治の実状などを調査させた。東国国司の一組は、のちに述べる最初の道奥国の地域を管轄地域に含み、蝦夷を意識した政策を行っていた。これらの調査を受けて、大化五年（六四九）から全国的な評の設置が開始された。大和政権の地方支配制度は国造制で、各地方の有力な豪族を国造という地方官に任命して、それぞれのクニを支配させた。国造は全国で一二〇ほどあったが、『先代旧事本紀』（十世紀初め成立）の巻十「国造本紀」によれば、陸奥国の地域には、道奥菊多（のちの菊多郡）・石城（石城郡）・染羽《しめは》（標葉《しめは》郡）・浮田《うきた》（宇多《うた》郡）・白河（白河郡）・石背《いわせ》（石背郡）・阿尺《あさか》（安積郡）・信夫《しのぶ》（信夫郡）・思（曰理《わたり》の誤り、曰理郡）・伊久《いく》国造（伊具郡）の一〇国造があった。ほぼ現在の福島県域から宮城県南端の地域に当たる。これら一〇国造の中に白河国造がいることが注目される。

評の設置は、惣領または大宰とよばれる広域を管轄する地方官が、中央政府から全国的に派遣されて行われた。まず大化五年に国造のクニを評に転換し、その後その評を分割して新しい評を設置した。こうして七世紀半ばの孝徳朝のうちに、八世紀前半の全国五五五郡の大部分の前身の評が成立した。陸奥国の地域でも、坂東惣領の手によって、大化五年に先の一〇国造のクニが評に転換され、その後評の分割・新置が行われた。従って白河評の成立は大化五年ということになる。評は大宝律令の郡の前身で、その官は長官を評督、次官を助督といい、それぞれ郡の大領・少領の前身である。国造のクニを転換した評では評督・助督に国造を任命したから、白河評でも国造を任命した可能性が高い。

国の設置については、評の設置より遅れ、地域によって遅速があり、全国的な国の成立は天智朝初めであるといわれているが、『常陸国風土記』に、孝徳朝に坂東惣領が、足柄山の坂より東の地域を分けて八国を置いたとあり、この八国は坂東（関東地方）の七国と道奥国と考えられるので、孝徳朝末年（六五四）までに道奥国が坂東の諸国とともに設置されたと考えてよい。この最初の道奥国の領域は先の評が設置された地域である。国には大宝律令の国司の前身である国宰《こくさい》が中央政府から派遣され、評を統轄した。「道奥国」の表記は天武朝から「陸奥国」に変わるが、いずれもその読みは「みちのおくのくに」で、この国名は都から支配領域を連絡する道の最も奥の国という意味、いいかえれば国家の支配領域の最末端の国という意味である。

陸奥国の領域内は、政治的支配の伝統の違いから、白河郡を含む孝徳朝の道奥国の領域と、その北の外の地域に大きく二分される。前者は大和政権の国造制支配に直接組み込まれていた、政治支配の面では南の坂東などと同質の地域であり、評の設置に当たってはその地域の豪族・人民を評に編成していったのに対して、後者は大和政権時代に何らかの政治的関係があったにしても、直接に支配体制には組み込まれていない、蝦夷の居住地域で、南からの移民によって評あるいは郡を設置し、今後支配領域を拡大していかなければならない地域であった。

二　白河郡と郷

大宝元年（七〇一）から二年にかけての大宝律令の制定・施行によって、律令国家は完成し、地方支配制度は評が郡に改変されて国郡里制となった。国には国司、郡には郡司、里に里長が任命される。大宝令では里数によって、郡を大・上・中・下・小郡の五等級に分け、その等級に従って郡の官人の定員を定めていた。郡の下の里は養老元年（七一七）から「郷」と表記されるようになり、その全国の郷名については、『倭名類聚抄《わみょうるいじゅしょう》』（十世紀前半成立の漢和辞書）に九世紀の郷名を載せている。白河郡については、『倭名類聚抄』の諸本によって出入りがあるが、元和古活字本が、大村・丹波・松田・入野・鹿田《かた》・石川・長田《ながた》・白川・小野・駅家《うまや》・松戸・小田・藤田・屋代・常世《とこよ》・高野・依上《よりかみ》郷の一七郷、高山寺本では、前者のうちの駅家郷がなく松戸郷を松田郷とし、一六郷で、名古屋市博物館本ではさらに松田郷がなく、一五郷である。また『陸奥国風土記』逸文に依れば、『倭名類聚抄』に見えない八槻郷が八世紀にあったことが知られる。今郷数を確定できないが、いずれにしろ白河郡は陸奥国最大の郡で、令制の大郡（二〇～一六里）か、上郡（一五～一二里）に当たり、大郡ならば、郡の官人は長官の大領、次官の少領が各一人、判官の主政、主典の主帳が各三人で計八人。上郡ならば主政、主帳が各二人となり、計六人である。大領・少領と主政・主帳では任命される氏族の階層が分けられ、大領・少領にはその郡の伝統的な有力豪族が任命され、代々世襲し、そのような氏族を譜第氏族という。白河郡は白河国造のクニを受け継いでいるから、白河国造の氏がこの郡の郡領の譜第氏族である可能性が高いが、その氏の名は明らかでない。白河郡の郡領で唯一知られるのは、嘉祥元年（八四八）五月に見える大領外正七位上の奈須直赤龍《なすのあたいあかたつ》で、この時阿倍陸奥臣の姓を賜っている。奈須（那須）直氏は南隣の下野国の那須国造の氏で、那須郡の郡領氏族であり、このことは白河郡と隣国那須郡の関係を示して興味深いが、白河郡の譜第氏族ではないであろう。

三　石背国・石城国の分国と併合

養老二年（七一八）五月、陸奥国から石城《いわき》・石背《いわせ》国が分国された。石背国は白河・石背・会津・安積・信夫郡の五郡で、福島県中通りと会津地方に当たり、石城国は菊多・石城・標葉・行方《なめかた》・宇太・曰理郡の六郡で、福島県浜通から宮城県南端に当たる。白河郡は石背国に属することになった。石背国府は国名からみて石背郡に置かれたと思われるが、大郡または上郡の白河郡をさしおいて、下郡の石背郡に国府が置かれたのは、石背郡が中通りにありながら会津地方への道路が通じていたからであろう。

これよりまえ和銅五年（七一二）に出羽国が設置され、陸奥国が管轄していた最上（山形市付近）・置賜（米沢市付近）二郡を出羽国に移管した。これらの施策によって、陸奥国は福島県域から山形県内陸部・大崎平野までの広い領域から、宮城県白石市から大崎平野にかけての狭い領域の国となった。律令国家は八世紀初めに全国的に各地域の実情に即して支配を強化するために、国の分割の政策を採り、石背・石城・出羽国の分国もその政策の一環である。石背・石城国の領域は、孝徳朝の道奥国の領域にほぼ重なる。この領域は大和政権の時代に国造制に組み込まれ、早く孝徳朝に評を設置し律令制支配が確立した地域であるのに対して、新しい陸奥国の領域は本来蝦夷の地域に評・郡を設置し、まだ律令制支配が十分でない地域であり、このように政治支配の伝統と充実度が異なる両地域を分けて支配した方が、地域の実情に即して支配が強化できると考えて、行われた施策であった。

しかし石背・石城国は短期間に廃止され、陸奥国に併合された。一般に、その併合の時期は養老四年（七一〇）十一月～神亀五年（七二八）四月の間のことと考えられているが、一応養老五年（七二一）八月～神亀元年（七二四）四月の間に短縮できる。すなわち養老五年八月は陸奥按察使が出羽国を管轄することになった時である。按察使は一国の守が任じられてその下に二、三国を管轄したが、陸奥按察使がこの時に出羽国を管轄することになったから、少なくともこの時までは石背・石城両国を管轄しており、両国はこの時まで存続していたと考えられる。神亀元年四月には陸奥の征夷のために「坂東九国」から軍士・物資を徴発するとみえる（『続日本紀』）。この「坂東九国」はいわゆる坂東の八国と陸奥国に当たるから、この時までには石背・石城両国は併合されてなくなっていたと考えられる。さらにこの事実をふまえて、当時の政治状況からみて、併合の時期は養老六年（七二二）閏四月ごろと推測される。

養老四年九月、大崎地方で大規模な蝦夷の反乱が起こり、この地域の律令制支配が深刻な打撃を受けた。政府はすぐさま征討軍を派遣して反乱を鎮圧した後に、大崎地方における城柵の整備と建郡、新国府・多賀城の設置などの辺境支配の新たな構築、さらに辺境支配を支える後方地域の充実などの新しい施策に取り組んだ。その最初が養老六年閏四月に、陸奥按察使の管轄する地域、すなわち陸奥・出羽国、併合されていないとすれば石背・石城国の地域を対象に行われた次の施策である。すなわち、⑴民力の休養のために調庸の徴収を停止し、それに代わって新しい税布という租税を徴収する。税布は調庸の四分の一の負担である。これまで朝貢してくる蝦夷に支給する禄（夷禄）に調庸を充当していたが、調庸停止にともない、その夷禄の財源だけを確保するために税布制を始めたのである。⑵人口を増加させるために、授刀舎人・兵衛・衛士・位子・帳内・資人などの京に出仕している者を帰国させる。

石背・石城国の併合はこれらの施策と一体的に同時に行われたと推測する。その根拠は、第一に、⑵の人返しによる人口増加策は軍団兵士数の増加を主な目的とするが、石背・石城国が陸奥国と分かれたままでは、両国の兵士はその数が増加しても陸奥守の権限によって城柵の鎮守に使えないことになる。第二に、⑴調庸制から税布制の転換によって、陸奥国が狭い領域のままとすれば、これに関わる同国の収入は四分の一に減少する。この点についてはいくつかの仮説が立てられるが、陸奥国のこれに関わる収入について、公民負担の軽減による減少を補うために、石背・石城国を併合して徴収地域を拡大することが必要だったのではないか。これらの二点の問題は、これ以前に両国が併合されていれば解決されるが、反乱後の陸奥国の新体制の構築はこの施策が最初であるから、この施策と一体的に同時に併合が行われたと考えるのが自然である。以上の推測が当たっているとすれば、石背・石城国は養老二年五月に設置され、同六年閏四月に再び陸奥国に併合されたことになり、両国の存続期間はわずか四年ということになる。

陸奥国では北の辺境における城柵を中核とする支配には、兵士をはじめとする多くの人と物資を必要とした。それらは坂東を中心として東国などの他国から徴発するとともに、国内では石背・石城両国の地域を中心とする律令制支配の確立した地域が負担した。両国の地域が陸奥国内であった時にはこれらの調達は陸奥守の裁量でできたが、分国されてからはいちいち中央政府の許可が必要となり、辺境経営が円滑に行えなくなっていた。蝦夷の反乱の後の新体制の構築に関わって、辺境経営の円滑な遂行のためには、両国の地域を陸奥国の下に一体的に支配した方が便宜であると考えたので、両国は廃止されて陸奥国に併合されたのであった。

なお石背国の国名について、山城国を奈良時代には山背国と表記し「背」に「シロ」の訓があることから、「イワシロ」と読む説があるが、石背国の一郡の石背郡を磐瀬郡と表記するから「イワセ」と読むのが正しい。明治元年（一八六八）施行の国制の岩代国は古代の石背国の誤読によるものである。

四　陸奥国の軍制と白河軍団

神亀五年（七二八）四月に白河郡内に白河軍団（白河団）が設けられた。これは白河剗に兵士を配備するとともに、前線の城柵に兵士を送るためである。軍団制一般について説明すると、軍団制とは律令国家の地方軍制で、大宝律令によって成立した。軍団は国司が統轄し、一団に一〇〇〇人の兵士が所属し、官人として、大毅（長官）一人、少毅（次官）二人、主帳（主典）一人が置かれた。兵士は一戸について成年男子三人に一人を徴発した。兵士はいくつかの組（番）に分かれて交替で勤務し、軍事教習を受けたり、国府の守衛などの兵力になる。一般諸国の軍団制は、天平十一年～十八年（七三九～四八）の間と、延暦十一年（七九二）以降停止されたが、陸奥・出羽国では、兵士は城柵の守備のために配備され、蝦夷との間に軍事的緊張が続いたので、軍団は八、九世紀を通じて存続した。陸奥国では軍事的緊張の変化によって、軍団数は二～七団、兵士数が二〇〇〇～一万人の間で増減した。九世紀半ば以降最多の七団になるが、それらは旧石背国の領域に安積・白河団、旧石城国の領域に行方・磐城団、宮城郡以南に名取団、大崎平野の黒川以北十郡に小田・玉造団が置かれ、陸奥国内の兵士徴発地域は黒川以北十郡以南の地域である。これらの地域は兵士を徴発できるほどに公民制が充実していた。

陸奥国の軍団は、大宝律令施行から安積・行方・名取・丹取団の四団・兵士四〇〇〇人であったが、神亀五年に白河団を加え丹取団を玉造団と改称して五団・兵士五〇〇〇人となった。旧石背国地域ではこれまで安積団一団だったが、徴発兵士数を倍にして安積・白河の二団になった。白河団は神護景雲二年（七六八）まで存続したことが確認できるが、その後廃止され、弘仁六年（八一五）に復活し、その後九世紀を通じて存続し、どれほどの実質を備えていたか不明であるが、長元七年（一〇三四）の史料にまで見える。陸奥国の軍団は白河団を含めて、一団の兵士数は一〇〇〇人か、時にはそれ以上であった。

陸奥国の軍制では軍団制のほかに、神亀元年（七二四）～弘仁六年（八一五）の間、令外の制として鎮兵制が行われた。鎮兵制は坂東諸国を中心に他国の軍団兵士を城柵の守備のために徴発したもので、軍団制を補強するものである。

主にこの当国の軍団兵士と他国の鏡兵が城柵の守衛に当たった。軍団兵士はいくつかの組に分かれて短期間ずつ交替で城柵に勤務し、食料は自弁である。例えば弘仁六年（八一五）の制では、白河団を含む六団・兵士六〇〇〇人を六組に分け、一度に一組一〇〇〇人が城柵の守備につき、兵士個人は一〇日城柵勤務・五〇日休みを年間六回くり返し、城柵との間を六回往復する。鎮兵は遠方の他国から来るので、かえって城柵の勤務は長期間にわたり、国が食料を支給する。兵士・鎮兵はそれぞれこのような勤務形態だったので、城柵への配備の原則は、両制度が行われていた弘仁六年以前には、交替のための城柵への往復が必要でない鎮兵は遠い前線の城柵、往復が必要な軍団兵士は近い後方城柵に配備され、軍団制を中心とした弘仁六年以後には、やはり城柵への往復の便宜を考慮して、北部の軍団兵士は前線城柵、南部の軍団兵士は後方城柵に配備された。従って最南端の白河団の兵士は八、九世紀を通じて後方の多賀城へ配備されたと考えられる。多賀城跡から、八世紀末に白河団から弓を射る兵士が多賀城に進上されたことを示す木簡、また九世紀に安積団の会津郡の兵士が多賀城の勤務を終えて郷里に帰ることを示す木簡が出土していて、旧石背国域の二団の兵士が多賀城の勤務についていたことがわかる。

五　白河剗

白河郡には東山道の下野国の境に白河剗《せき》が設けられていた。海道の常陸国国境に設けられた菊多郡の菊多剗とともに、陸奥国の南境を限る関である。

律令国家は主要な官道の国境に関剗を置いて通行を規制した。官人・人民は他国に出る場合、勤務する官司や所属する国から過所という通行証を発給してもらい、それによって関剗で勘検を受けてはじめて通過することができた。律令体制では人民を、戸籍に登録している本貫地に緊縛するのを原則としたが（本貫地主義）、関と過所の制度はこの原則を実現するためのものである。特に重視された三関の一つ伊勢国の鈴鹿関は七世紀後半の天智朝に置かれていたが、全国的な関制が整備されるのは大宝律令施行によってである。白河・菊多剗とも『河海抄』裏書所引の延暦十八年（七九九）格に見えるのが初見で、また承和二年（八三五）の史料に両剗が五世紀初めに設置されたかのように読める記事があるが、これは剗一般に関する伝承であるので、両剗にあてはめるわけにはいかない。両剗の設置はやはり大宝律令施行以後の八世紀初めであろう。神亀五年（七二八）に白河郡に新たに軍団を置いたのは、軍団兵士が関を守備したから、この郡に白河剗があることが一つの理由であろう。延暦十八年（七九九）には白河・菊多両剗に関守として六〇人を配備していた。本貫地主義をおびやかす、公民の浮浪・逃亡に対する政策は変遷があるが、延暦四年（七八五）六月に逃亡先の現住地で浮浪人として把握することに決定して、本貫地主義は破綻し、それに伴い同八年七月、美濃国不破関・伊勢国鈴鹿関・越前国愛発関の三関が廃止され、次いで九世紀初めには諸国の関が廃止されたが、白河・菊多両剗はその後も存続した。

白河・菊多割の設置の目的は、本貫地主義の実現と蝦夷との違法な私交易の規制の二つである。両剗は元来諸国の関と同じく人民を本貫地に縛り付けるという原則の実現のために設けられたものであろう。律令国家の本貫地主義は、一般諸国では八世紀初めからある程度逃亡先の現住地における居住を認めるものであったが、奥羽両国では軍団兵士制の維持のために人口増加策を採り、このために八世紀前半～九世紀末に両国から他国へ浮浪・逃亡する者を本貫地に送還する政策を一貫して採り、両国からの公民の逃亡は厳しく規制された。白河・菊多両剗は陸奥国の公民の他国への逃亡を防止する役割を果たした。

奥羽両国では、都の貴族らが使者を遣わして、両国の馬などの特産物を求めて蝦夷と交易することが行われ、政府はこれを禁止した。このような交易はすでに八世紀前半から行われ、八世紀末から九世紀にかけて盛んになった。白河・菊多両剗では、これらの違法な交易品の出国と、交易に従事する者の入国を規制し、私交易の規制の役割を果たした。承和二年（八三五）十二月官符では、商人が違法な交易品を、都に送る官物に潜ませて運んだり、蝦夷が都に上るのを、両剗で検査し、厳罰に処するように命じている。都に上る蝦夷とはやはり交易に従事する者であろうか。元慶四年（八八〇）九月官符では、陸奥国に入る遊蕩の輩を関門で抑え、関門には国司の史生を派遣して守らせることにしたが、この関門は白河・菊多両剗のことである。

白河・菊多両剗は元来諸国の関と同様の目的によって設置されたが、陸奥国に特有な前記の二つの役割を果たすために、他国の関剗よりも重要視され、他国の関剗が廃止された後にも存続した。十世紀以降、白河関は都人によって「みちのく」の関門として和歌に詠まれるようになり、歌枕として有名になった。

六　白河郡と移民

律令国家は蝦夷の居住する辺境地域に評または郡を設置するために、南の地域の人民を移民する政策を採った。陸奥国ではこの政策は七世紀半ば～九世紀初めに行われ、その移民を出した地域は坂東を中心とする東国の諸国であることが正史からわかるが、『倭名類聚抄』の郷名から、それ以外に白河郡をはじめとする陸奥国内の南部四郡から移民を出したことが確認できる。『倭名類聚抄』の陸奥国の郷名には、坂東・東国の諸国の国名・郡名、陸奥国南部四郡名と同じものがみられる。これは移民の移住先の郷名に出身地の郡名・国名を付けることがあったからで、移民とともに地名が移動したのである。陸奥国南部で移民を出したのが明らかなのは次の四郡で、移民先を含めて示す（二〇〇ページ表9参照）。

白河郡→宮城郡・黒川郡・胆沢郡
磐城郡→名取郡・宮城郡・桃生郡
磐瀬郡→標葉郡・加美郡
会津郡→栗原郡

白河郡についていえば、宮城・黒川・胆沢郡にそれぞれ白河郷または白川郷が存する。郷名に出身地の郡名を付けたのは、郡単位に移民を集め一郷を作ったためである。陸奥国内での移民は正史に記載がないが、それは国内での移民が国守の裁量でできたので、政府の記録に残らなかったからである。

　国内での移民については、『倭名類聚抄』のほかに改姓記事から考えられる。国内の別郡にいる同姓者が同時に同姓に改姓されることがあった。白河郡に関係しては、神護景雲三年（七六九）三月に白河・賀美・標葉郡の丈部《はせつかべ》氏が阿倍陸奥臣姓、白河・黒川郡の靫大伴部《ゆきのおおともべ》氏が靫大伴連姓を賜った。このように同時に改姓されたのは同族だったからであり、同族が別郡にいるのは移民の結果であり、白河郡の丈部氏が賀美・標葉郡へ、白河郡の靫大伴部氏が黒川郡へ移民したと考えられる。先の『倭名類聚抄』から知られる移住先の黒川郡がこれらの郡に含まれていることに注目されたい。ここの賜姓者はいずれも六、七位であるから、移民には豪族も含まれていたのである。この記事から白河郡からは、先の宮城・黒川・胆沢三郡のほか、賀美・標葉郡へも移民を出していたと考えられる。白河郡からの移民の時期は、移住先の評・郡の設置時期から、標葉・宮城郡へは七世紀後半、黒川・賀美郡へは七世紀後半か七二〇年代、胆沢郡へは九世紀初めと推定できる。

　移民を出すことは人民を引き抜かれることであるから、辺境支配を支える負担としては最も重く、公民制支配が充実し人口が多くなければできないことである。白河郡が一時期ではないとはいえ、少なくとも五郡に移民を出すことができたのは、同郡が陸奥国で最多の管郷数の大きな郡であったからである。

おわりに

　大化改新の政治改革の中で、大化五年（六四九）から全国的に評制の施行が始まり、陸奥国の地域でも国造制の施行地域に評が設置され、次いでその上に道奥国が置かれた。白河郡の地では大化五年（六四九）に白河国造のクニを引き継いで白河評が置かれた。白河評を含む孝徳朝の道奥国の領域は、大和政権の時代に国造制支配に組み込まれていたから、政治支配の面で南の坂東以南と同質であり、かえって陸奥国内とはいえ、北の蝦夷の居住地域とは異なっていた。この地域は律令制支配が早くから始まって充実していたので、北の辺境支配の実現のために人と物資を供給する人的・物的基盤の役割をになった。白河郡は陸奥国最大の郡で、人口が多かったので、辺境の評・郡の設置のために移民を送り出した。神亀五年（七二八）に白河団が設けられ、石背国の地域の兵士を安積団と分けて集めた。白河団は一時廃止されたこともあるが、八、九世紀を通じて多賀城に守備の兵士を供給した。このほかにも征討事業があれば兵士を送り出し、また公民制支配の成果である物資を辺境支配のために供給した。

養老二年（七一八）に石背・石城国が分国されたが、これは政治的支配の伝統と充実度の異なる南の石背・石城国と北の新しい陸奥国の領域を分離して、実情に即して支配を強化しようとする施策であった。しかしこの分国によって南の地域が辺境支配の基盤としての役割を果たしにくくなったので、蝦夷の反乱の後の新体制構築の一環として、養老六年に、両国は陸奥国に併合された。

白河郡は東山道が通り、陸奥国の一方の出入り口であり、下野国との国境に白河剗が置かれた。白河・菊多剗を蝦夷との関係で特別視する見解があるが、それは正しくない。白河・菊多剗も元来は一般諸国の関剗と同じく、律令国家の公民を本貫地に緊縛する原則の実現のために設けられた国境の関と考えられる。従って両剗の設置時期は、関剗制度の整備される大宝律令施行後の八世紀初めと推定される。神亀五年（七二八）に特に白河団が設置されたのは白河剗の存在が一つの理由である。陸奥国では八、九世紀を通じて、軍団兵士制の維持のために人口増加策が採られた。そのために他国とくらべて徹底した本貫地主義が採られ、他国への浮浪・逃亡を本貫地に引き戻す政策が行われ、白河・菊多両剗は他国への浮浪・逃亡の防止の役割をになった。また陸奥国では都の貴族・官人らが入り込んで蝦夷の特産物を収奪する違法な私交易を行っていたが、両剗はこれらを規制する役割を果たした。この二つの役割のために両剗は重要視され、一般諸国の関剗が廃止された九世紀初め以後も存続した。

〔参考文献〕

今泉隆雄「律令国家とエミシ」『新版古代の日本9 東北・北海道』角川書店、一九九三年(『古代国家の東北辺境支配』再収、二〇一五年)。

今泉隆雄「陸奥国と石城郡」『根岸遺跡』いわき市埋蔵文化財調査報告第七二集、二〇〇〇年〔本書第二部第三章〕。

平川南「古代の白河郡」『関和久遺跡』福島県文化財調査報告第一五三集、一九八五年。

舘野和己「律令制下の交通と人民支配」『日本古代の交通と社会』塙書房、一九九八年。

鈴木拓也「古代陸奥国の軍制」『古代東北の支配構造』吉川弘文館、一九九八年。

鈴木拓也「陸奥・出羽の浮浪逃亡政策」『古代東北の支配構造』吉川弘文館、一九九八年。

第五章　古代南奥の地域的性格

はじめに

今回は「古代南奥の地域的性格」というタイトルでお話しさせていただきます。「南奥」という言葉は「南部奥州」という意味で、だいたい現在の福島県域を指しています。

陸奥国は九世紀になりますと、現在の福島県・宮城県・岩手県に当たる広域のすごく大きな国になるわけです。ですからやはりその中で地域区分をして、各々の地域の性格を少し考えなければいけないのではないかと思っていました。それからもう一つは、陸奥国・出羽国は一番北の端にある国で、蝦夷が住んでいる地域に支配領域を拡大するというようなことをずっとやってきた国ですので、そのような陸奥と出羽という国の政治的な課題のなかで、南奥という地域がどのような役割を果したのかという観点で話をさせていただきたいと思います。

一　古代の「南奥」の範囲

まず古代南奥の範囲についてですが、現在の福島県域と宮城県南部を含む地域です（図16—Ⅰ・Ⅱ′区）。現在の福島

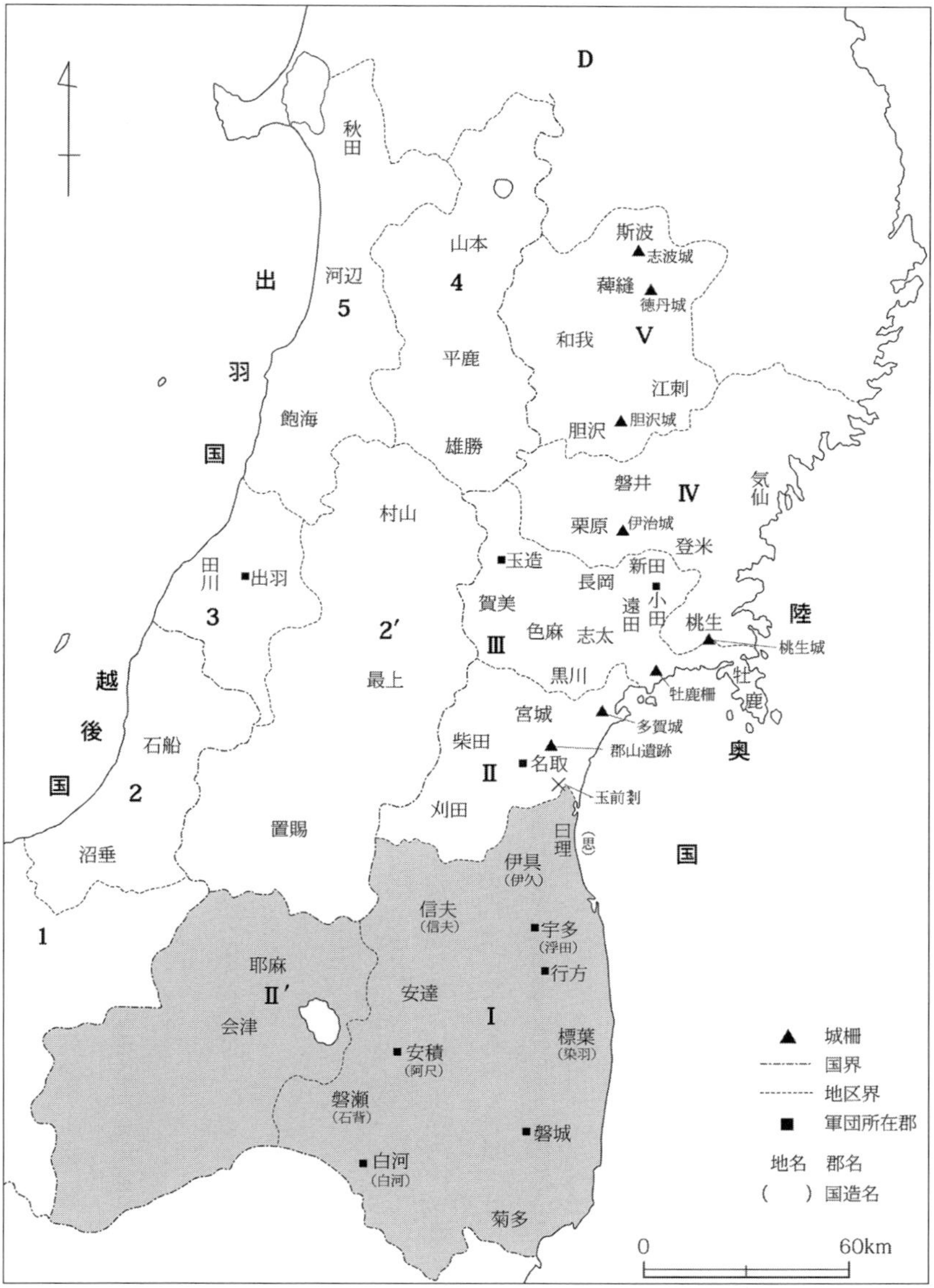

図16　奥越羽三国の地区区分（政治支配の観点からの地区区分である）

県域は三つの地域に分かれております。浜通り、中通り、会津地方です。浜通りは沿海部で、いわき市から相馬市などにかけての地域で国道六号線が走っている地域です。その西側に阿武隈高地という高地が南北に伸びています。そのさらに西側が中通りと呼ばれている、阿武隈川流域で、白河・郡山・福島といった都市が並ぶ地域です。ここは国道四号線とJR東北本線や東北新幹線が走っている地域です。そこからさらに西に入って、奥羽山脈の南端部ですが、そこに猪苗代湖があって、猪苗代湖のさらに西側が会津盆地で、この地域が会津地方です。このように、福島県域ははっきり三つに分かれている地域です。

(1)　石城国・石背国

南奥という地域が、より北側の地域とは分けられる地域だと認識されるようになったのは、養老二年（七一八）に石城国・石背国が陸奥国から分国された時です。(1) このうち石城国は現在の浜通り地方に、現在の宮城県南部つまり亘理郡も含めた地域です。そして石背国は現在の中通り・会津地方が一つの国として括られた地域です。当時の陸奥国は、宮城県北部までのびていたわけですが、養老二年に狭域の陸奥国となり、南部に石城・石背という国が置かれたということになります。

石城国＝石城・標葉・行方・宇太・曰理・菊多郡（Ⅰ区浜通り）の六郡
石背国＝白河・石背・安積・信夫郡（Ⅰ区中通り）、会津郡（Ⅱ′区）の五郡
新陸奥国＝Ⅱ区（宮城県仙台平野）・Ⅲ区（同大崎平野）

南奥というものを考えるうえで、この分国はやはり非常に大きな意味を持っているのではないかと思います。また、陸奥には伊具郡という郡があり、石城・石背には含まれないのですが、伊久国造がいた地域ですので、南奥に含めて考えていきます。このように、南奥という地域が区別されるようになったのが八世紀初めです。

（2）玉前剗

次に玉前剗についてです。多賀城から出土した木簡のなかに、時期は九世紀のものだと考えられていますが、「玉前剗」と書かれた木簡があります。

安積団解　□□番□□事

畢番度玉前剗還本土安積団会津郡番度還

（多賀城跡第三七〇号木簡。冒頭の必要部分のみ抜粋[2]）

これは安積団解で、安積団に属する会津郡の兵士が本土に帰るときに、玉前剗を越えていく、ということに関連する木簡です。このことから、玉前剗は九世紀にあったことがわかります。玉前剗はⅠ区の曰理郡とⅡ区の名取郡の境にあった剗だろうと考えています。現在の宮城県岩沼市に「玉崎」という地名が残っていて、それがこの玉前剗の遺称地であろうと考えています。このことから、南奥と狭域陸奥国の境に剗が置かれていたことがわかります。これは阿武隈川河口の北側の地点です（図16参照）。

このように陸奥国内に剗が置かれていることになるわけですが、おそらくこれは養老二年に石城・石背が分国された際に玉前剗が置かれ、両国は間もなく陸奥国に再併合されるのですが、その後もずっと残ったのだろうと考えられます。そして、この場所は古代において中通りを北進してきた東山道と浜通りを北進してきた東海道が、地形的に見て玉前駅で合流することになるのですが、その合流点であるということがまず挙げられます。それからもう一つは、この場所はおそらく阿武隈川の渡し場の場所で、水陸の要衝地と言うことができます。ですからここを押さえれば、東山道・東海道そして川の交通も押さえることができる、という場所なのであろうと思います。現在でも岩沼市は、中通りを走ってきた国道四号線と、浜通りを走ってきた国道六号線が合流するところですし、ＪＲ東北本線と常磐線が合流するところでもあります。このように、この地域は現在でも交通の要衝地になっているわけです。そして玉前剗は陸奥国内に置かれているわけですが、やはりこれは南奥とそれより北の地域を分けるという意識があったのだろうと考えています。

(3) 公出挙における地域の割り当て

次に公出挙における地域の割り当てです。陸奥国の公出挙のうち、正税出挙は軍粮に充てるとしており、その他にも公廨出挙が行われていましたが、これらを地域ごとに割り当てていました。苅田以北の近郡では、軍粮のための正税稲出挙を行い、信夫以南の遠郡では公廨出挙を行う、というようになっており、南奥とその北の地域は苅田と信夫で分かれますので、この地域的な出挙の割り当てからも大同五年（弘仁元年＝八一〇年）という時点で南と北が分けて考えられていることがわかります(3)。

苅田以北近郡　軍粮＝鎮兵食料＝正税稲出挙

信夫以南遠郡　国司・鎮官公廨＝公廨稲出挙

養老二年（七一八）の石城・石背の分国、それから大同五年（八一〇）の公出挙の問題、そして九世紀における玉前剗の存在から、南奥が一つの地域として考えられていたのではなかろうかということがわかります。

二　陸奥国の特質

(1) 辺国（辺遠国）と蝦夷

続いて陸奥国の特質について。陸奥は越後・出羽とともに、「辺遠国」つまり一番端にある国です。国家領域の周縁の国ということです。陸奥は東山道の末端、越後・出羽は北陸道の末端でした。これらの国は、その北の方に蝦夷たちがいるということで、彼らを夷狄と位置付け、「蝦夷」と呼んでいたわけです。

(2) 陸奥国の辺境経営と南奥

そういうわけで、陸奥・出羽の辺境経営は蝦夷たちが住んでいる地域に支配領域を拡大していくということがずっと行われていて、それは七世紀半ばから九世紀初めまで、およそ一五〇年にわたって行われていたわけです。そういうなかで南奥という地域は、陸奥の辺境経営を行っていくうえで人も物資もたくさん必要ですが、そのような人や物資を供給する基盤のような地域になっていたのだろうというのが今回お話しする内容です。

三 評と陸奥国の設置

評と陸奥国の設置に関してですが、この南奥という地域の畿内政権における支配のされ方として、やはり北の地域とは違っている地域だということが挙げられます。そのことを国造制の問題、評の設置・国の設置という話を通して報告を進めていきたいと思います。

1 国造と蝦夷

(1) 陸奥の国造制

南奥という中で、まず国造制が敷かれていたかどうかが大きな問題となると思います。そこで国造本紀からですが(4)、これによると陸奥国には一〇の国造が置かれたということが書かれています。道奥菊多、石城、染羽、浮田、伊久、思（曰理の誤写）、白河、石背、阿尺、信夫です。ただ、この中で道奥菊多・石城に関しては問題があるところで、『常陸国風土記』多珂郡条によると、石城国造・道奥菊多国造の地域は、もともと多珂国に属する地域だった可能性があります。『常陸国風土記』には「陸奥国石城郡苦麻之村為二道後一」とあることから、そこまで多珂国だったと考えられます。「苦麻之村」というのは現在の福島県大熊町の地域ですが、このあたりまで多珂国であったということです。したがって、七世紀半ばの時点では石城国造（古事記にも出てきます）と菊多国造はどうやらいなかったのではないかと思います。そういうわけで七世紀半ばの時点では、石城・菊多を除いた八国造があったということになります。

これら国造制施行地域（図16—I区）には、古墳の分布という問題も当然あるわけですが、東北地方の古墳の分布というのは、前期古墳、中期古墳くらいまでは、宮城県の県北部（大崎平野）の地域まで広がっています。ところが後期古墳になりますと、ずっと南の方まで後退していきます。そして後期古墳はだいたい南奥におさまってきます。したがって後期古墳の地域が国造制の施行地域とかさなるということは、両者に関係があると考えてよいのではないかと思います。

そういうなかで、会津という地域（II′区）がなかなか難しいところで、私は以前はこの地域も宮城県南部以南とまとめて考えていたのですが、国造制が確認できないことと、現在のところ後期古墳が確認できないこともあって、会津地方という地域は、宮城県南部以南の他の地域と区別して考えた方がいいのではないかと今では考えています。今後新しく後期古墳が発見されれば話はまた変わってくるのですが、現状では会津と南奥の他の地域を区別しています。それから伊具郡は前にお話ししたように、石城・石背両国を置いた時にはその中に入らなかったのですが、伊久国造がいるので、これも一応南奥の中に含めて考えていきます。

（2） 蝦夷と城柵

以上から、南奥の地域がヤマト政権の国造制の先端の地域だということになるのですが、国造制の支配が行われていた地域の外側が、蝦夷が住んでいた地域と考えています（図16―Ⅱ・Ⅱ′・2′区）。これについては『日本書紀』大化元年（六四五）八月庚子条のいわゆる「東国国司詔」にある話ですが、東国国司に対して、いわば「刀狩り」、兵器を集めておきなさいという命令が出されます。ただしその中で「辺国近与二蝦蛦一接レ境処」では、兵器は集めるけれどもそれは兵庫に入れないで、もともとの本主に返しなさいという特別な命令が出ています。この「辺国」は令制国ではもちろんなくて、国造制のクニであるわけです。ですから国造制の一番北の端にある地域があって、それが蝦夷と境を接していると考えられますので、国造制の施行されているすぐ外側は蝦夷の地域であると当時考えられていたことを示している史料なのだろうと思います。その「辺国」というのが南奥地域の国造全部なのか、それとも一番端の曰理、伊久（伊具）、信夫といった国造なのか、両方考えられると思いますが、いずれにしろ「辺国」と呼ばれる国造の地域があって、その外側は蝦夷が住んでいる地域だと考えられます。

蝦夷の住んでいる地域には城柵が造られているわけですが、仙台平野（Ⅱ区）では七世紀半ばに郡山遺跡のⅠ期官衙が造られており、これは城柵なわけです。それから山形県地域（2′区）の「優嗜曇郡城養蝦夷」という存在が『日本書紀』持統三年（六八九）正月丙辰条にみえます。「優嗜曇郡」というのは後の「置賜郡」だと一般的に言われておりますが、そこに蝦夷がいることがまず挙げられますし、そして「城養」と出てきますから、城柵があって、その城柵で蝦夷を養うというか、そういう関係になっています。このことから、蝦夷と城柵の関係が山形県地域にも考えられます。会津地方（Ⅱ′区）に関してはそのような史料が全然なくてわからないので、なかなか難しいところなのですが、先ほどお話ししましたように、会津地方と南奥の他の地域は一応分けて考えておきます。

以上のようなことから、国造制の地域である南奥地域（Ⅰ区）が北の地域と異なった地域であることが言えます。それで大化の改新以降、評の設置が行われ、陸奥国の設置が行われていくのだろうと考えているわけです。

2　評と陸奥国の設置

(1) 全国的な評制の施行

全国的な評制の施行に関して鎌田さんのご研究があって、[5] それに基づきますが、第一段階、大化五年（六四九）に国造のクニを評に転換するということが行われます。それから第二段階、白雉四年（六五三）に国造系の評から分割して新しい評を新置する、というように二段階で行われたと認識しています。

(2) 陸奥国における評の設置

そのうえで陸奥国における評の設置についてですが、ただ一つ史料があるのは、先ほどの『常陸国風土記』多珂郡条に出てくる記事で、白雉四年（六五三）に常陸国の多珂のクニを分割して多珂・石城の二つの評にしたという史料が唯一のものです。これは鎌田さんの見解で行くと、まず多珂のクニが多珂評になっていて、そこから石城評が分かれたと言われており、私もそのように思いますが、多珂評から石城評を分置したという史料はありません。しかしおそらく陸奥国の地域でも、国造制の支配地域ではやはり評の設置が全国の他の地域と同じように行われていったと考えてよいのではないかと思います。

第一段階　大化五年（六四九）国造のクニの評への転換。Ⅰ区の曰理・伊具・宇多・標葉・信夫・安積・白河・磐瀬評の八評の成立。

第二段階　白雉四年（六五三）評の分割新置。多珂評から石城評、宇多・標葉評から行方評。

常陸で立評を行った坂東惣領が常陸と同じように立評していった、そしてそれは南奥地域（Ⅰ区）を対象としていた、これが第一段階で、次の第二段階で白雉四年にはそこから分割されていったと言えます。それは多珂評から石城評が分けられ、それから後述する行方評は、行方国造がいないわけなので、宇多評と標葉評あたりから分かれたわけです。そのような感じで行われていったのではないかと考えています。

このように国造制施行の南奥地域で評が設置されていったわけです。この地域には八つの国造があったわけですが、それが一〇評、つまり国造系が八評、新置系が二評つくられたことになるかと思います。そして評の官が任命されるということについてですが、石城評に関してわかるものがあります。(6) このように、まず白雉四年までに評の設置が行われて、そののちに国の設置が行われたのだろうと思います。

(3) 陸奥国の設置

陸奥国の設置については、きちんとした史料がないのですが、『常陸国風土記』総記のなかに、孝徳朝に足柄岳の坂より以東の地域、いわゆる坂東ですが、それを「我姫《あづま》」と書いているのですが、「我姫之道、分為㆓八国㆒」とあります。つまり足柄峠より東の地域を八国に分けたと書いてあります。そのうちの一つが常陸国であると書いてあります。これは『常陸国風土記』の成立年代とも関係しているのですけれども、この「八国」というのは、いわゆる「坂東八国」ではありません。安房国が養老二年（七一八）に成立して「坂東八国」になるわけですけれども、(7) それまではこの『常陸国風土記』にみえる「八国」に安房国は入っておらず、「坂東八国」のうち安房国を除いた七国と、それから陸奥国がこの「八国」のなかに入るのだろうと思います。それでこの孝徳朝の時代に、坂東の国々と一緒に陸奥国、道奥国が置かれたのだろうと考えられます。評制が白雉四年（六五三）までに敷かれますが、孝徳朝は白雉五年までですので、白雉四年～五年におそらく陸奥国の設置が行われたのだろうと考えます。

全国の国の設置についてはいろいろな考えがあって、ずっと下らせる考え方もあるのですが、おそらくやはり孝徳朝に国の設置は始まるのだろうと私は考えています。それは一方では坂東七国と陸奥国というような令制の国が置かれると同時に、越国のような国も残っているわけです。最初の国の設置という時には、令制国の規模と同じではなくて、地域によって不均等があったような形で置かれていったのではなかろうかというふうに考えています。

以上から、南奥（Ⅰ区）の地域は、まず国造制が敷かれていて、大化以降評制が施行され、そして最初の陸奥国の領域になっていく、というように、律令制支配が形成されるのが非常に早い地域であったと考えています。

3　蝦夷の地への領域拡大

(1) 評（群）の設置方式

次に蝦夷の地への領域拡大に関してですが、こののちずっと蝦夷の地への領域拡大を行っていくことになります。その方式は、一般の国々では評（郡）を設置していくわけですが、それはその地域に住んでいる人たちを公民として編成して評を設置していく、その地域の有力な首長を評督として任命していく、というかたちで行われていくわけです。一方、蝦夷が住んでいる地域に領域を拡大する方式では、城柵を設置するということと、移民を入れるということが評（郡）の設置の前提としてあり、その二つの点が違っているわけです。

移民に関しては国史のなかにいくつも記事がありますが、その他に関東系土器の問題とか、郷名の一致の問題などから移民のことがいろいろ考えられています。

(2) 支配領域の拡大の推移

領域の拡大の推移を簡単に説明しておきますと、七世紀半ばに南奥を中心として道奥国がつくられます。その後七世紀後半に会津地方、宮城県域、山形県内陸部に評が設置されていきます。それから第三段階として七一〇〜七二〇年代に宮城県の県北に黒川以北の十郡が置かれます。そして七六〇年代以降に宮城県の北端、岩手県南部に建郡が行われ、九世紀初めの胆沢の戦争後に岩手県中部での建郡がなされる、というような形で進んでいくのだろうと考えています。

①七世紀半ば　　Ⅰ区　陸奥国建国
②七世紀後半　　Ⅱ′区、Ⅱ区、2′区（山形県米沢・山形盆地）
③七一〇〜七二〇年代　Ⅲ区「黒川以北十郡」
④七六〇年代以降　Ⅳ区（宮城県の北端、岩手県南端）
⑤八一〇年代　　Ⅴ区（岩手県北上川中流域）「奥六郡」

そういうわけで南奥（Ⅰ区）という地域が坂東と一緒にいろいろなことが行われていくわけですが、この両地域の間には白河剗があり、菊多剗があって、いちおう境界がつくられています。しかしこの両地域は政治的には比較的連続する地域だったと考えています。

四　Ⅰ区と坂東の連続性

南奥（Ⅰ区）は国造制が敷かれて早い段階から大和政権の支配下に入り、七世紀半ばの律令国家建設の開始においても、坂東と同じ方式で立評が行われて最初の陸奥国の領域となり、律令制公民支配が確立していきました。一方、それより北の蝦夷の地域は蝦夷をすぐに服属させせなかったために城柵・移民方式で評・郡を設置し、移民と蝦夷の混住から政治情勢が不安定であったので城柵支配を行い、長期間をかけて公民制支配の形成をしていきました。そして政治支配の点からいうと、南奥（Ⅰ区）は同じ陸奥国内とは言ってもより北の辺境地域とは明確に区別され、一方南の坂東諸国と連続する同質な地域であったというふうに位置付けています。

（1）下野国との関係

まず南奥と下野・常陸との連続性についてです。下野国との関係ですが、一つめとして白河郡の郡領「那須直」という氏族がいますけれども、『続日本後紀』承和十五年（嘉祥元年＝八四八）五月辛未条の記事の中に、白河郡大領として「奈須直赤龍」という人物がみえます。白河郡は陸奥で一番南の郡で、その南隣は下野国那須郡ですけれども、那須直とはもとは那須国造で、後に那須郡の郡領になった一族です。これは那須国造碑からもわかります。このように那須直氏はもとは那須郡の有力豪族であるのですが、それが白河郡の郡領になっている、ということがあります。したがって、これらの地域は一体的な地域なのではないかということが考えられるわけです。

このようなことは『続日本後紀』の記事からわかっていたのですが、今年多賀城から出た資料にこれに関連するものがありました。木簡学会でも紹介された「天平神護（七六五～七六七）」の紀年銘のある木簡ですが、(8)これに「奈須直広成」という人名がみえます。これは多賀城の西南部から出た木簡ですので、この奈須直広成という人はおそらく白河郡の那須直氏と思われます。那須直氏と白河郡の関係は、今まで九世紀半ばという時点で捉えられていたのが、八世紀半ばまで遡って考えられるわけで、このことはおそらく初めから白河郡の郡領の譜第氏族が那須直氏だったことを示しているものと考えられます。

（2）常陸国との関係

それから常陸国との関係ですが、前述のとおり石城郡と菊多郡はもとは多珂国造のクニに組み込まれていた地域でした。そして白雉四年（六五三）に多珂評から石城評が分割新置されて、その石城評が陸奥国に所属することになって、石城郡と多珂郡の間が陸奥国と常陸国の境となったわけです。しかし実は養老二年（七一八）年に石城国を設置した時、多珂郡から戸を割いて菊多郡を置くということを行っています[9]。そしてその菊多郡を石城国にくっつけています。この石城国は後に陸奥国に戻るわけですが、菊多郡と多珂郡の間が陸奥・常陸の境になるわけです。つまり常陸と陸奥の間の境界は、何度も動いている、固定的なものではない、ということがあるということです。

それからいわき市の根岸遺跡、これは磐城郡の郡家跡ですが、ここから木簡が出土しています。それに出てくるいろいろな人名は、磐城郡に住んでいた人々を示しているのではと思われますが、その中から生部（壬生部）氏、楯縫氏などは磐城郡での分布が考えられます[10]。この両氏は陸奥の他郡では確認できず、かえって常陸国の方にいるということで、氏族の分布においても、常陸と石城が連続しているものなのだろうと考えることができます。

(3) 白河剗・菊多剗

以上から、陸奥南部と下野・常陸はもとは連続する地域だった、つまり坂東の一部だったということができます。そこに後に国ができたものですから、白河剗・菊多剗が置かれることになりますが、それは政治的に区切りをつけるという意味合いがあったのだろうと考えられます[11]。

五　石城・石背国の分国と再併合

次に石城・石背両国の分国と再併合についてです。この両国は分国のわずか三年後には再併合されるのですが、このことは古代南奥という地域を考える上で重要だと思います。この分国・再併合に南奥の地域的性格が明確に示され

ている と考えます。

1　陸奥国から石城国・石背国を分国　養老二年（七一八）五月

まずこれら二国が分国されたのは、[12] 南奥という地域がより北の地域とは区別されていたということです。そしてそれが再併合されたのは、より北の地域に対する南奥という地域の役割を示しているのだろうと考えています。石城・石背の分国の結果、新しい陸奥国は現在の宮城県から岩手県南部までの地域というたいへん狭い国になったということです。このような分国は養老年間に全国的にあちらこちらで行われたことですが、その地域の実情に即して地方支配の強化のために行われたことの一環だったのだろうと考えられます。

そこで石城・石背に即して考えてみると、南奥とより北の地域とを区別したわけです。会津地域（Ⅱ′区）はまた別ですが、確かに会津以外の南奥とより北の地域とは大きな違いがありました。南奥（Ⅰ区）は国造制が敷かれ、律令支配が確立していた地域です。より北の地域はもともと蝦夷が住んでいる地域で、移民によって建郡をして、律令支配がまだ不安定な地域です（Ⅱ・Ⅲ区）。おそらく律令政府はこのように支配の歴史と公民制の充実度が違っているこれらの地域を分けて支配をした方が支配を強化できると考えたのだろうと思います。それで分国策が行われたわけです。そして仙台平野の支配がだんだんと充実してきて、この当時は岩手県南部（Ⅳ区）の辺境支配が課題としてあったわけですが、仙台平野地域の力で辺境支配を推進することができるだろう、負担できるだろうという考えのもとに行われたのがこの分国策なのだろうと考えられます。これは藤原不比等政権が行ったことです。

このような考えで南奥とより北の地域は分けられたわけです。会津地方に関してはそのような説明はできないのですが、この地域は地理的な観点でみると、中通り地方と一体になって支配するほかありません。ですから福島県の会津地方と中通りを一緒にして石背国として支配することになったので、会津地方が石背の一部となったのだろうと思います。現在は中通りと会津地方は、郡山から会津若松へＪＲ磐越西線が猪苗代湖の北を通って走っているのですが、古代においてはどうも猪苗代湖の南側のほうが主要な道だったようです。中通りと会津を一つの国にする時に、「石背」国ということで、磐瀬を中心とした支配を考えていることがわかるのですが、それはおそらく磐瀬郡が中通りも会津も両方に通じる地域だったからだろうと考えられます。先にご紹介した多賀城出土の「玉前剗」木簡ですが、この木簡では会津地方の兵士が安積団に属することになっており、ここから一体的な関係があったということがわかっています。このように石背・石城両国は陸奥国とは別の国になるわけですが、このことは南奥という地域が、辺境経営の基盤としては陸奥国内ではなくなって、坂東諸国と同じような位置づけになったということを示しているのだろうと思います。このことは後述します。

2　陸奥国蝦夷の反乱から支配体制の再構築へ

このように両国が分国されるのですが、実は養老五年（七二一）に再併合が行われます。分国から三年後ですね。それに至る過程としては、養老四年（七二〇）に宮城県北部から岩手県南部の大崎平野で蝦夷の反乱がおきて、この地域の蝦夷支配が解体するという問題がおきます。それで養老六年（七二二）から陸奥国・出羽国で支配体制を再構築するための国政改革をずっと行っていきます(13)。これは長い期間をかけて行われていきます。宮城県北部・岩手県南部の支配を再建するということ、それからその辺境支配を支えるための国内の物的・人的な基盤の構築を目指した国力・軍事力の増強といったもので、その一環として石背・石城が陸奥に再併合されたのだろうと考えられます。

3　石城・石背国の再併合　養老五年（七二一）五月

この再併合の時期は実はいろいろ問題があって、確定した時期がわかりませんでした。石背石城両国がいつまで存続したのかを史料から考えてみますと、まず『類聚国史』巻八三政理六免租税の養老四年（七二〇）十一月甲戌条に、「陸奥・石背・石城三国」と出ていますから、この時まではあったのが確かです。次に『続日本紀』養老五年（七二一）八月癸巳条は、陸奥按察使に出羽国を管隷させるという記事なのですが、按察使は複数の国を管轄するのが基本ですから、この時点までは石城・石背は残っていた可能性があります。つまりこの日付までは、陸奥按察使は陸奥・石城・石背を管轄する形だったのだろうと思います。したがってここまでは石城・石背があったのではなかろうかと考えられる史料です。

それから石城・石背が陸奥国に併合された後の史料としては、『続日本紀』神亀五年（七二八）四月丁丑条に、陸奥国に白河軍団を置くというのがあり、石背国だった白河がここで「陸奥国」と出ていますので、この段階では石背国はなくなっていることになります。それから『続日本紀』神亀元年（七二四）四月癸卯条ですが、ここに「坂東九国軍三万人」という文言がみえます。これは蝦夷との戦争のためなのですが、「坂東九国」と出てきます。普通は「坂東八国」なのですが、ここでは「九国」と出ているわけです。これは「坂東八国」に加えて、当時石城・石背・陸奥の三ヵ国があって、その中の一国とは考えられなくて、この段階にはやはり坂東八国と陸奥国を合わせて「坂東九国」と言っているのだろうと思いますので、この時には石城・石背は既にないのではないかと考えています。

実はこれに関して、佐々木茂楨氏の論文で大体解決されました。[14]それは『続日本紀』延暦四年（七八五）四月辛未条ですが、陸奥按察使鎮守将軍大伴家持の言上として出てくるものです。この記事には、「名取以南一十四郡」は城柵から遠いので、兵士を徴発しようとしても危急の際に間に合わないということで、かりに多賀郡と階上郡というものを置いていた、ということが書かれています。それでこの多賀・階上両郡がいつ置かれたのかということが問題になりますが、ここで「名取以南一十四郡」というのが出てくるわけです。これについて、南奥のなかで、安達郡、耶麻郡の二つは平安時代にできた郡なので除きますが、陸奥国の名取郡以南に一四郡があるということで、安達・耶麻を除いた南奥の郡を合わせれば一四郡になります。実は『続日本紀』養老五年（七二一）十月戊子条で柴田郡から苅田郡が分郡されます。それで苅田郡も数えると一五郡になってしまいます。ですから「名取以南一十四郡」というのが成立するのは、柴田郡から苅田郡が分郡される以前、つまり養老五年十月以前ということになります。

そういうことで石城・石背両国は、先に述べましたように、養老五年八月まではあってもよい、そして養老五年十月になるとなくなっている、ということになりますので、これら二国の再併合の時期が大きく狭められて、養老五年の八月から十月の間に再併合されたのだろうと考えられます。その中でもおそらく、私の考えでは、養老五年八月に出羽が陸奥按察使の管轄に入れられたのと同時に石城・石背は陸奥国に戻ったのだろうと考えています。この養老五年というのは、陸奥国に関わる国郡がいろいろと再編された時期でありまして、八月にはその石城・石背が再併合され、十月以前には多賀・階上郡が多賀城が造られるのと関連して権置され、十月には柴田郡から苅田郡が分郡されます。このように養老五年は陸奥の国郡の再編が集中して行われている時期です。

この再併合の目的がどういうことだったかというと、やはり南奥を陸奥の国内に取り込んで、陸奥国が行っている恒常的な辺境経営の基盤としてもう一度位置づけ直すのだと、辺境経営のための人と物資を出す地域として南奥をやはり国内に取り込んだ方がよいと考えて行ったことだろうと思います。

4　南奥の分国と再併合

次に南奥の分国と再編後に関しては、南奥、特に会津以外の地域（Ⅰ区）の特性がよく表れています。この地域は国造制以来の支配によって律令支配が確立している地域で、同じ陸奥でもより北の、もと蝦夷の地とは支配の充実度が異なっているので、分国した方が支配の強化につながるということで分国が行われました。このように北の地域とは違った地域だったわけです。しかし蝦夷の反乱によって解体した支配の再建のために、辺境経営の人的・物的な基盤としてやはりどうしても必要な地域だったので再併合されていくということだったのだろうと考えられます。

5　越後・出羽国の分国

続いて越後と出羽の分国についてですが、これは石城・石背の分国と同じようなことが越後・出羽でも行われているわけです。それでその方式と陸奥国での方式が、もとは同じようなことを考えながら最終的には結果として違う形となっていくわけです。もともと越後国は越国という形であるわけですね。おそらく大化の改新の時に越国が置かれるのだろうと思いますが、その中から越前・越中・越後と三ヵ国に分国されていきます。その時期がいつなのかということに関してはいろいろな説がありますが、『日本書紀』持統六年（六九二）九月癸丑条に越前国がみえますので、それ以前に三国に分かれたのだろうと考えられます。分かれた時期は、『日本書紀』の天武十二年・十四年に国境画定に関する記事がみえますが、このような時期ではなかろうかと言われています。その最初の越後国の領域は、磐舟評と渟足評がある地域（図8—2区）、この地域はもともと蝦夷の地域で、そこに城柵をおいて移民を入れて評を立てた地域ですが、その地域がまず越後国として分国されたわけです。その後大宝二年（七〇二）に越後国の領域が拡大され、ずっと南の四郡が越後国の領域に入ってくるわけです。こうして後の越後国の領域ができるわけですが、その後に越後国の北の方として『続日本紀』和銅元年（七〇八）九月丙戌条で出羽郡が設置されます（3区）。そして『続日本紀』和銅五年（七一二）九月己丑条で出羽郡を出羽国として独立させることになります。さらに陸奥国だった最上・置賜（2′区）も出羽国に移管することになって、[15]最初の出羽国は出羽・最上・置賜の三郡で構成されるということになります。この越後と出羽の分国のやり方は、いずれも蝦夷の地に移民を入れて、その新領域を国として分割していくという形をもっているわけです。最初の越後国はそうですし、次に置かれた出羽国も、新領域の地だけを分国していったわけです。

このことから、石城・石背の分国は、陸奥から分国したというよりも、蝦夷が住んでいる新領域を割いて陸奥国として分国するという形で行われたものです。越後・出羽の分国がこのような形で行われ、そしてそれで収まったのですが、陸奥の場合はその形で行ったら蝦夷の反乱がおきて、やはり基盤の地域としての南奥を中（国内）に持たないと辺境経営できないという形になっていったということで、違いが出てくることになったのだろうと考えます。陸奥と出羽の辺境経営を見ていると、出羽は軍団も少ないですし、鎮兵制もあまり行われていませんので、蝦夷との戦争をするうえで蝦夷があまり強くないのでしょうね。陸奥ではそれが比較的厳しくて、戦争していくうえで南奥をやはり基盤としておかないとだめだったというような地域だったのではなかろうかと思います。

六　辺境経営と南奥の地域力

1　辺境経営負担の二重構造

次に辺境経営と南奥の地域力ですが、辺境経営をしていく負担を考えるうえで、二つのものがあったのではなかろうかと思います。一つは、臨時的・非定量的な負担です。戦争したり、城柵の造営をしたり、移民を行ったりするというような、恒常的に行っていることではなくてある時期に臨時的に行うものです。これらはどのくらいの量があるかわからない、非定量的なものだろうと考えられます。もう一つは、辺境経営を行うために城柵が置かれているわけですが、その城柵の支配を支えるための恒常的・定量的な負担というものがあるのだろうと思います。この二つの負担を二重構造と考えるわけですが、この恒常的・定量的な負担は原則として陸奥国内で賄うということになっているのだろうと思います。「原則として」と言ったのは、陸奥国の場合鎮兵が来ていますから。他国の鎮兵が来ることもあるので、厳密には国内だけではないのですが、原則としてはやはり国内で負担するのだろうと思います。それから臨時的・非定量的な負担は、もちろん国内からも出すのですが、そのほか東国から兵士も出ますし、物資も出すということを行っていきます。特にその場合、坂東地方が中心的な役割を果たすことになります。

(1)　臨時的・非定量的な負担

以上のことをまとめて話をしますと、臨時的・非定量的な負担について、莫大な量が必要であり、陸奥とともに坂東諸国が負担をしてきました。もちろん陸奥国内でも負担しているわけですが、これは南奥が負担しているわけです。その例として以下の三つを挙げておきます。

①石城評の造船　まず石城評の造船というものがあります。『常陸国風土記』香島郡条に、天智天皇のときに「国覔」のために陸奥国の石城で船を造らせた、という記事があります。その船が流されてきて座礁して、香島郡の海岸に残っているという話です。この天智朝の「国覔」というのは、斉明朝に行われた阿倍比羅夫の北征、これは日本海側を北征していくわけですが、それと並行して太平洋側でも行われていて、その時にこの石城で船を造らせたということが考えられるわけです⒃。このような遠征、船団を率いての北征という大きなことがあったわけですが、その時に石城に船を造らせたことを示す早い時期の史料としてそのようなものがあります。

②行方郡・宇多郡の製鉄遺跡群　それから行方郡・宇多郡の製鉄遺跡ですね。これはあとで藤木さんからお話があるのではないかと思いますが⒄、浜通り地方の北部の相馬などの地域には、大規模な製鉄遺跡群があります。これは始まるのが七世紀の第3四半期ごろで、十世紀前葉まで続くと考えられていて、金沢地区と武井地区で発掘調査が行われています⒅。ここでの製鉄遺跡の技術はどうも一つは近江の技術でしょうか、それから吉備地方の技術が入っていると指摘されていて、中央政府が関与して始めたものだと考えてよいのではないかと思います。このように中央政府が関与して製鉄を行っていくきっかけとしては、七世紀第3四半期という時期、あまり確定的な時期ではないのですが、やはり先ほど述べた斉明朝の北征というものが契機になっているのではないかと思います。これら行方・宇多の製鉄というのは、臨時的・非定量的な負担というものだけではなくて、これ以後ずっと辺境経営を行っていくために恒常的に鉄を出すことが行われていくわけですね。

③移民を出す郡　次に移民を出す郡についてですが、辺境に郡を設置するために城柵を置いて移民を入れるということが行われていきます。これは国史のなかにいくつも記事があるのですが、その他にも関東系土器が東北地方から出土するということが一つありますし、それから郷名の問題があります。

表９　陸奥国の移民の郡郷

地区	陸奥の郡郷名		対応する国郡名	
	郡名	郷名	国名	郡名
Ⅰ区	安積	芳賀	下野	芳賀
	標葉	磐瀬	陸奥	△磐瀬
	行方		常陸	行方
	行方	多珂	常陸	多珂
	日理	望多	上総	望陀
Ⅱ区	名取	磐城	陸奥	△磐城
	宮城	磐城	陸奥	△磐城
	宮城	白川	陸奥	△白河
	宮城	多賀	常陸	多珂
Ⅲ区	黒川	新田	上野	新田
	黒川	白河	陸奥	△白河
	賀美		武蔵	賀美
	賀美	磐瀬	陸奥	△磐瀬
	色麻	相模	相模	
	色麻	安蘇	下野	安蘇
	玉造	信太	常陸	信太
	志太			
	志太	志太	駿河	志太
	新田		上野	新田
	小田	賀美	武蔵	賀美
	牡鹿	賀美	武蔵	賀美
Ⅳ区	桃生	磐城	陸奥	△磐城
	登米	行方	常陸	行方
			陸奥	行方
	栗原	会津	陸奥	△会津
Ⅴ区	胆沢	白河	陸奥	△白河
	胆沢	下野	下野	
	胆沢	上総	上総	
	江刺	信濃	信濃	
	江刺	甲斐	甲斐	

『倭名類聚抄』による

東北地方、特に陸奥国側の郷名ですが、その郷名には、東国坂東の郡名・国名と一致するものがあって（表9）、それは移民を出した、供給元の国名郡名を移住先の郷名につけたのだろうと考えられています。例えば南奥の曰理郡に望多郷という郷がありますが、これは上総国の望陀郡に基づくものだろうと考えられるわけですね。このようにして、国史の中にも坂東の諸国から陸奥国に移民が入れられたというのはありますので、この郷名と国名・郡名の一致というのは、移民のことを考えるうえで大きな検討材料なのだろうと思います。その中で、他国の坂東の地域からの移民だけではなくて、実はこの南奥の郡から北の方への移民というものも検出できるのです。例えば標葉郡の磐瀬郷は陸奥国の磐瀬郡ですね。それから名取郡の磐城郷、宮城郡の磐城郷は陸奥国の磐城郡です。それから黒川郡の白川郷は陸奥国の白河郡というような感じです。このように考えていくと、南奥の四つの郡から北の方に移民が入れられているということがわかります。石城・白河・磐瀬・会津の四郡です。これらの郡はだいたい大郡か上郡、せいぜい中郡だと思いますが、あまり小さな郡ではなくて、ある程度の大きさをもった郡から移民が送られているのだろうと考えられます。

また、ふつうは郷名の問題で移民の話がされることが多いのですが、もう一つ注意されるのは賜姓記事です。陸奥国内の別郡の同名のウジが、同時に同姓に改姓されるということがあります。これはもともと同郡にいたものが移民によって別郡になったのではなかろうかと考えられます。南の郡から北の郡に移住したのでしょう。神護景雲三年（七六九）にたくさんの賜姓が行われますが(19)、その中に例えば、わかりやすいものですと、「名取郡人外正七位下吉弥侯部老人、賀美郡人外正七位下吉弥侯部大成等九人、上毛野名取朝臣。」という記事では、名取郡・賀美郡の吉弥侯部氏を上毛野名取朝臣という姓に改めています。これは賀美郡の人でも「名取朝臣」なのです。このように名取・賀美両郡にいた吉弥侯部氏はもとは同一氏族で、ある時期に名取郡から賀美郡に移民をして、移民をした後も何かしらの関係がある、関係があるというかどこに移民をしたかを知っているのだろうと思いますが、それが賜姓をされるということになると、一緒に同じ姓で賜姓されているわけです。同様に延暦十六年（七九七）の黒川郡・行方郡の例も(20)、黒川郡・行方郡の大伴部という氏族が両方とも「大伴行方連」になるというものです。この延暦十六年の賜姓の記事ですが、これによって、前述の郷名からの検討以外にも、行方から黒川、安積から富田・小田郡に移民があったことを指摘することができます。

実はこの移民の記事に関しては、他国から陸奥への移民についてては国史に史料として残されているのですけれども、陸奥国内での移民に関しては国史に記事がありません。これはどういうことなのかというと、この移民に関しては養老戸令居狭条に、寛郷から狭郷に移住する場合はどうするのかという規定があるのですけれども、その規定が適用されていると思います。この規定によると、他国に移民する場合には太政官に申請をして太政官の許可を得なければならない、つまり中央政府を通すわけですね。しかし同じ国内の場合にはそういうことはなくて、国内の処置で移民できるということになっています。ですから他国からの移民は史料に残っていて、国内での移民は史料に残っていないというのは、そういう手続き上の違いがあったからなのだろうと思います。このように国内から移民をする際に南奥が供給地になっていることが考えられます。坂東から多くの移民が入っているのですが、南奥もそれと同様の役割を果たしているということですね。

(2) 恒常的・定量的な負担

次に恒常的・定量的な負担についてですが、これは原則国内で負担していきます。いろいろな負担がありますが、例えば城柵を守衛する軍隊ですね。これは国内から徴発される軍団の兵士、それから坂東を中心として徴発される鎮兵によって構成されます。この鎮兵に関しては、軍団兵士は食料は自弁なのですが、鎮兵の場合には国内の正税出挙で支出されることになっています。それから国司・鎮官の俸給ですが、この人たちは城柵に城司として行くことがあるわけですが、これは国内の公廨出挙によって出されます。また、国府や城柵に朝貢してくる蝦夷がいますが、その蝦夷たちに対して饗給を行います。宴会を行い位禄を支給する、また食料も支給することもありますが、この財源は国内の調庸です。陸奥・出羽の調庸というものは、初めは都に送っていましたが、そののちに送らなくなり、蝦夷の饗給の財源に充てることが行われるようになります。恒常的・定量的負担は以上のようなものが考えられます。まず軍団についてみていきます。

①軍団兵士　陸奥国の軍団数は時期によって変動があって、少ない時で二団、多い時で七団、兵士の数は二〇〇〇人から一万人という感じで編成しています。最多の七団になった時の陸奥国の軍団が置かれている場所なのですが、浜通りに行方と石城団、中通りに安積と白河団、というふうに南奥に四団あります。それから北に行って名取団、さ

表10　陸奥国の公出挙

出挙稲の区分	陸奥国の810年の公出挙制	弘仁式本稲
正税稲出挙	苅田郡以北で出挙→軍粮に充てる	60万束
公廨稲出挙	信夫郡以南＝南奥→国司・鎮官の俸給	60万束

らに北の宮城県北部には玉造と小田の二団があって、それより北にはありません。岩手県中部には城柵があって兵隊を派遣しなければならないわけですから、近いところから兵士を徴発できればすごく楽なはずです。しかしこの地域には軍団が置かれていません。それはおそらく兵士を挑発するには、公民制の充実というものが必要で、その点で軍団が置かれている地域と置かれていない地域には差があって、軍団の置かれていない北の地域は兵士を徴発できるような公民制が十分に整っていなかったのではなかろうかというのが私の考えです。つまり軍団があって兵士を徴発できるかどうかは公民制の充実度の違いによるわけです。そして七団あるうちの四団が南奥にあるということが一つ大きなことです。つまり陸奥国内の軍団、軍制のうえで南奥が大きな位置を占めているといえます。

②城柵への配備　それで城柵に兵士が配備されるわけですが、南奥の四団の兵士は概ね一番南の多賀城に配備されていると考えられます。これは多賀城跡出土の木簡や漆紙文書などからわかることです[21]。南奥の兵士たちは多賀城に派遣されてそこを守る仕事をしているというわけですね。

③公出挙　次に公出挙ですが、正税稲・公廨稲・雑稲と三本立てなのですけれども、前述の通り大同五年（八一〇）には信夫以南の南奥と苅田以北とを分けて負担させるということになっていたわけです。苅田郡以北は正税稲出挙、信夫郡以南は公廨稲出挙です。これは大同五年時点での制度ですが、これを弘仁主税式の本稲で分けてみますと（表10）、正税稲出挙が約六〇万束、公廨稲出挙が約六〇万束で、南奥が半分の出挙の割り当てを請け負っているということになるかと思います。

④蝦夷の饗給の負担　それから蝦夷の饗給への負担ですが、これは蝦夷の朝貢を饗給でつなぎとめていくわけですが、そのための財源としては調庸が充てられていました。これはいろいろな方が述べていることですが、『延喜式』にみえる陸奥・出羽の調庸の品目は米・穀・狭布の三つです。[22] これは調庸としては非常に珍しいものでありまして、米穀のような重貨が調庸に指定されるのは陸奥と出羽だけです。このような重貨を都まで運ぶということはもともと考えられていなくて、これはやはり陸奥出羽で使うということのためであるわけです。狭布は朝貢してきた蝦夷に対する夷禄として、米穀は饗給や食料として蝦夷に与えるというものだったわけです。

この調庸制と饗給の関係について、時代によって異なっているのですが、八世紀の初めには蝦夷に充当するのは調庸の四分の一くらいで、それを陸奥国内に残しておいて、四分の三は京進するという形だったらしいです。それが養老六年（七二二）に陸奥出羽の調庸は停止されます。[23] これは天平十八年（七四六）まで続いたのではなかろうかと言われていますが、そうするとこの期間は蝦夷に与える夷禄がなくなってしまうわけです。そのために幅の狭い狭布を徴収してそれを夷禄に充てるということが行われていました。天平十九年（七四七）に調庸制が復活をするのですが、神護景雲二年（七六八）に陸奥国の調庸は遠くから都まで運ぶのがたいへんなので、一〇年に一回運べばよいということにされます。[24] そののち宝亀五年（七七四）に蝦夷が朝貢してくるのですが、朝貢には都に上ってくる人たちと国府・城柵に朝貢してくるという二つの方式があったわけですが、この宝亀五年に蝦夷が上京することを廃止してしまいます。[25] そしてすべて国府か城柵に朝貢するという形になります。そうすると、国府・城柵といった現地での饗給に対する財政負担が大きくなるわけです。

このようなことをきっかけとして、すべての調庸を陸奥国内において夷禄・饗給に充てるという体制が成立してくると考えられています。この体制は九世紀には成立していました。つまり公民制の一番大きな成果である調庸を、す

表11　陸奥国郷数

地区	郡数	郷数	郷数％A	推定人口	軍団数	郷数％B	郷数％C
Ⅰ	12(11)	81	44	74800	4	46.8	52.9
Ⅱ′	2(1)	9	4.9	8330		5.2	5.9
Ⅱ	4	30	16.3	27710	1	17.3	19.6
Ⅲ	10	33	17.9	30430	2	19.1	21.6
Ⅳ	5	20	10.9	18530	0	11.6	—
Ⅴ	2	11	6	10200	0	—	—
計	35(33)	184	100	170000	7	100	100

＊池辺彌『和名類聚抄郡郷里駅名考證』1981年の郷名考証による。
郡毎郷数
Ⅰ　区＝白河17・磐瀬7・安積8・安達＊・信夫8・菊多5・磐城12・標葉4・行方6・宇多4・伊具5・曰理5＝12郡81郷
Ⅱ′　区＝会津9・耶麻＊＝2郡9郷
Ⅱ　区＝苅田4・柴田9・名取7・宮城10＝4郡30郷
Ⅲ　区＝黒川4・賀美3・色麻4・玉造4・志太3・長岡2・新田4・小田4・遠田2・牡鹿3＝10郡33郷
Ⅳ　区＝栗原4・磐井7・登米2・桃生4・気仙3＝5郡20郷
Ⅴ　区＝江刺4・胆沢7＝2郡11郷

＊郷数％AはⅤ区まで、BはⅣ区まで、CはⅣ区までの％。
＊表の各地区の推定人口は、9世紀初めの陸奥国の推定人口17万人に各地区の郷数百分率をかけて算出。
＊陸奥国の推定人口　弘仁6年(815年)＝推算178021人。
承和6年(839年)＝推算165016人。
『類聚三代格』弘仁6年8月23日官符　見定課丁33290人、
『続日本後紀』承和6年3月乙酉条　百姓30858人給復。
課丁数／全人口＝0.187　天平宝字2年

べて蝦夷に与えるという体制ができてくるということになるわけです。

3　地域力

次に地域力ですが、南奥が辺境経営の基盤になるということを述べました。その中で調庸の問題、兵士の問題、雑徭などの力役の問題、このようなものをどのくらい負担していたのだろうかという問題があります。つまり陸奥国のなかで南奥がどの程度の地域力を持っていたのかということですが、地域力というのはその地域の労働力と物資の負担能力という意味で使っています。これをどのようにしてみるのかというと、やはり『和名類聚抄』の郷数だと思います。郷数というのは一応人口に基づくわけですから、地域力を反映してくるのではなかろうかと考えます。兵士や調庸は課丁に賦課される人頭税ですから、人口が負担力を示しているのではないかということです。

『和名類聚抄』の郷数は池辺彌氏の説では九世紀の郷を示しているということです。それで郷数の地域ごとのパーセンテージを出してみます（表11）。九世紀段階の陸奥国で南奥の占める割合は四九・九パーセント、五〇パーセント近い比率になります。宮城県北部が入る七六〇年代の割合では南奥は五二パーセント、仙台平野地域が入る七一〇年～七二〇年代では五九・八パーセントでした。以上から、南奥は八世紀から九世紀にかけて、やはり陸奥国全体のなかで少なくとも五割、多ければ六割近い割合を占めていた、つまりそれだけの負担能力があったのだろうと考えられます。これは郷数の問題だけで計算したものですが、前述した軍団数の問題に関しては、九世紀で七団のうち四団が南奥にありますから、やはりこれは六〇パーセントくらいの負担率を示しているわけです。それから前述した公出挙の負担率ですが、九世紀段階で南奥と北の地域が六〇万束ずつですので（二〇三ページ表10参照）、五分五分くらいの負担率だったのではなかろうかと思われます。ただしこれは人口というより水田の生産力の問題だろうと思われます。

以上から、九世紀段階では郷数の数値が軍団数や公出挙の数値とだいたい対応するのではないかと考えています。ですから南奥は七一〇年代から八世紀まで国内の五〇パーセントくらいの地域力を持っていて、その地域力によって北方の辺境経営を支えていくというような形であったのではなかろうかと考えています。

むすび　「内なる坂東」

最後にまとめとして「内なる坂東」という名称を考えましたが、南奥は大和政権時代から国造制が敷かれて支配体制に組み込まれ、七世紀半ば、大化の改新の際に坂東諸国と同じ方式で評制が施行されて最初の陸奥国の領域となり（Ⅰ区）、律令制支配が早くから確立していました。それより北の地域は、未服属の蝦夷が居住していたために城柵移民方式で評・郡が設置され、移民と蝦夷の混住のため政治情勢が不安定でした。政治支配の観点から言えば、南奥は蝦夷の地域と区別され、坂東諸国と同質な支配が行われていた地域であると考えられます。

次に南奥は郷数でいえば陸奥国の五〇〜六〇パーセントの地域力を持っていて、そのため七世紀後半から九世紀にかけての辺境経営に人や物資を供給する基盤の役割を果たしていました。一方坂東諸国は陸奥の国外にあって陸奥国内で賄いきれない臨時的・非定量的な辺境経営に必要な人と物資を供給する役割を果たしていました。このように南奥は辺境経営の基盤で、坂東と同じ役割を果たしていたということです。

以上をまとめて、南奥とは、政治支配の質の問題、辺境経営における役割の問題から、陸奥国内にある「坂東」の地域というような言い方ができるのではなかろうかということであります。

注

（1）『続日本紀』養老二年五月乙未条。
（2）多賀城跡第三七〇号木簡。近年の再釈読の成果をふまえた『多賀城跡木簡Ⅱ』（宮城県多賀城跡調査研究所資料Ⅲ、二〇一三年）では、このほか裏面にある文字についても「会津郡会津郡」「安積団」「玉前剗」と釈読できる可能性が指摘されている。
（3）『類聚三代格』巻六公粮事　大同五年五月十一日官符、『類聚国史』巻八四政理六公廨　弘仁元年五月壬子条。
（4）『先代旧事本紀』巻十。
（5）鎌田元一「評の成立と国造」（『律令公民制の研究』塙書房　二〇〇一年、一九七七年初出）。
（6）磐城評では立評にあたった石城直美夜部（石城国造氏族）と丈部志許赤（新興氏族）を評督・助督に任命（『常陸国風土記』多珂郡条）。
（7）前掲注（1）史料。

(8) 山本祥隆「二〇一二年全国出土の木簡」（第三四回木簡学会研究集会報告、二〇一二年）。前掲注(2)資料所収多賀城跡第四一七号木簡。
(9) 前掲注(1)史料。
(10) 根岸遺跡第一・六号木簡。（『根岸遺跡』いわき市埋蔵文化財調査報告第七二冊、二〇〇〇年）。
(11) 陸奥国と両国の間には、白河剗・菊多剗が設けられ断絶性が強いように見えるが、それらは陸奥国との私的な交易を制約し、陸奥国からの逃亡を防止するために政治的に設けられたものである（『類聚三代格』巻十八関并烽候事 承和二年十二月三日官符、元慶四年九月五日官符）。本書第二部第四章参照。
(12) 前掲注(1)史料。
(13) 『続日本紀』養老四年九月丁丑条、養老六年閏四月乙丑条。
(14) 佐々木茂楨「古代陸奥国の『名取以南一十四郡』と多賀・階上二郡の権置」（『国史談話会雑誌』五〇、二〇一〇年）。
(15) 『続日本紀』和銅五年（七一二）十月丁酉条。
(16) 熊谷公男「阿倍比羅夫北征記事に関する基礎的考察」（『東北古代史の研究』吉川弘文館、一九八六年）。今泉隆雄「古代国家と郡山遺跡」（『宮城県仙台市　郡山遺跡発掘調査報告書—総括編(1)—』仙台市文化財調査報告書第二八三集、二〇〇五年）。
(17) 藤木海氏（研究会出席者）。
(18) 能登谷宣保「金沢地区の古代鉄生産」（『福島考古』第四六号、二〇〇五年）。飯村均『律令国家の対蝦夷政策　相馬の製鉄遺跡群』（シリーズ「遺跡を学ぶ」〇二一、新泉社、二〇〇五年）。
(19) 『続日本紀』神護景雲三年三月辛巳条。
(20) 『日本後紀』延暦十六年正月庚子条。
(21) 多賀城跡第六号木簡「白河団射手進上」（『多賀城跡木簡Ⅰ』宮城県多賀城跡調査研究所資料Ⅱ、二〇一一年）、同第三七〇号木簡「安積団解」（前掲注(2)資料）、同第一号漆紙文書「行方団□毅」（『多賀城漆紙文書』宮城県多賀城跡調査研究所資料Ⅰ、一九七九年）、市川橋遺跡第四九号木簡「磐城団解」（『市川橋遺跡—城南土地区画整理事業に係わる発掘調査報告書Ⅲ—第三分冊』多賀城市文化財調査報告書第七五集、二〇〇五年）など。
(22) 『延喜式』主計寮上34陸奥国条、同35出羽国条。

(23)『続日本紀』養老六年閏四月乙丑条。
(24)『続日本紀』神護景雲二年九月壬辰条。
(25)『続日本紀』宝亀五年正月庚申条。

【本書掲載にいたる経緯】

国立歴史民俗博物館では二〇一二～二〇一四年度に共同研究「古代地域社会の実像」(研究代表者　林部均)を実施した。先生は、二〇一三年十二月三十一日にお亡くなりになるまで、共同研究員を務められた。本稿は、二〇一二年十二月二十四日に歴博で開催した研究会での報告である。古代南奥の地域的な特徴、ひいては古代国家の東北支配について述べられたものである。もともと、この報告は、二〇一一年三月十一日に発生した東日本大震災の翌日、福島県考古学会での記念講演のために準備されたものである。先生は、東日本大震災には、大変心を痛められ、歴史学から何かできたのではないか、といつも話されていた。その中止になった講演会の報告を歴博の研究会でしていただいた。震災後の福島での原発事故、そして、ご自身の出身地でもある福島(郡山)への想いをこめたご報告であったと思う。そこで、本稿は当日の録音をもとに、できるだけ忠実に再現した。

この研究会の時は、先生は体調がとくに悪く、報告の前日、上野駅から歴博まで行けないかもしれないという連絡を受けた。前日は、佐倉まではお越しいただきホテルで休息していただいた。ホテルに食事を届けたときも、研究会での報告は無理しないでほしいとお願いしたが、当日、朝から研究会に参加された。先生の責任感の強さに敬服した。しかし、録音をあらためて聞くと、報告の前半はいつもの先生の声であるが、後半は、声がかすれ気味となり、説明も苦しそうである。無理を強いたのではないかと思う。ただ、先生は、そこまでして、自らの出身地である福島のことを話されたかったのだと思う。

国立歴史民俗博物館では、共同研究の成果は『国立歴史民俗博物館研究報告』の特集号に論文として掲載することをお願いしている。おそらく先生も、この報告をもとに、古代の南奥地域の特徴、「内なる坂東」論をより詳しく論じるつもりであったと思う。それが叶わなくなったことが残念でならない。先生のご冥福をお祈りする。(林部均記)

付章　銘文と碑文

銘文・碑文と金石文

本章では、現在の一般的な用例に従って、碑文は石碑に記した文、銘文はそれ以外の金石に記した文という意味で用いる。したがって、タイトルの「銘文と碑文」は、金石文——すなわち金属や石に記した文とほぼ同じ意味になる。金石文＝銘文・碑文は、あることを記念し、それを永遠に伝えようとする意味をもっていた。六朝の梁の劉勰《りゅうきょう》が著わした『文心雕龍《ぶんしんちょうりゅう》』（五、六世紀の交わりに成立した文学理論書）などによれば、「銘」は、古くは人の行動の戒めとするために器物に刻した文であったが、のちにはある事件を記念して作った宝器的な器物に、その事件の記録や人物の功績を後世にのこすために記した文をも指すようになった。そして秦・漢以降には、このような文を刻むために「碑」を立てるようにもなった。銘文・碑文は、このような記念性・永遠性という性格のゆえに、堅牢な金属・石に刻まれるのである。

銘文・碑文は、このような性格のために、文章として日常的な文書や記録などと異なり、一定の様式をもち、また技巧がこらされた。日常的な文書・記録の文が、いわば「褻《け》」の文であるのに対して、銘文・碑文は「晴れ」の文といってよい。『文心雕龍』でも銘・碑の文の様式やあり方について論じ、梁の昭明太子《しょうめいたいし》の『文選《もんぜん》』でも、銘、碑文、墓誌の模範文例を掲げる。そして、形態の上でも、碑・墓誌などは一定の形式が整えられていき、装飾がこらされたのである。

金石文の定義については、素材によって、文書・記録などの紙のほかの材料に記したものをすべて金石文と広くとらえ、木簡や版木、墨書土器に至るまで含める考え方もあるが（大場磐雄「金石文の研究とその課題」『日本歴史』二九二〈日本歴史学会編『日本考古学の現状と課題』吉川弘文館、所収〉）、本章では、金石文の本来の性格から記念性・永遠性をもつものに限定して考えることとする。

日本では、一世紀以降、「漢委奴国王」の金印、天理市石上《いそのかみ》神宮の七支刀など、中国・朝鮮から船載された遺品があるが、日本で製作されたものとしては、五世紀以降、和歌山県隅田《すだ》八幡宮所蔵の人物画像鏡（四四三年または五〇三年）、千葉県市原市の稲荷台《いなりだい》一号墳（五世紀後半の早い時期に築造）出土の鉄剣、埼玉県稲荷山《いなりやま》古墳出土の鉄剣（四七一年）、熊本県江田船山《えたふなやま》古墳出土の大刀（五世紀後半）などがあらわれ始め、これらを先駆として、七世紀以降、仏教文化をはじめとする大陸文化の普及にともなって、多くの金石文が作られるようになる。七、八世紀に作られた金石文としては、碑、墓誌銘、造像銘、鐘銘、器物銘などがある。これら日本古代の金石文は、中国のそれとくらべて、時代の古さ、遺品の数、また質の上で大きな格差があった。

本論ではすべてにわたることができないので、時代を七、八世紀に限定し、墓誌・碑については、銘文・碑文、また形態に関して、中国のものと比較し、その受容について考え、造像銘については、信憑性に関して論じることとした。また個々については問題のあるもの一点を選んで、述べることにした。

造像銘と野中寺の弥勒菩薩像銘

七世紀の造像銘

造像銘とは、仏像の造立に関して、造立の日時、発願者、発願の動機などを記したものである。わが国では、六世紀前半の仏教伝来ののち、六世紀後半には仏像の製作が始まり、それにともなって造像銘を記すことも開始されたと想像できるが、現存の造像銘の最古のものは、表12に示す(1)の甲寅年（推古二年＝五九四）光背銘である。しかしこれは朝鮮製説が有力であり、これに従えば、日本で作られた最古の遺品は、(2)の丙寅年（推古十四年＝六〇六）菩薩《ぼさつ》半跏像《はんかぞう》銘ということになる。これらを含めて、八世紀初めまでの造像銘は、表12に示す通り一五点が現存し、七世紀から八世紀初めまでは造像銘を記すことが盛んに行われた時期であった。奈良時代になると、造像銘の遺品は少なくなり、また奈良・平安時代には、七世紀代が刻銘であるのに対して、墨書銘が多いなどの変化がみられる。本項では七世紀代を中心に八世紀初めまでのものを対象とすることとする。

この時期の造像銘は、何といっても美術史上、仏像の年代を決定するのに利用され、また七世紀代に記された数少ない史料として、歴史学、国語学、書道史などの上で珍重されてきた。造像銘は、『古事記』『日本書紀』などの編纂物とは異なり、当時記された第一次史料として、その信憑性が高いものとして扱われてきた。しかし、個々の内容に踏みこんでみると、必ずしもそのようにはいえないのである。これは造像銘のみならず、金石文一般についても注意しなければならない点である。本論は、表12に示す(8)の丙寅年（天智五年＝六六六）野中寺《やちゅうじ》弥勒菩薩半跏像《みろくぼさつはんかぞう》の造像銘をとりあげ、造像銘とその史料的信憑性の問題についてのべることとする。

表12　古代の造像銘（８世紀初め以前）

番号	名　　称	所　　蔵	年紀 干支年	年紀 比定年	刻銘位置	刻銘の時
1	光背	東京国立博物館（法隆寺旧蔵）	甲寅	推古２＝594	光背裏	後
2	菩薩半跏像	東京国立博物館（法隆寺旧蔵）	丙寅	推古14＝606	台座下框	前
3	薬師如来坐像	法隆寺（金堂）	丁卯	推古15＝607	光背裏	後
4	釈迦三尊像	法隆寺（金堂）	癸未	推古31＝623	光背裏	後
5	釈迦如来及脇侍像	法隆寺	戊子	推古36＝628	光背裏	
6	観音菩薩立像	東京国立博物館（法隆寺旧蔵）	辛亥	白雉２＝651	台座框	前
7	光背	根津美術館（観心寺旧蔵）	戊午	斉明４＝658	光背裏	
8	弥勒菩薩半跏像	野中寺	丙寅	天智５＝666	台座下框	後
9	観音菩薩立像	島根・鰐淵寺	壬辰	持統６＝692	台座上框	
10	銅板造像記	法隆寺	甲午	持統８＝694	光背か	前
11	法華説相図	奈良・長谷寺	降婁	文武２＝698	図の下	
12	観音菩薩立像	大分・長谷寺	壬寅	大宝２＝702	台座框	後か
13	阿弥陀三尊像	東京国立博物館（法隆寺旧蔵）	−	−	台座背面	前
14	広目天立像	法隆寺（金堂）	−	−	光背裏	
15	多聞天立像	法隆寺（金堂）	−	−	光背裏	

(1)　奈良国立文化財研究所『飛鳥・白鳳の在銘金銅仏』『同　銘文篇』による。
(2)　年紀は必ずしも銘文の年代を示さない。
(3)　刻銘の時は「前」は鍍金前に、「後」は鍍金後に刻銘したことを示す。

なお造像銘の報告書としては、奈良国立文化財研究所『飛鳥・白鳳の在銘金銅仏』と『同　銘文篇』（同朋舎出版）の二冊が優れ、本項は多くを両書に負っている。論述の中でいちいちことわらないが、とくに前者所掲の各像に関する「各個解説」と東野治之氏「銘文について」に大きく依拠していることをことわっておきたい。

野中寺弥勒菩薩像の造像銘

大阪府羽曳野市《はびきのし》の野中寺に所蔵されるこの仏像は、半跏思惟《はんかしゆい》形の小像で（全高三〇・九センチメートル）、鋳銅製で鍍金を施す。銘文は、台座の下框《したかまち》の右側面から背面を通って左側面まで、一行二字詰め、三一行、計六二字が刻まれている。

この時期の造像銘の刻銘の位置は、光背裏（八例）、台座（六例）の例が多く、本銘文もこの通例に従う。奈良時代には台座の中、平安時代には仏像の内部などの目立たない位置に墨書する例が多くなる。

次に、銘文の訓み下し文と現代語訳を掲げておこう。

丙寅《ひのえとら》年四月大旧八日癸卯《みずのとう》開《ひらく》に記す。栢《かや》《かへ》寺の智識等、中宮天皇の大御身《おおみみ》労《いたず》き坐《ま》しし時に詣《いた》り、誓願し奉る弥勒の御像也。友等数一百十八、是《これ》に依《よ》りて、六道の四生《ししょう》の人等を、此の数に相《みちび》く可き也。

丙寅年（天智五年＝六六六）四月八日に記す。（本像は）栢寺の智識らが、中宮天皇（斉明天皇）がご病気になられた時に、（病気平癒を祈って）誓願し奉った弥勒像である。また智識の友一一八人は、これによって衆生《しゅじょう》を弥勒の教えに導こうと願う。

一般的に造像銘の記載事項は、（イ）年月日、（ロ）仏像造立の発願者、（ハ）誰のために何のために発願するかという発願の動機の三つが備わり、本銘文はこの通例にもとづいている。

（イ）の年月日には、発願の時、仏像完成の時、刻銘の時などいろいろの場合がある。本銘文は銘文を記した年月日を記したと思われるかもしれないが、のちにのべるように仏像完成の時らしい。

（ロ）の発願者は栢寺の智識一一八人である。栢寺は、「栢」字を橘や楢とみて、橘寺、楢寺等とする説もあるが、文字は「栢」（柏の俗字）にまちがいないから、このままで「かやでら」「かへでら」とよんでおくこととする。

（ハ）の発願動機は直接には中宮天皇の病気平癒であり、またこれを機縁に衆生を弥勒の教えに導くことである。造像銘にみえる発願動機は、父母、夫、子などの近親のためのものが多い。たとえば、亡くなった近親の菩提を願ったものなどである。本銘文のように、天皇の病気平癒のために智識を結ぶという例は珍しく、このほかには、表1に示す

⑾の法華説相図銘で、僧道明《どうみょう》が八〇余人の智識を率いて飛鳥浄御原《あすかきよみはら》天皇（天武天皇）のために造立したという例があるだけである。知（智）識とは、原義は友人のことで、ここでは僧尼の友として何らかの仏教的事業を行う集団をさす。知識によって造仏、写経が行われたが、本例はその早い例として仏教史上注目される。

本銘文の文体は、純粋な漢文体でなく、国文体をまじえた漢文体、すなわち和漢混交体である。「大御身《おおみみ》労《いたず》き坐《ま》しし時（大御身労坐之時）」は国文体であり、「是《これ》に依《よ》りて、六道の四生《ししょう》の人等を、此の教に相《みちび》く可き也（是依、六道四生人等、此教可相之也）」は漢文の語順でなく、国文体のものである。

七世紀代には、中国・朝鮮から学んだ漢文体を用い、技巧をこらした漢文が作られるとともに、漢字を使って国語を表記し、また国文体と漢文体のまじった和漢混交文も用いられ、その例が造像銘を始めとする金石文にみられる。造像銘では、表1に示す⑵の推古十四年（六〇六）菩薩半跏像銘、⑶の法隆寺金堂薬師如来像銘、⑹の白雉二年（六五一）観音菩薩像銘に、国文体がみられ、碑文では後に表3に示す⑵の天武十年（六八一）山ノ上《やまのうえ》碑の文は、まったく国文の語順になっている。表1の⑶法隆寺薬師如来像銘には、「天皇大御身労賜時」という野中寺の造像銘文と同様の表現もみられる。

もちろん造像銘の中にも、漢文体でかかれたものも多く、とくに⑾の法華説相図銘は三一九字の長文で、唐の『広《こう》弘明《ぐみょう》集』巻一六所収の瑞石像《ずいせきぞう》銘や光宅寺刹下《こうたくじさつか》銘を典拠とした、韻文の「銘」を備え、技巧をこらした文を作っている。

東野治之氏によれば、本銘文の書跡は六朝様の書風である（前掲「銘文について」）。とくにわが国の六朝様書風の遺品として著名な伝聖徳太子筆『法華義疏《ほっけぎしょ》』の書跡との類似が指摘されている。「開」の門構えの円みをおびた筆致、また「栢」「相」の木偏の縦画のカーブする筆法などが、『法華義疏』に類似し、六朝風の円みをおびた円筆の筆法であるといわれている（二一九ページ）。

銘文の年代―内容の検討から

このような内容をもつ本銘文は、国語史、書道史、また美術史の上で重要な史料であり、さらに古代史の上では、「天皇」号の成立時期を考える史料として注目されてきた。このような諸方面で本銘文を利用するためには、銘文の年代を決定することがまず必要である。銘文の年代とは、銘文を撰文し、仏像に刻みこんだ時期である。銘文に丙寅年四月八日記とあるから、銘文を記した年代は丙寅年＝天智五年（六六六）であって、何ら問題はないのではないかと思われるかもしれない。古くはそのように考えられたが、「天皇」号の成立の研究の中で、銘文の年代は持統四年（六九〇）以降に引き下げる考えが有力になってきた。

本銘文の年代の問題について、一つは内容の検討から、二つは近年深められてきた銘文の刻み方の観察から考え、金石文の史料的信憑性についてふれることにしたい。

古代国家の君主の称号は、古く「大王《おおきみ》」といい、のちに「天皇《すめらみこと》」にかわった。その「天皇」号の成立時期については、古くは、⑶の法隆寺金堂薬師如来像銘などを根拠に、七世紀初め推古朝のことと考えてきたが、その後中国において君主の称号としての「天皇」号が六七四年以降に使用されるようになることなどから、日本における「天皇」号の成立を持統朝以降とする考えが提起され（渡辺茂「古代君主の称号に関する二・三の試論」『史流』八）、このような中で、「中宮天皇」の記載のある本銘文の年代が問題となってきた。

本銘文の年代について、内容の検討から明快な見解を示したのは、東野治之氏である（「天皇号の成立年代について」『正倉院文書と木簡の研究』所収、塙書房）。すなわち、(イ)冒頭の「丙寅年四月大旧八日癸卯開」の日付の理解が鍵となる。「大」は四月が大月であること、「癸卯」は四月八日の干支を示す。「開《ひらく》」は十二直《じゅうにちょく》（暦注の一つで日々の吉凶などを決める）の一つで、四月八日が「開」であることを示す。ある日の十二直は、節月と日の干支によって決まり、またそれによってその日の吉凶が定まる。(ロ)中国では、乾封元年（六六六）に暦が元嘉暦《げんかれき》から麟徳暦《りんとくれき》（日本では儀鳳暦《ぎほうれき》という）にかわった。丙寅年で、四月が大月、四月八日の干支が癸卯、十二直が開になるのは、元嘉暦における乾封元年（六六六＝天智五年）しかない。麟徳暦では、丙寅年＝乾封元年は、四月は小月、四月八日は干支が甲辰で十二直が閉《とず》である。したがって、冒頭の日付の記載は元嘉暦に基づき、「旧」の記載は旧暦＝元嘉暦によることを示す。(ハ)日本では、持統四年（六九〇）十一月、それまでの元嘉暦の単独使用から、元嘉・儀鳳（麟徳）暦の併用になり、文武元年（六九七）に儀鳳暦の単独使用となる。ある暦を旧暦と記すのは、別な新暦の使用が開始されてからでないとありえないから、銘文の日付の「旧」暦の記載は、新暦＝儀鳳暦の併行使用が始まった持統四年十一月以降でなければありえない。したがって、本銘文の撰文は、この時以降であるというのであり、まことにみごとな論証である。

この見解に従った場合、丙寅年四月八日の日付は何を示すのであろうか。

(6)の辛亥年観音菩薩像銘には、同じく冒頭に「辛亥年七月十日記」の記載があるが、辛亥年＝白雉二年（六五一）七月十日の干支は辛丑で、続いて記す笠評君左古臣《かさのこおりのきみさこのおみ》が逝去した日の干支に一致する。冒頭の日付は銘文記載の日時のように記すが、実は造像の機縁となった人物の逝去の日、すなわち造像の発願日であったわけである。つまり、銘文を記す際に、発願の日を銘文記載の日として記しているのである。この例から見て、野中寺造像銘の某月某日記の記載は、必ずしも銘文記載の日とみる必要はない。しかし、本銘文の場合、この日付は発願の日にはなりえない。

本銘文では、「中宮天皇」の病気平癒が造像発願の動機であった。中宮天皇については孝徳天皇の皇后・間人皇女をあてる説もあるが、やはり斉明天皇とするのが妥当である。斉明天皇は、百済救援戦争のために遷っていた筑紫の朝倉宮で、斉明七年（六六一）七月に亡くなった。したがって、本像の発願はこれ以前で、造像銘にある丙寅年（天智五年）四月とは五年以上の隔たりがあって、冒頭の日付は発願の日にはならない。

それならばこの日付は何を意味するのか。それは造仏においてもう一つ重要な行事である開眼、すなわち仏像完成の日を示すものであろう。四月八日の十二直の開は、屋作（家の造営）に吉の日であるから、この日がわざわざ開眼の日に選ばれたのであろう。

このように考えると、この仏像は、斉明七年（六六一）七月以前に発願され、天智五年（六六六）四月に開眼・完成し、持統四年（六九〇）十一月以降に銘文が刻まれたことになる。すなわち、この銘文は、仏像完成から二四年以上のちに追刻されたことになるのである。この点をさらに銘文の刻み方からみていくことにする。

銘文の刻み方

この時期の鋳銅像は、原型の製作、外型の製作、鋳込《いこ》み、鋳浚《いさらえ》、タガネ仕上げ、鍍金という工程を経て作られた。鋳浚とは、鋳成した像の表面の荒れをタガネで削ったりして整形すること、タガネ仕上げは、タガネで文様などを彫り出すことである。造像銘はタガネを用いて刻むが、これらの工程の中で二つのやり方があった。一つはタガネ仕上げの時に一緒に銘文を刻む場合、一つは鍍金後に刻む場合である。

前者では、タガネによる刻字の輪郭のメクレなどは平滑に取りさり、鍍金は刻字の内にも及ぶのに対して、後者では、タガネによるメクレがそのままのこることもあり、鍍金は刻字の内には及ばない。そして、前者は造像と刻銘が同時の作業であるのに対して、後者は、造像と刻銘が一連の作業として行われる場合もあるが、造像から年を経て追刻される場合もある。両者のちがいは刻銘の詳細な観察によって区別することができ、前掲の『飛鳥・白鳳の在銘金銅仏』二冊では、刻字の明瞭な拡大写真を掲げて、この分析を行っている。

野中寺の弥勒菩薩像銘は、写真にみる通り、刻字の輪郭にメクレがのこり、鍍金は刻字の内に及んでいないから、鍍金後に刻まれたものであることは明らかである（図17）。タガネによって、仏像本体の裳《も》には花文《かもん》・連珠文《れんじゅもん》、また台座蓮弁の線刻が施されているが、これらは刻銘と対照的に鍍金前になされている。この刻銘の仕方から追刻の可能性が考えられ、先の内容の検討とをあわせて考えると、やはり本銘文は追刻されたと考えることができる。したがって、本銘文を、歴史学、国語学、書道史の資料として用いる場合には、持統四年十一月以降のものとして扱い、また本像を美術史の資料として用いる場合には、天智五年完成の像として扱うべきこととなる。

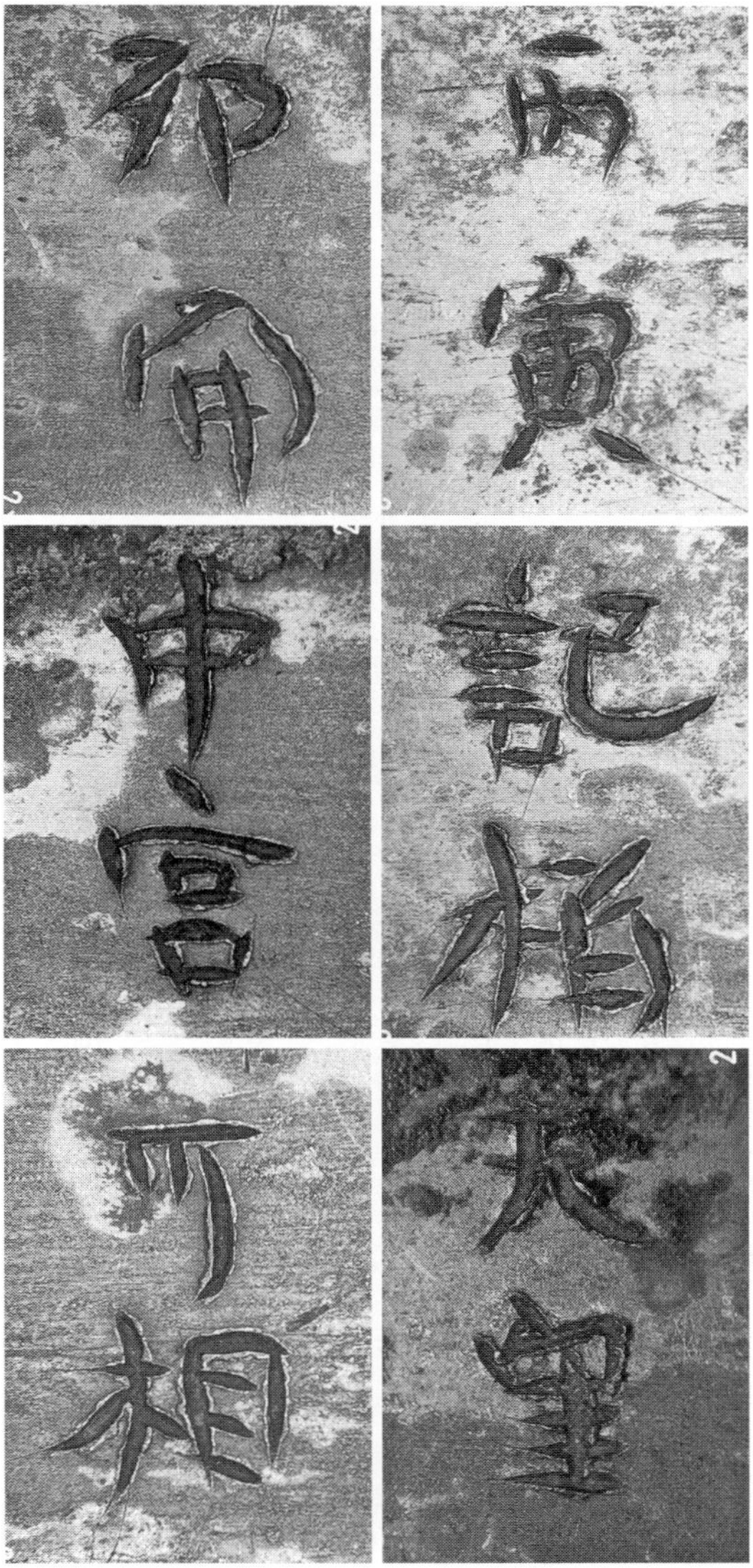

図17　野中寺弥勒菩薩半跏蔵台座の銘文文字
（『日本の古代14　ことばと文字』中央公論社、口絵より転載）

　造像銘は金石文としては第一級史料として扱われてきたが、実は追刻の可能性がつきまとっていた。その史料の信憩性を確かめるためには、内容の検討とともに、刻み方の観察が有効である。これによって追刻の可能性の有無を定めることができる。表12に示すとおり、一五例の造像銘のうち、五例は鍍金後の刻銘なのであって、これらには注意しなければならない。

墓誌と威奈大村墓誌

古代の墓誌

墓誌とは、被葬者の名前・経歴などを記して墓内に埋納したものである。同様の用途をもつものに、次にとりあげる墓碑があるが、これは地上の墓上に設ける点で墓誌と異なる。日本の墓誌は墓碑の代用としての面をもった。喪葬令によれば、墓の造営は三位以上の上級貴族、氏をおこした始祖（別祖）、氏の上（氏宗）にのみ許され、墓碑の建立は造墓を許された者のみに認められた。しかし実際には八世紀には、許可された者以外の造墓も行われたが、以上のような喪葬令の規制から、墓碑の代りに、墓内に墓誌を埋納することを行ったと考えられている（大橋一章「古代墓誌の研究」『史学雑誌』八三—八）。中国で、晋代に墓碑建立が禁止されたために、墓誌埋納が盛んになったのと似た現象である。

現在原物がのこり、銘文を記していることがはっきりしている古代の墓誌は一六点ある（表13）。古代の墓誌の埋納は、七世紀末に始まり、八世紀前半に最盛期を迎え、その末まで行われた。墓誌銘の年紀の最古のものは、表13に示す通り、(1)の船王後《ふなのおうご》墓誌の天智七年（六六八）、次いで(2)の小野毛人《おののえみし》墓誌の天武六年（六七七）であるが、前項で述べた造像銘と似て、内容の検討から前者は天武朝（六七二—六八六）末年以降、後者は持統朝（六八七—六九七）以降に追葬されたとみられるので、墓誌開始の時期はこれらの銘文の年紀より新しくなる。終末の時期については、平安前期の火葬墓から出土する鉄券とよばれる鉄板を墨書した墓誌とみる考えもあるが（大脇潔「墓誌」『日本歴史考古学を学ぶ』(中)所収、有斐閣）、鉄券は売地券の可能性もあるので、終末が平安時代まで下るとは確言できない。

墓誌を埋納された被葬者は、官人（最高は正三位大納言石川年足《いしかわのとしたり》）とその家族、僧であり、地域的には畿内を中心とするが、備中（岡山）、因幡（鳥取）などの地方でも作られている。

日本古代の墓誌は、北魏で完成した中国の典型的な墓誌と大きな格差があるが、ここでは、そのようななかで中国的な墓誌銘の様式をもつ威奈大村《いなのおおむら》墓誌をとりあげて、日本の古代墓誌と大村墓誌の成立について論ずることとする。なお墓誌の報告書としては奈良国立文化財研究所『日本古代の墓誌』『同　銘文篇』（同朋舎出版）が優れ、本項は多く両書による。とくに、前者所掲の「各個解説」と東野治之氏「日本古代の墓誌」（改題のうえ『日本古代金石文の研究』岩波書店に再収）に多くを依拠していることを記しておく。

威奈大村墓誌の形態

威奈大村は、慶雲四年（七〇七）四月、正五位下越後守として越後で亡くなり、同十一月、大和に帰って葬られた。威奈氏は偉那、葦那、猪名、為奈、為名とも表記し、宣化天皇より出た皇親氏族で、初め君姓を称し、天武十三年（六八四）真人姓を賜わった。七世紀には大紫位（正三位相当）の高見《たかみ》があるが、八世紀には石前《いわくま》が従四位下に叙されたのが最高で、だいたい従五位どまりの中級貴族であった。

墓誌銘は骨蔵器に刻され、その年代は埋葬された慶雲四年（七〇七）と考えられる。この骨蔵器は一七六四〜七〇年ごろ、大和国葛下郡馬場村の穴虫山《あなむし》（現、奈良県北葛城郡香芝町〔現香芝市〕穴虫）で偶然に発見された。この発見地が、銘文に記す葬地の「大倭国《やまとのくに》葛木下郡《かつらぎのしものこおり》山君里《やまきみのさと》狛《こま》井《い》山崗《やまのおか》」に当たる。

材質	形態	刻字面	大きさ（単位㎜）	縦横比 縦/横	字数		界線など
					ランク	字数	
銅	短冊形	両面	298×69	4.3	B	162	無界
銅/鍍金	短冊形	両面	590×59	10.0	C	48	無界
銅	短冊形	片面	260×43	6.0	C	34	無界
銅/鍍金	球形容器	蓋外	高242	−	A	392	無界
銅	深鉢形容器	蓋外	高231	−	C	46	無界
銅	深鉢形容器	蓋外	高171	−	B	108	無界
銀	短冊形	両面	137×22	6.0	C	32	無界
銅	短冊形	片面	291×61	4.9	C	41	左右側・縦界線
銅/鍍金	短冊形	片面	280×55	4.9	C	76	外枠・縦界線 外辺魚々子地
銅/鍍金	短冊形 （副板２枚）	片面	297×63	4.8	C	44	無界
銅	長方形	片面	297×207	1.4	B	176	縦・横界線
銅	筒状容器	筒外	−	−	A	299	縦界線
銅/鍍金	長方形	片面	297×104	2.9	B	130	外枠・縦界線 外辺唐草刻文
銅	−	片面	−	−	−	−	縦界線
砂岩	蓋・身あり /直方体		262×187×119 （身）	1.4	C	37	無界
塼	蓋・身あり /直方体		253×158×66 （身）	1.6	C	47	外枠・縦界線

骨蔵器は鋳銅製で（図18、19）、半球形の蓋と身を上下に合せた球形をしている。蓋・身の合せ目は、両者を合い欠きにした印籠《いんろう》造りで、身の下には高台をつける。全高二四センチメートル。器厚は薄く、外面は全面に鍍金を施し、銘文は蓋の外面に鍍金前に刻している。この骨蔵器は非常に丁寧に作られ、この時期の金工品として優秀なものといわれている。

この骨蔵器は火葬墓に埋納されたもので、その中に火葬骨を納めた漆器が納められ、上に大甕を伏せた状

表13　古代の墓誌

時期区分	番号	名　　称	年　　紀	出　土　地
前期	1	船王後墓誌	戊辰年（天智7＝668）	大阪府柏原市国分町
	2	小野毛人墓誌	丁丑年（天武6＝677）	京都市左京区上高野
	3	文禰麻呂墓誌	慶雲4年(707)	奈良県宇陀郡榛原町〔現宇陀市榛原〕八滝
	4	威奈大村骨蔵器	慶雲4年(707)	奈良県北葛城郡香芝町〔現香芝市〕穴虫
	5	下道圀勝・圀依母夫人骨蔵器	和銅元年(708)	岡山県小田郡矢掛町東三成
	6	伊福吉部徳足比売骨蔵器	和銅3年(710)	鳥取県岩美郡国府町〔現鳥取市国府町〕宮下
	7	僧道薬墓誌	和銅7年(714)	奈良県天理市岩屋町
中期	8	太安萬侶墓誌	養老7年(723)	奈良市比瀬町
	9	山代真作墓誌	戊辰年（神亀5＝728）	奈良県五条市東阿田
	10	小治田安萬侶墓誌	神亀6年(729)	奈良県山辺郡都祁村甲岡〔現奈良市都祁甲岡町〕
	11	美努岡萬墓誌	天平2年(730)	奈良県生駒市萩原
	12	行基骨蔵器(断片)	天平21年(749)	奈良県生駒市有里
	13	石川年足墓誌	天平宝字6年(762)	大阪府高槻市真上
	14	宇治宿禰墓誌(断片)	(神護景)雲2年(768)	京都市西京区大枝塚原町
後期	15	高屋枚人墓誌	宝亀7年(776)	大阪府南河内郡太子町太子
	16	紀吉継墓誌	延暦3年(784)	大阪府南河内郡太子町春日

(1) 奈良国立文化財研究所『日本古代の墓誌』『同　銘文篇』による。
(2) 偽作説のある下道氏墓誌などは除いた。
(3) 年紀は必ずしも銘文の年代を示さない。
(4) 字数のランクはA（200字以上)、B（100字以上)、C（99字以下)。

況で出土した。

威奈大村墓誌の内容

銘文は蓋に上から下へ放射状に刻する。全三九行で、第一行だけが一五字、他の行は一〇字詰で、全三九二字を刻する。

書跡は、文字の背が低く、磔法《たくほう》がのこる点などから、隋風の書風といわれる。刻字の仕方も、原書の肥痩や抑揚のある筆致を巧みに表現している（前掲、東野治之「日本古代の墓誌」）。

ここで銘文の訓み下し文と現代語訳を掲げておく。

小納言正五位下威奈《いな》卿墓誌銘幷せて序。

A卿、諱《いみな》は大村、檜前《ひのくま》の五百野宮《いほののみや》に御宇《あめのしたしらしめしし》天皇の四世、後の岡本の聖朝の紫冠威奈鏡公《いなのかがみのきみ》の第三子なり。卿、温良性に在り、恭倹《きょうけん》懐と為す。簡にして廉隅《れんぐう》、柔にして成立す。後の清原《きよみはら》の聖朝、初めて務広肆《むこうし》を授く。藤原の聖朝、小納言闕《か》けたり。是《ここ》に於いて高門の貴冑《きちゅう》、各《おのおの》員に備わらんことを望む。天皇特に卿を擢《ぬき》んでて、小納言に除し、勤広肆《ごんこうし》を授く。居《お》ること幾《いく》ばくも無くして、位を直広肆《じきこうし》に進む。太寶元年を以ちて、律令初めて定まる。更に従五位下を授け、仍て侍従を兼ぬ。卿、宸扆《しんい》に対揚して、糸綸《しりん》の密に参賛し、帷幄《いあく》に朝夕《ちょうせき》し、深く献替《けんてい》之《の》規を陳ぶ。四年正月、爵《しゃく》を従五位上に進む。慶雲二年、命《めい》ありて太政官の左小辨を兼ぬ。越後の北彊《ほくきょう》、衢《みち》は蝦虜《いりょ》に接し、柔懐鎮撫すること、允《まこと》に其《そ》の人に属す。同歳十一月十六日、卿に命じて越後城司に除す。四

図18　威奈大村骨蔵器写真（四天王寺蔵）

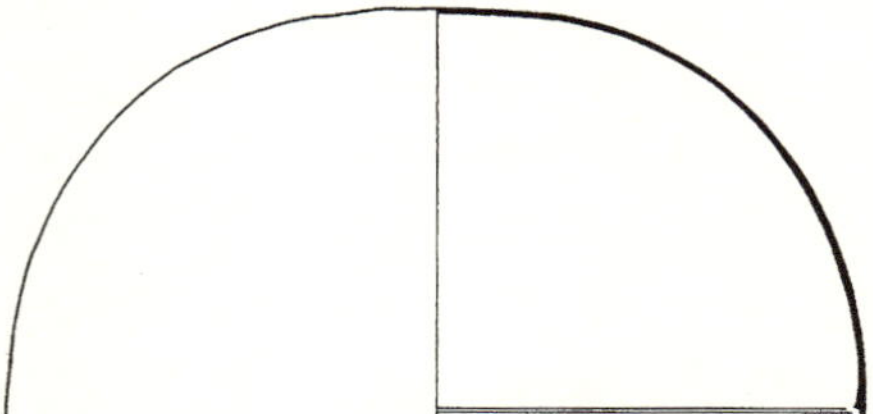

図19　威奈大村骨蔵器実測図（奈良国立文化財研究所『日本古代の墓誌』より）

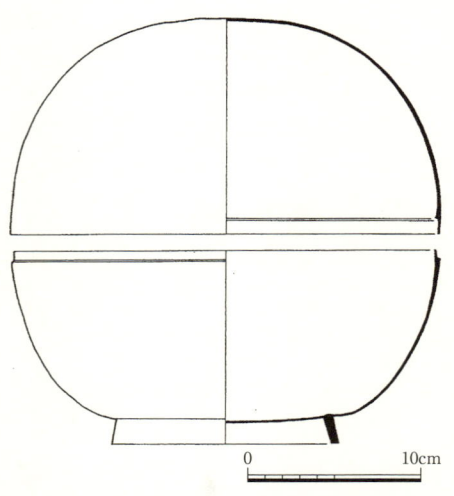

年二月、爵を正五位下に進む。卿、これに臨むに徳沢《とくたく》を以ちてし、これを扇《あお》ぐに仁風を以ちてす。化洽《あまね》くして刑清く、令《れい》行われて禁《きん》止まる。冀《ねが》う所は、茲《こ》の景祜《けいこ》を享《う》け、賜《たま》うに長齢を以ちてせんことを。豈《あ》に謂《おも》わんや、一朝遽《にわか》に千古を成さんとは。慶雲四年歳は丁未《ひのとひつじ》に在る四月廿四日を以ちて、疾《やまい》に寝し越城に終る。時に年卌六。粤《ここ》に其の年冬十一月乙未《きのとひつじ》朔の廿一日乙卯《きのとう》を以ちて、大倭国《やまとのくに》葛木下郡《かつらぎのしものこおり》山君里《やまきみのさと》狛井《こまい》山崗《やまのおか》に帰葬す。

B天潢派《あまのがわみなまた》を疏《わか》ち、若木《じゃくぼく》枝を分つ。英を標《あらわ》し哲を啓《ひら》き、徳を載《の》せ儀を形《あらわ》す。惟《こ》の卿降誕して餘慶斯《ここ》に在り。吐納参賛し、啓沃陳規す。位は道に由りて進み、栄は礼を以ちて随う。錦を蕃維《ばんい》に製《つく》り、令望属《あつま》る攸《ところ》なり。紘を鳴らして冕《べん》を露《あらわ》し、民を安んじ俗を静む。憬服《けいふく》は来蘇し、造荒は足を仚《あ》ぐ。輔仁《ほじん》験《しるし》無く、連城の玉も析《き》く。空しく泉門に対《むか》い、長《とこしえ》に風燭を悲しむ。

小納言正五位下威奈卿の墓誌銘井せて序。

A卿《けい》、講は大村、宣化天皇の四世の子孫で、斉明朝の紫冠の威奈公鏡《いなのきみかがみ》の第三子である。卿は性質は温良で、恭倹をむねとした。つづまやかで品行方正、節操が堅固であり、穏やかな人柄で、成人した。持統朝に初めて務広肆を授かった。文武朝に中納言に闕員《けついん》が生じた。そこで高門の貴いあとつぎは、各々任ぜられることを望んだ。天皇は特に卿をとりたてて小納言に任じ、勤広肆を授けた。勤めることいくばくもなくして、位階を直広肆に進めた。大宝元年（七〇一）に律令が初めて制定された。更に従五位下を授けて、侍従を兼ねた。卿は、天皇の御座所に向いその命令を天下にあらわし、詔の細かなところにまであずかって助け、朝夕御所に侍して、天皇をいさめて可なるを進め否なるをやめさせるようにした。大宝四年（七〇四）正月、位を従五位上に進めた。慶雲二年（七〇五）命があって太政官の左小辯を兼ねた。越後国の北境は道が蝦夷に接し、これを懐柔・鎮撫するのには卿がもっとも適任であった。同年十一月十六日、卿に命じて越後城司に任じた。慶雲四年（七〇七）二月、位を正五位下に進めた。卿は蝦夷を徳によって治め、仁によって教化した。徳化は広く及び、行刑は公正で、命令は行われ、禁止したことはやんだ。卿がこの大きな幸いを受け、長命であることが望まれた。しかし思わざることに、たちまちのうちに永久のわかれになろうとは。慶雲四年四月二十四日、病気に倒れ越後の城に亡くなった。享年四十六歳。ここにその年の冬十一月二十一日に大倭国葛木下郡山君里の狛井山崗に帰って葬られた。

B天の川が水脈を分ち、（日の沈むところにあるという）若木が枝を分つように（卿は皇室から分れた子孫である。）（その先祖は）秀れた才能と賢さをあらわし、徳をもって礼儀をあらわした。卿が生まれて、（先祖が積んだ）餘慶があった。卿は弁舌をもって事にあずかり、天皇を導きいさめた。位は徳道によって進み、栄誉は礼儀に従って与えられた。錦で蝦夷をつなぐ維《つな》を作るように（蝦夷を仁・徳によって治め、）蝦夷の人気が卿にあつまった。琴を鳴らし冕冠を示し（礼楽をもって治め）、民を安んじ風俗を静めた。彼方から服属してきた者は来りて再生し、遠方の蝦夷は足をとばして来った。しかし天道の仁を輔《たす》けたしるしもなく、連城の玉のように大事な卿は亡くなった。（われわれは卿が去った）よみじに空しく向い、永遠に風燭のはかなさを悲しむ。

（訓み下し文・現代語訳は、前掲『日本古代の墓誌』と、小島憲之『上代日本文学と中国文学』（上）塙書房、ならびに同「漢文学」『図説日本文化史大系』二、小学館を参照した。）

墓誌銘文の様式と典拠

のちに詳しくのべるように、中国では典型的な墓誌は、南北朝時代・北魏で完成する。その銘文は、「某墓誌銘幷序」の題名で始まり、次いで序と「銘」からなる様式である。

序は、故人の諱《いみな》、字《あざな》、姓氏、本籍、系譜、行治（任官前の行い）、官歴、卒日、享年、妻子、葬日、葬地などを記す。「銘」は、故人の功績・徳行をたたえ、またその死を哀悼する韻文である。漢文の韻文は、一定の長さの句をつらね、句の末に脚韻をふむのを要件とする。中国の金石文では、宝器的な器物に彫られた「銘」はがんらい韻文で作られ、のちにそれに事実の記録である散文の「序」が加えられ、「序」と「銘」という様式が成立した。この様式は墓誌銘ばかりでなく、碑など他の金石文にもとられた。

銘は先の広義の意味のほか、狭義の、序に対する銘もあり、この場合には、カッコをつけて「銘」と表記することとする。

威奈大村墓誌は、「小納言正五位下威奈卿墓誌銘并序」の題名で始まり、次いで、Aが序で、Bが押韻する「銘」に当たり、中国の典型的な墓誌銘の様式を踏襲する。

序（A）は、故人の諱、系譜、成人前の人柄（行治）、小納言・侍従・左小辯・越後城司（越後守）としての官歴、卒日、卒年、享年、葬日、葬地を記し、ほぼ中国の典型的墓誌の序の記載要件にのっとっている。その用いる語句は『論語《ろんご》』『尚書《しょうしょ》』『文選《もんぜん》』などに典拠をもつものがあることが指摘されている（前掲、東野治之「日本古代の墓誌」）。例えば「温良在レ性、恭倹為レ懐」は『論語』学而篇の「夫子温良恭倹譲以得レ之」を典拠とする。

「銘」（B）は四言二〇句で、二句一連となり、次のように、前半・後半のおのおの一〇句五連が押韻し、中国の韻文の「銘」の様式に従う。前半は平声支韻（●印）、後半は入声沃韻（○印）の韻を用いる。すなわち、「天満疏レ派、若木分レ枝。標レ英啓レ哲、載レ徳形レ儀。惟卿降誕、餘慶在レ斯。吐納参賛、啓沃陳規。位由レ道進、栄以レ礼随。」「製二錦蕃維一、令望攸レ属。鳴レ絃露レ冕、安レ民静俗。憬服来蘇、遙荒佡レ足。輔仁無レ験、連城析レ玉。空対二泉門一、長悲二風燭一。」となる（小島憲之、前掲書）。

「銘」は、威奈氏が皇室に出自し、先祖が優れた素質をもっていたことをほめ、次いで大村が小納言・侍従として天皇に近侍し、また外に出ては越後城司として蝦夷《えみし》経営に活躍した功績をたたえ、その死を哀悼するという内容で、これも典型的な墓誌銘の「銘」に基づくものである。

この銘文は、序も「銘」も庾信《ゆしん》の『庾開府集《ゆかいふ》（庾信集）』（『漢魏六朝百三名家集』松柏出版社）所収のいくつかの墓誌銘を下敷きにして撰文されていることが指摘されている。庾信は、南北朝時代・六世紀の人で、梁と北周に仕え、文人として著名な人物である。とくに「銘」の「天満疏レ派、若木分レ枝」「製二錦蕃維一」「鳴レ絃露レ冕」の各句は、『庾信集』の墓誌銘を典拠とする。また「連城析レ玉」の句は、『史記』廉頗伝《れんぱでん》にみえる、戦国時代の秦の昭王《しょうおう》が、趙の恵文王《けいぶんおう》が所蔵した名玉と、一五城を交換しようとしたという「連城壁《れんじょうのへき》」の故事に基づく（小島憲之、前掲書）。

このように、威奈大村墓誌の銘文は、題名・序・「銘」という、中国の典型的な墓誌の様式をとり、その文章も『庾信集』を下敷きとし、『論語』『史記』などの語句・故事をふまえて撰文され、非常に中国的なものであって、当代一流の文章家の手になるものであろう。

中国の墓誌

ここで威奈大村墓誌を中国・日本の墓誌と比較しょう。まず中国の墓誌についてのべておく。中国の墓誌は、南北朝時代・六世紀初頭に北魏でその形制が完成し、それが隋・唐代にひきつがれていく。その銘文の様式については、今のべた通りであるが、その形態は次のようなものである。主に石製で、蓋石と誌石の二個からなる。誌石は誌面が一辺五〇～六〇センチメートル（二尺）、ないし八〇～九〇センチメートル（三尺）の正方形の直方体で、蓋石も同形である。誌石に銘文を、蓋石に「某墓誌（銘）」などの題名を刻し、誌石の誌面の上に蓋石を重ねる。誌石・蓋石の刻字の周囲を蓮華文《れんげもん》などの刻文で装飾したものもある。

このような典型的なものが成立する以前には、別の様式・形態のものが行われた。墓誌的なものは、すでに前漢末にみえるが、後漢代には地上に建てる墓碑が盛んで、墓中に埋納するものとしては、墓記、封記《ふうき》、葬塼《そうせん》が行われた程度で、あまり盛んでなかった。後漢で二〇五年、西晋で二七八年に墓碑建立が禁止されると、晋代ではこれに代って三世紀末ごろから、墓中に埋納するものに誌銘を刻することが盛んになってきた。第一は墓碑を小型化して墓中に納めたもの、第二は神坐《しんざ》・石枢《せききゅう》・石槨《せきかく》などの墓中の既存の施設に誌銘を刻したもの、第三は長方形の板石に誌銘を刻したものである。第三のものが後世の墓誌の先駆となるものであるが、形態は正方形でなく、銘文も卒日、享年を記す簡単なもので、「銘」はもちろんなく、「墓誌（銘）」の呼称もまだ成立していなかった。

南北朝時代にはいって墓誌が成立してくる。南朝の宋で五世紀半ばごろ、正方形の形態で、銘文に序と「銘」を備えたものが出現し、「墓誌銘」の呼称も成立する。北朝でも同様のものが五世紀末には出現し、六世紀初めに北魏で、誌石に墓石を備えた形態のものが出現して、墓誌の形制が完成し、隋・唐代に広く行われていくのである（水野清一「墓誌について」『書道全集』六、平凡社）。

しかし典型的なものが成立したのちも、晋代の古い形態のものも行われていた。塼製で長方形のものは南北朝時代の六世紀半ばごろまで、「銘」をもたない簡単な記載の銘文は、隋代の七世紀初めごろまでみられる（楊家駱主編『漢魏南北朝墓誌集釈』上・下、鼎文書局）。

日本の墓誌の銘文

日本古代の墓誌は、銘文、形態、材質、法量などの諸点で、六世紀に完成した中国の典型的なものと大きな格差があり、かえって古い晋代のものに類似点がある。

まず銘文については、威奈大村墓誌と同じく「銘」をもつのは表2に示す⒀の石川年足墓誌銘だけで、その「銘」は、「礼也。儀形百代、冠蓋千年。夜臺荒寂、松柏含㆑煙。嗚呼哀哉。」という短文であるが、「年」と「煙」が下平声先韻で押韻している。同⑾の美努岡萬《みののおかまろ》墓誌銘は序のあとに「銘」的な文を付すが韻文になっていない。これ以外のものは「銘」をもたず、序に当たる記載をもつだけで、その内容にも繁簡がある。最も短文の同⑺の僧道薬《どうやく》墓誌銘は、佐位寺《さいでら》僧という故人の身分、出自、卒日を記すのみであり、一六二字という長文の⑴の船王後墓誌銘は、故人の出自、経歴、官職、卒日、葬日、葬地など記す。このような「銘」をもたない墓誌銘文は中国では晋代に一般的であり、それらとの関係が考えられよう。このような日本の一般的な墓誌銘の中で、威奈大村墓誌銘は非常に中国的なもので、その意味で抜きん出て優れたものであった。

日本の墓誌の形態

日本古代の墓誌の形態には、銅・銀などの金属製の長方形板、骨蔵器に銘文を刻したもの、石・磚製の直方体で身・蓋の二個からなるものの三種類があり、時期的に大まかな傾向があって、これを前期（七世紀末葉～七一〇年代）、中期（七二〇年代～八世紀中葉）、後期（八世紀末葉）の三期に分けて説明できる（前掲、東野治之「日本古代の墓誌」。大脇潔「墓誌」）。

長方形金属板は前・中期、骨蔵器は前期に用いられる。骨蔵器は前期でも八世紀初頭に三点が集中する。威奈大村墓誌以外の⑸の下道圀勝《しもつみちのくにかつ》・圀依母夫人《くによりのははぶじん》、⑹の伊福吉部徳足比売《いほきべのとこたりひめ》の骨蔵器は銅製で、鉢形の身に蓋をかぶせた形で、銘文は蓋の外面に刻する。中期にも⑿の行基《ぎょうき》骨蔵器がある。これは断片がのこるだけであるが、本来は銅製の円筒形で、外側面に銘文を刻した。銘文の題に「大僧正舎利瓶記《だいそうじょうしゃりびんき》」とあるように、高僧行基の舎利への信仰に基づいて作られたもので、用途も形も他の骨蔵器とは異なる。

前・中期の長方形金属板、あるいは骨蔵器は、中国の典型的な墓誌と形態・材質の面で大きく異なり、かえって、前者は、材質の違いはあるが、晋代の長方形の板石に近く、後者の骨蔵器に刻する仕方は、同じく晋代に、神坐・神柩・石槨など墓中にある既存の施設に刻銘した仕方に似ている。

長方形金属板は、前・中期の間で変化がある。前期では、縦に対して横が狭い、いわゆる短冊形で（縦横の比＝縦／横＝四・三〜一〇）、界線はなく、銘文も板の両面に刻するものが多いのに対して、中期には、やや幅広になり（縦横の比＝一・四〜四・九）、界線をひき、片面のみに銘文を刻する。また外枠の外辺に、唐草文《からくさもん》を刻したり、魚々子《ななこ》を打って装飾を施すものもみられるようになる（⑼の山代真作《やましろのまつくり》、⒀の石川年足墓誌）。中期のこれらの変化は、いずれも中国の典型的な墓誌の影響によるものである。そして後期に至って、石・塼製で、身・蓋の二個からなるものが出現する。身・蓋はほぼ同形の直方体で、身の一面に銘文を刻し、その上に蓋を重ねる形態のもので、中国の典型的な誌・蓋石式のものを模倣したものである。

このように日本の墓誌は、中国の古い晋代の墓誌に類似する長方形金属板、また骨蔵器から出発して、同時代の中国の墓誌の影響を受けて変化しながら、最終的には身・蓋型式が出現するに至った。しかしこれも誌面は長方形で、中国の正方形のものと異なる。

そして何といっても、日本の墓誌は全体的に中国のものにくらべて小さい。日本で最長のものは⑵の小野毛人墓誌で、五九センチメートルあるが、幅はわずか五・九センチメートル、厚さ四ミリメートルの板で、他のものは長さが三〇センチメートルをこえない。これに対して、中国の墓誌は一辺が五〇〜六〇センチメートル、あるいは八〇〜九〇センチメートルの正方形の切石を二個重ねたものである。

日本古代墓誌の成立

このような内容と形態をもつ日本古代の墓誌は、第一に中国の晋代以来の古い墓誌の影響と、第二に墓誌の埋納された火葬墓の構造と規模の規制によって成立したものと考えられる。

銘文の様式、形態において、晋代以来の墓誌と類似することはすでにのべた。このような中国の古い墓誌の形制がどのようにして受容されたかは十分明らかでないが、日本の七世紀以前の文物が朝鮮半島経由でもたらされているところからみて、朝鮮三国との関係を視野におさめておくべきである（前掲、東野治之「日本古代の墓誌」）。古代の墓誌は唐代のものの影響を受けながら変化したが、しかし同じものにはならなかった。このことは、日本の墓誌が外国の影響ばかりでなく、別の面から規制されていたことを示している。それが第二の火葬墓の問題である（前掲、大脇潔「墓誌」）。

日本の墓誌は大部分が火葬墓に埋納されたもので、墓誌埋納が火葬の風習の採用と深い関係にあった。いうまでもなく、わが国の火葬は文武四年（七〇〇）僧道昭の例が最初で、天皇では大宝三年（七〇三）の持統太上天皇の喪葬に採用され、そののち広まっていった。船主後と小野毛人の墓は土葬墓らしいが、両者の墓誌は追葬であるから、一応土葬と切り離して考えることができる。

火葬墓には火化の場をそのまま墓にするものと、火化の場と別の地に墓を設けるものがある。後者の火葬墓の構造を、昭和五十四年に発掘した太安萬侶《おおのやすまろ》墓を例としてみてみよう（奈良県立橿原考古学研究所編『太安萬侶墓』）。墓壙《ぼこう》は、平面が一辺一・五〜一・九メートルの方形で、深さは、墓が斜面にあるので深い所で一六〇センチメートル、浅い所で六〇センチメートルで、底はほぼ水平となる。両側から裏込め土を入れ、中央ののこった部分に木炭をつめて、墓誌を誌面を下に向けて置き、その上に骨を入れた木櫃をすえ、その周囲と上部を木炭でうめ、さらにその上部を土で版築して埋める。地上には直径四・五メートルの円形の墳丘を築く。木櫃は、長さ六六センチメートル、幅三八センチメートル、高さ三八センチメートルほどである。要するに火葬骨を納めた骨蔵器を墓壙に埋納するわけで、これは前者の火化の場を墓とする場合も変らない（森郁夫「古代の墳墓」『日本歴史考古学を学ぶ』㈥所収、有斐閣）。

中国の墓誌は、大規模な墓室に納めることを前提に作られたものであり、右のような構造と規模の火葬墓に埋納できるものではない。この火葬墓の構造と規模が墓誌の小型化を必然的なものとする。金属板が用いられるのは、石にくらべて薄くかつ堅牢なものが作れるからであり、骨蔵器に刻するのは、墓誌のためのものをとくに埋納しなくてよいからである。後期の身・蓋型のものも、中国のものと似ているといってもずっと小型である。

そして墓誌が小型であることは、銘文の短文化を必然的なものとする。ここに「銘」を伴わない簡略な記載のものが多くなる理由がある。日本古代の墓誌は、火葬墓の構造と規模という規制の上に、おそらく朝鮮経由で中国の晋代以来の古い墓誌を受容することによって成立したのである。

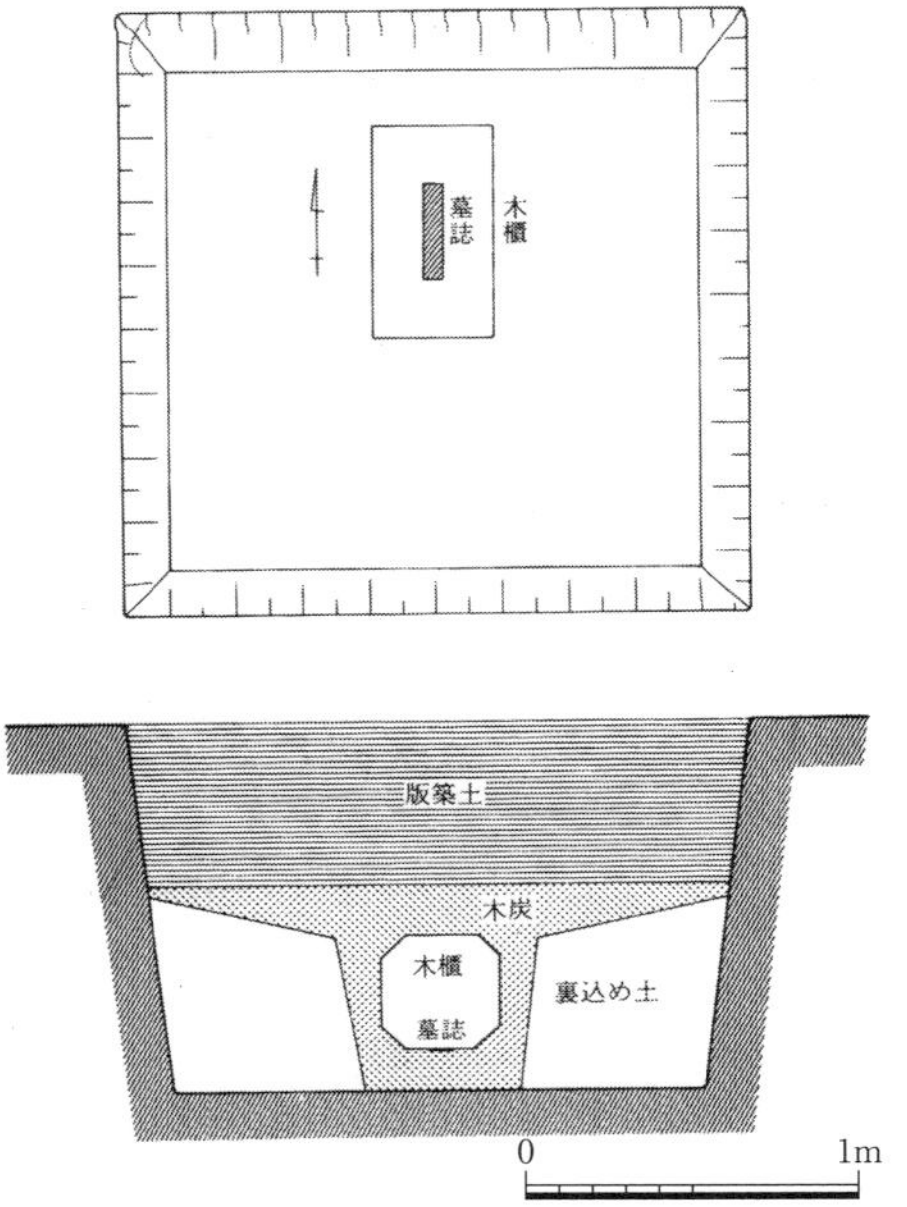

図20　太安万侶墓遺構模式図（奈良県立橿原考古学研究所『太安萬侶墓』より）

威奈大村墓誌の成立

古代墓誌一般の中で、威奈大村墓誌は形態の点では他と変らないが、銘文の点では、同時期の中国の墓誌銘の様式を学び抜群のできばえを示した。このアンバランスは、一方で形態の点では火葬墓の規制を受けながらも、他方では『庾信集』のような手本となる漢籍が移入されて、それらを学ぶことができたからである。『庾信集』は天平二十年（七四八）には確かに舶載されていた（『大日本古文書』三、八九ページ）。

ところで本墓誌が骨蔵器を利用して刻銘してい

所在地	建立者	材質	形態	界線・割付
京都府宇治市常光寺	中央人	砂岩	自然石・碑面削平	外枠・縦界線・割付
群馬県高崎市山名町	地方人	安山岩	自然石	無界・割付せず
栃木県那須郡湯津上村〔現大田原市湯津上〕笠石神社	地方人	花崗岩	笠石型	無界・割付
群馬県多野郡〔現高崎市〕吉井町	地方人	砂岩	笠石型	無界・割付せず
奈良市奈良阪町元明天皇陵	中央人	？	直方体切石	縦横界線・割付
徳島県名西郡石井町中王子神社	地方人	塼	笠石型か	無界・割付せず
群馬県高崎市根小屋町	地方人	安山岩	自然石	無界・割付せず
宮城県多賀城市市川	中央人	砂岩	自然石・碑面削平	外枠・割付
奈良市西の京町薬師寺	中央人	角礫岩	自然石	無界・割付せず
（伊予国道後温泉）	中央人	『釈日本紀』所引『伊予国風土記』		
大阪府南河内郡太子町春日	中央人	『大日本金石史』４。拓本あり		
（平城京大安寺）	中央人	『群書類従』第５輯		
（平城京大安寺）	中央人	醍醐寺本『諸寺縁起集』		

るのは、火葬墓という規制の中で、中国的な長文の銘文を刻するための一つの方法であったと考える。骨蔵器を利用すれば、とくに墓誌用のものを埋納する必要がないうえに、骨蔵器の外面を利用すれば、かなりの長文を刻することができる。表13にみるように、墓誌を字数によってA（二〇〇字以上）、B（一〇〇字以上）、C（九九字以下）の三ランクに区分すると、骨蔵器は四例のうちAランクに二例、Bランクに一例、Cランクに一例、骨蔵器以外ではBランクが二例で、他はCランクであり、骨蔵器に長文のものが多い。骨蔵器への刻銘は、火葬墓の規制の中で、長文の墓誌を刻する方法であったのである。

那須国造碑と新羅からの渡来人

古代の碑と那須国造碑

七、八世紀の古碑で、その原物が現存しているものは九基ある。このほか、原物は失われたが、拓本がのこっていたり、記録によって碑文が伝わっているものが四基ある

表14　古代の碑（8世紀以前）

番号	名　　称	年　　紀	種類
1	宇治橋断碑	大化 2 年(646)	架橋碑
2	山ノ上碑	辛巳年(天武10＝681)	墓碑
3	那須国造碑	庚子年(文武 4 =700)	墓碑
4	多胡碑	和銅 4 年(711)	建郡碑
5	元明天皇陵碑	養老 5 年(721)	墓碑
6	阿波国造碑	養老 7 年(723)	墓碑
7	金井沢碑	神亀 3 年(726)	供養碑
8	多賀城碑	天平宝字 6 年(762)	築城碑
9	薬師寺仏足石歌碑	−	歌碑
10	伊予道後温泉碑	法興 6 年(推古 4 =596)	温泉碑
11	采女氏塋域碑	己丑年(持統 3 =689)	塋域碑
12	南天竺婆羅門僧正碑并序	神護景雲 4 年(770)	造像碑
13	大安寺碑文一首并序	宝亀 4 年(773)	造寺碑

(1)　1〜9は現存の碑、10〜13は記録などにより知られるもの。
(2)　建立者は、中央の人（畿内の人）の建立か、地方の人の建立かを示した。

（表14）。これらのうち、(8)の多賀城碑は、明治以来、江戸時代に偽作されたという説が有力視されてきたが、近年の研究の成果によって、本論では奈良時代の真物と考える。

　これらの碑を、建立者が畿内の人すなわち中央人か、あるいは地方人かによって分けると、表14に示す通り、中央人が建立したもの八基（現存・非現存各四基）、地方人が建立したもの五基（すべて現存）となる。この区分は、たんに所在地のみに注目しただけでは十分でなく、地方に所在しても、中央人が建立した(10)の伊予道後温泉碑、(8)の多賀城碑のような例があることに注意しなければならない。何といっても畿内は政治の中心地、文化の先進地であるのに対して、地方は政治の中心地から離れ、文化的にも遅れた面があるから、中央人と地方人の建立の碑の間には、大勢として、その出来ばえに格差がみられる。

　しかしこのような中で、那《な》須国《すのくにの》造《みやつこ》碑は、都から遠く離れた下野国那須郡（栃木県那須郡〔現大田原市湯津上〕）に所在し、地方豪族が建立したものであったが、碑として非常に優れたもので、そこには中国的な文化の先進性がみられる。隣国の上野には、ほぼ同時期にやはり地方人が建立した上野三碑と総称される多胡碑（群馬県多野郡吉井町〈現高崎市吉井町〉）、山《やま》ノ上《うえ》碑（同県高崎市）、金井沢《かないさわ》碑（同市）があるが、それらとくらべてももちろん、中央人が建立した碑とくらべても見劣りしない。私がとくにこの碑をとりあげるのは、このようなためである。

この碑が文化的先進性をもつのは、実はこの碑の建立に朝鮮新羅からの渡来人が関与したからであった。那須国造碑の内容と秘密を説き明かしながら、古代の碑について語っていこう。

那須国造碑の発見と所在地

今から三〇〇年ほどむかしの延宝四年（一六七六）四月、春草の萌え始めた那須野を、那珂川にそって南へ下る一人の旅僧があった。磐城の牢人で、名は円順《えんじゅん》。彼は、那須郡馬頭《ばとう》村大字小口《こぐち》（栃木県那須郡馬頭町小口〈現那珂川町小口〉）の庄屋の大金重貞《おおがねしげさだ》の家に一夜の宿を求め、旅の途中で見聞した不思議な古碑について重貞に話した。湯津上《ゆづかみ》村の茂草の中にある古碑は、誤って馬をつなぐと、足をくじいたり、血を吐くことなどがあり、定めし高貴の石碑である、というのである。好古の人である重貞は、早速その碑をたずね、苔をはらって、碑文の読みのあらましを写し、彼の著書『那須記』に記したのであった。

それから七年後の天和三年（一六八三）、隣国常陸の水戸藩第二代で、好学の藩主として著名な徳川光圀《とくがわみつくに》は、馬頭村に至って重貞から碑の説明を受け、元禄五年（一六九二）に、碑の周囲の土地を買い上げて植樹し、覆堂を建立し、さらにこの墓碑の被葬者を求めて、湯津上村の上・下車塚（上・下侍塚）の発掘を行わせた。

このようにして那須国造碑は発見され、光圀の顕賞以後、世に広まった。江戸時代には佐々宗淳《ささそうじゅん》、新井白石《あらいはくせき》をはじめとする諸家が、その釈読を中心として研究し、さらに近代にはいっては、昭和三〇年代以降、大化改新の詔の信憑性をめぐる郡評論争の史料の一つとして注目されてきた。

この碑は、現在、栃木県那須郡湯津上村〔現大田原市〕湯津上の笠石《かさいし》神社にあり、覆堂におさめられている。那珂川西岸の段丘上である。この地は大金重貞が碑石を発見した地で、建立時の原位置をほぼ踏襲していると考えられる。古代の東山道はこの地を通り、碑石の南方には、那須郡衙跡と推定される梅曽《うめぞ》遺跡（那須郡小川町〔現那珂川町小川〕）、浄法寺《じょうほうじ》廃寺跡（同前）、廃寺跡と推定される尾の草《おくさ》遺跡（同郡馬頭町）がある。梅曽遺跡は八世紀前半までさかのぼるかといわれ、二つの廃寺跡からは七世紀末～八世紀初めの軒瓦が出土し、いずれも那須直《なすのあたい》氏を考えるうえで重要な遺跡である（以上、『栃木県史』通史編二。史料編考古一。大和久震平・塙静夫『栃木県の考古学』吉川弘文館）。

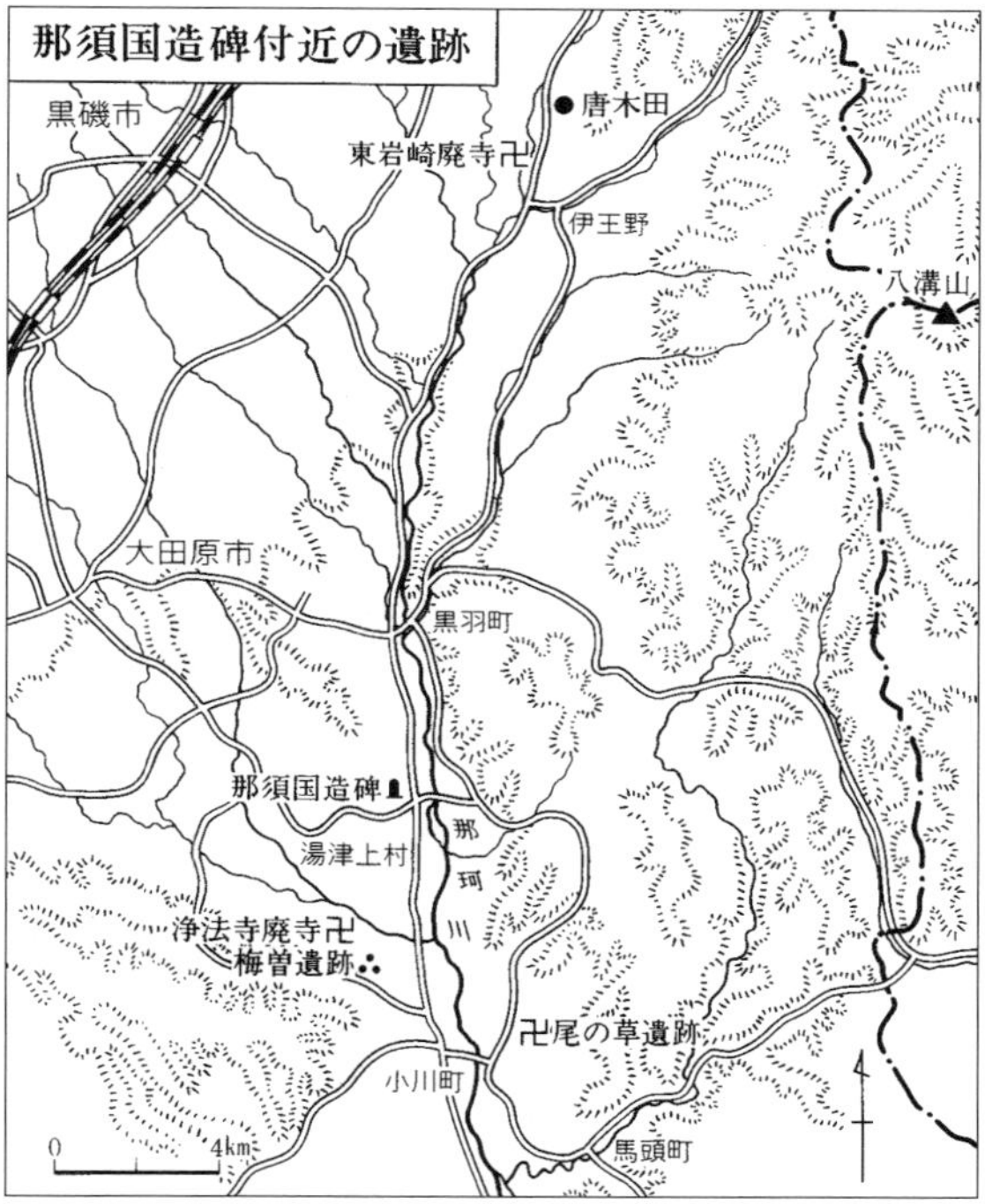

図21　那須国造碑付近の遺跡

那須国造碑の内容

那須国造碑は、文武四年（七〇〇）正月二日に亡くなった下野国那須評の評督《こおりのかみ》那須《なすの》直《あたい》韋提《いで》のために、その子の意斯麻呂《おしまろ》ら一族のものが建立した墓碑である。内容からいえば「那須直韋提墓碑」と呼称するのが妥当であろうが、本論では通称の那須国造碑を用いることとする。

　那須直氏は、大化前代以来の国造、次いで那須評督（郡大領の前身）に任ぜられたから、那須評（郡）きっての豪族であった。この碑の建立年代は、銘文に明記されていないが、韋提の亡くなった文武四年正月から程遠くない時期であろう。

つぎに碑文の訓み下し文と現代語訳を掲げる。難解な文章で、解釈については諸説あるが、ここでは田熊信之《たぐまのぶゆき》氏の優れた研究『那須国造韋提碑文釈解』に大部分を依拠し、一部私見をまじえて解釈した。

A永昌元年己丑《つちのとうし》四月、飛鳥浄御原《あすかきよみがはら》大宮の那須国造の追大壹《ついたいいち》那須直《なすのあたい》韋提《いて》、評督《こおりのかみ》を被《こうむ》り賜《たま》い、歳《ほし》は康子《かのえね》に次《やど》れる年の正月二壬子《みずのえね》日の辰《たつ》の節《とき》に殄《みまか》りぬ。故《かれ》、意斯麻呂《おしまろ》等、碑銘を立て偲《しの》びて、尓云《しか》う。

B⑴仰《あお》ぎ惟《おも》いみるに、殞公《いんこう》は、広氏の尊胤《そんいん》にして、国家の棟梁《とうりょう》たりき。一世の中、重ねて弐照《じしょう》せられ、一命の期、連ねて再甦《さいそ》せらる。⑵骨を砕き髄を挑《かか》げ、豈《あ》に前恩に報いん。⑶是《ここ》を以《も》ちて、曽子《そうし》の家には、矯子《きょうし》有ること无《な》く、仲尼《ちゅうじ》の門には、罵者《ばしゃ》有ること无《な》し。孝を行う子は、其の語を改めざりき。夏《おおき》なる堯《ぎょう》の心を銘し、神が照らす乾《けん》を澄《きよ》む。六月の童子も、香の坤《こん》を助くるを意《おも》いて、徒《たみ》の大《にぎわい》を作《な》さん。⑷言《ここ》に字を喩《つ》ぐべし。⑸故《かれ》、翼無くとも長《とこしえ》に飛《かけ》り、根無《な》くとも更に固まる、と。

A永昌元年己丑（持続三年＝六八九）四月に、飛鳥浄御原大宮（に奉仕した）那須国造の追大壹の那須直韋提は、（那須）評督の官職を受けたまい、康（庚）子年（文武四年＝七〇〇）正月二日壬子日の辰の刻に亡くなった。このため意斯麻呂らは碑銘を立てて故人を偲び、次のようにいう。

B⑴ふり仰いで思うと、亡くなった公（韋提）は、大いなる氏の尊い後胤であり、（日本）国家の棟梁（といえる重臣）であった。一生の間に（国造と評督に任ぜられて）重ねて二度輝やかされ、臨終の時には引き続いて再び蘇《よみがえ》らされた。⑵（故人は）骨を砕き（その中の）髄をかかげるほどに（骨身を砕くほどに）（勤仕に励み、朝廷から受けた）前恩に報いようとした。⑶そこで、（孔子の高弟で孝行徳行の人である）曽子の教えを受けた人には驕りたかぶる人がなく、孔子の門下生には人を罵しる人がいない（というように、同じく徳行の人である韋提の子で）孝行の人（である意斯麻呂）は、（父の）語った教えを改めず、（中国古代の聖天子である）堯の大きなる心を肝に銘じて、神の明らかにした天をおおうほどの仁徳を深める。生後六ヵ月で父を失ったよるべなき童子（のような意斯麻呂）でも、（故人の）よき香り（の如き徳化）が地をおおうほどの仁徳を助けたことを思って、民衆がにぎわい富むように治めよう。⑷この銘文を終ろうとして、最後の文字を記し告げよう。⑸こういうわけで、（故人の名声は）翼が無くとも永遠に飛翔するように続き、（彼の教えは）根がなくとも（子孫に引きつがれて）固まる、と。

那須国造碑の碑文の様式

この碑の先進性は、まず碑文の様式と文章の技巧にあらわれる。中国では碑文も、序と「銘」の様式をとる。南北朝時代の墓碑の典型例を、『文選』巻五八に収める二基の斉の墓碑（四八二年褚淵《ちょえん》碑文、四九一年斉故安陸昭王《せいのもとのあんりくしょうおう》碑文）によってみると、墓誌と同様に、序には、故人の諱、字、本籍、系譜、官歴、人柄・才能、卒日、卒地、享年、立碑のことを記し、「銘」は故人の功績・美徳を賞讃する韻文を記す。那須国造碑は、前半部Aに故人の官歴、卒日、立碑のこと、後半部Bに、故人の事跡を賞讃し、子の意斯麻呂がその遺志を継承することを記し、Aが序で、Bが「銘」に相当する。しかし、Aの記載項目は中国の墓碑にくらべて少なく、Bは、四字句を連ねているが、完全な脚韻をふまず、韻文でなく、中国の墓碑の様式からみると不完全である。

日本の碑では、序と「銘」の様式をとるものは少なく、代表的なものとしては表14に示す⒀の大安寺碑文があるが、墓碑では他にみられない。

墓碑文については、『養老令』喪葬令に「官・姓名之墓」と記すことを定め（『大宝令』も同じ）、⑸の元明天皇陵碑も(6)の阿波国造碑も、次のようにこの規定に準拠した簡単な文である。

〈元明天皇陵碑〉

大倭国添上郡平城之宮馭二宇八洲一太上天皇之陵是其《ハコレソノ》所也。養老五年歳次《やどル》二辛酉一ニ冬十二月癸酉朔十三日乙酉葬ス。

〈阿波国造碑〉

（正面）阿波国造名方《なかた》郡大領正□〔七〕位下粟凡直《あわのおおしのあたい》弟臣《おとおみノ》墓。

（側面）養老七年歳次《やどル》二癸亥一ニ年立。

（前掲、東野治之「日本古代の墓誌」の釈文による。）

那須国造碑とこの二碑の碑文の様式の相違は、両者の間で『大宝令』喪葬令が施行されたことによるのであろうが、碑一般、また墓碑の中で、那須国造碑文が、不完全ながらも、中国の碑文の序と「銘」の様式によっていることが注目される。

那須国造碑の碑文の文体と典拠

那須国造碑の文体は、Aの「評督被賜」が国文体であるが、ほかは純粋の漢文体であって、表14の(2)の山ノ上碑のような国文体のものとは異なる。

Bの部分は、四字句をつらね、対句的な技法を用いて技巧をこらし、完全ではないが脚韻が意識されていることが、田熊氏により指摘されている（田熊信之前掲書）。対句的な部分は次の通りである。

(イ)
一世之中、重被《ネテらレ》二弐照一。セ
一命之期、連見《ネテらル》二再甦一。セ

（ロ）曽子之家ニ、无《な》ク㆑有《あ》ルコト㆓嬌子㆒。
仲尼之門ニ、无《な》シ㆑有《あ》ルコト㆓罵者㆒。

（ハ）行ヲ㆑孝フ之子、……澄《きよ》ム㆓神ガ照ス乾㆒ヲ。
六月ノ童子、意《おも》ウ㆓香ノ助クルヲ㆑坤ヲ。

Bの部分は、漢籍に典拠をもって撰文している（田熊信之前掲書参照）。一つは、「曽子之家、……无㆑有㆓罵者㆒」の四句が、前漢末の儒者劉向《りゆうきよう》の『説苑《ぜいえん》』雑言を、二つは、末尾の「無㆑翼長飛、无㆑根更固」の二句が、管仲《かんちゆう》の『管《かん》子《し》』巻一〇「戒」、あるいは唐代の貞観《じようがん》二十二年（六四八）の高宗《こうそう》の「聖記三蔵経序《しようきさんぞうきようじよ》」（『広弘明集』巻一六所収、『大正新修大蔵経』巻五二）を典拠としたといわれる。『管子』は、管仲が斉《せい》の桓公《かんこう》にのべた言葉で、「無㆑翼而飛者声也。無㆑根而固者情也」の句で、天子の命令（声）は一度口より発すれば四方に聞え、人情を固く結べば民心が離れないという意味である。

これに対して、「聖記三蔵経序」は、皇太子時代の高宗が、訳経を完成した三蔵法師玄奘《げんじよう》に与えた序文の中のもので、「是以、名無㆑翼而長飛、道無㆑根而永固」という文で、玄奘の名声（名）は永遠に伝わり、仏道は永く固まる、の意である。碑文の文意からみて、「聖記三蔵経序」の句の方がふさわしく、またこの序は太宗の序とともに「聖《しよう》教序《ぎようじよ》」として石碑に刻され、長安の大慈恩寺雁塔《だいじおんじがんとう》をはじめとする諸寺におかれた著名なものであるから（日比野丈夫「集王聖教序の碑について」『書道全集』八所収、平凡社）、本碑文の前記の二句は「聖記三蔵経序」を典拠としたものであろう。

第三に、「六月童子」は、三世紀ごろ蜀・西晋の李密《りみつ》（李令伯）の「情事を陳《の》ぶる表」の故事によるものである。この表の中で、李密は「生孩《せいがい》六月ニシテ、慈父ニ背《そむ》カル」すなわち、生後六月の縁児《みどりご》の時に父がなくなり、母も再嫁して祖母に育てられ、祖母に孝養を尽したことをのべる（『文選』巻三七）。「六月童子」は意斯麻呂を比喩するが、李密の故事をふまえて、李密が生後六月で父を失ったように、父韋提を失ってよるべなくなった意斯麻呂という意味が含意されている。李密は祖母に孝養を尽したから、「六月童子」にはそのような意味も含まれ、意斯麻呂を指す「行レ孝之子」とひびきあっている。「情事を陳ぶる表」は『文選』に収められた著名なものであるから、これが典拠となる可能性は高い。

碑文にこめられた思想的内容

この碑文には儒家思想が色濃くみられることが指摘されている（田熊信之前掲書）。それは『説苑』の孔子・曽子の故事を引用しているところに明白であり、また、故人が粉骨砕身して前恩に報い、意斯麻呂が孝行の子として、父の教えに従い、聖天子の堯の心を肝に銘じて仁政を行うというところには、忠・孝・仁などの儒家思想の徳目がみられる。

また一方、鎌田元一氏は、那須直氏の天皇・朝廷への従属の意識がみられることを指摘した（「那須国造碑文に見えたる「国家」の語について」『朝鮮をめぐる中国と日本、その三国間の語学・文学の相互交渉に関する総合的研究』所収〔『律令公民制の研究』再収〕）。韋提の誇るべきこととして「広氏尊胤」「国家棟梁」、そして一世の間に「重ネテ弐照セラレ」たことがあげられている。「国家棟梁」はこれまで那須国の棟梁と解せられていたが、鎌田氏は日本国の棟梁で、朝廷に奉仕する重臣の意であるとされ、「重ネテ弐照セラレ」も一生の間に国造と評督という朝廷の官職に二度任ぜられたことをさし（新野直吉氏説）、さらに「広氏尊胤」は、那須直氏が、孝元―大毘古《おおひこ》命―建沼河《たけぬなかわ》命という皇室の系譜に、中央豪族阿倍氏とともに連なることをのべたものと解して、この碑文に、那須直氏の天皇・朝廷への従属の意識構造をよみとった。那須直氏の誇るべきことは、このような従属の構造の中で、朝廷の官職を受けて忠誠をもって奉仕したことであった。そしてこのような従属の意識構造の上に、外来の儒家思想の忠・孝・仁などがかぶせられて、本銘文がなりたっている。

この碑文は、以上のような様式・文体・典拠・思想的内容の検討によれば、中国文化に基づく先進的な性格をもつ。もちろん、一部に国文体の文体がまじったり、序と「銘」という様式が不完全であったりして、漢文の完成度からみれば、先の威奈大村墓誌銘に一歩譲らなければならない。とはいっても、他の碑文にくらべて優れたものであって、この撰文者は、中国文化の素養をもった、ある程度練達の文章家であると思われる。

碑石の形態と設計

次に、那須国造碑の碑石の形態や文字の割付など、外形的な点に眼を向けよう。本碑石は花崗岩黒御影石で、加工した二個の石からなる。砕身は上すぼまりの角柱で、その上に笠石（蓋石）がのる。その下の二個の凝灰岩の台石は、水戸光圀による後補である。

各部の寸法は、田熊信之・田熊清彦両氏の計測によれば表のとおりである（田熊信之・田熊清彦『那須国造碑』中国・日本史学文学研究会）。碑身高は一二〇センチメートルになっているが、これは後補の台石に砕身の底が一七・五センチメートル以上入りこんでいるからで、入りこみ部の深さによって本来の高さは少し変ってくる。

碑石の設計には何らかの尺度を用いたはずであるが、あまりぴったりするものがない。あえていえば令小尺（天平尺）であろう。碑身下幅四八・五センチメートルを一・六尺、笠石幅五一・五センチメートルを一・七尺にあてると、一尺＝三〇・三センチメートルになる。令小尺としてはやや長いが許容範囲であろう。

碑全高は一四八センチメートルであるが、碑身の底の入りこみを三センチメートルほど浅くみれば、五尺（三〇・三×五＝一五一・五センチメートル）に設定されたと考えられる。

碑文の文字の割付

碑文は全部で一五二字であるが、これを一行一九字詰、八行にきちんと割りつけ、一字も空白になるところがない（一九字×八行＝一五二字）。そのうえ碑文の前半Aは、第三行の行末で終るように撰文する。

文字は縦方向に整然と並び、横方向には若干の上下があるが大体は並んでいる。界線を刻んでいないが、文字を書するに当たっては、縦・横界線を引いたであろう。拓本の写真を資料として、碑文の上下左右に若干の余裕をみて、

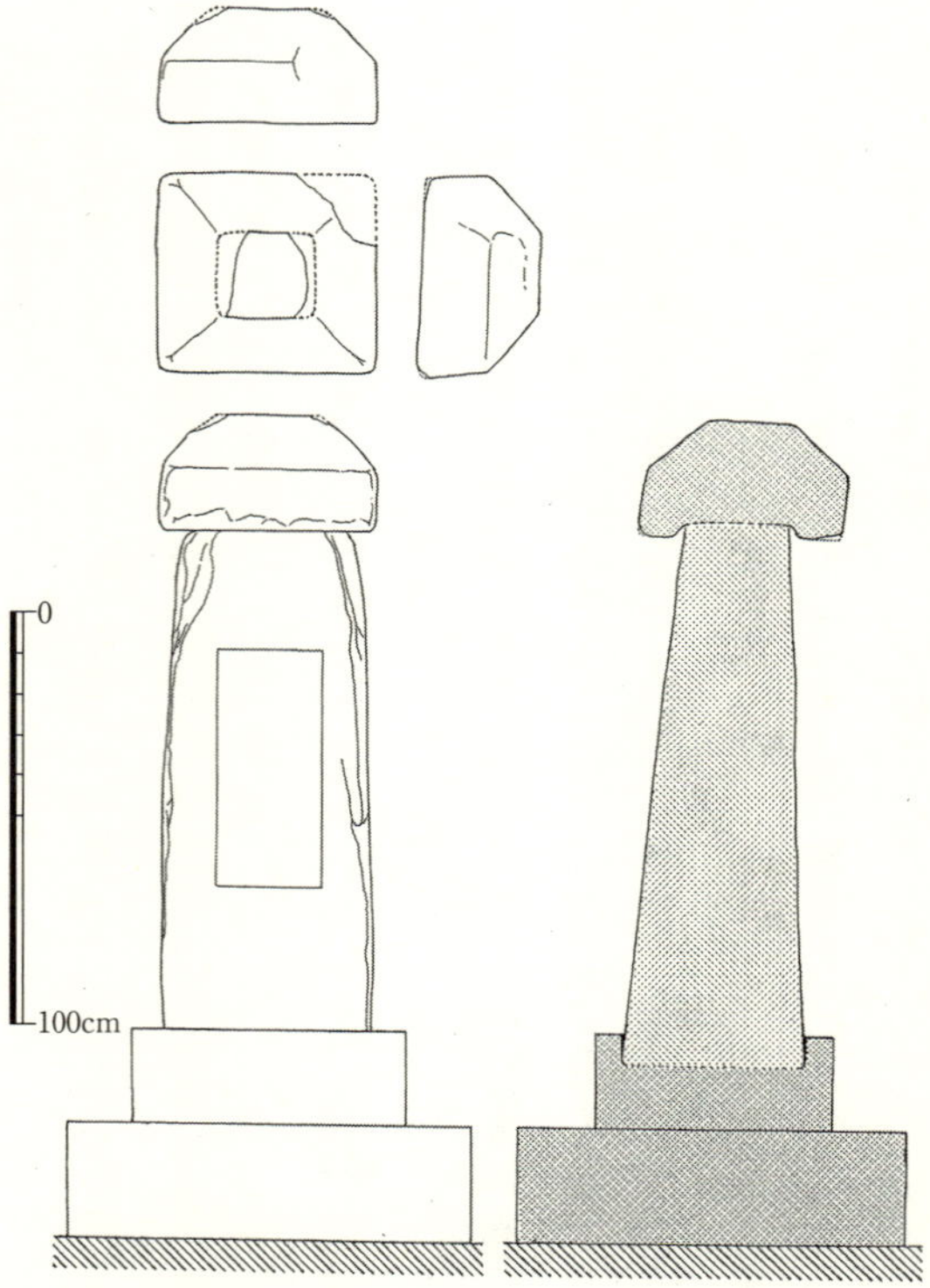

図22　那須国造碑実測図（田熊信之・田熊清彦『那須国造碑』中国・日本史学文学研究会より）

表15　那須国造碑の法量

	高	幅	厚
碑身	120	最上部42 最下部48.5（＝1.6尺）	最上部25.5 最下部41.5
笠石	28	下底51.5（＝1.7尺）	下底47
（碑全高）	148		

（単位：cm）

界線の外枠を想定してみると、高さ約六〇センチメートル＝二尺、幅約二五センチメートル＝八寸となる。田熊信之・清彦氏の想定もほぼ同じである（前掲『那須国造碑』）。これらの数値は碑身の高さ約二一〇センチメートル、下幅四八・五センチメートルのほぼ半分に当たり、碑文は碑身の高さと下幅の半分の大きさの外枠に収まるように計画されていたのであろう。

本碑のこのような形態・文字の割付について、日本・中国・朝鮮の碑石と比較してみよう。

日本の碑石

日本古代の碑石は、自然石のままのものや、一部を加工したにすぎないものが多く、全体を加工したものでは、那須国造碑のような笠石型のものと、直方体の切石のものがある。表14に示す(2)の山ノ上碑、(7)の金井沢碑、(9)の仏足石歌碑は自然石のままで加工せず、(1)の宇治橋断碑、(8)の多賀城碑は碑面のみを削平したものである。さすがに(5)の元明天皇陵碑は全体を加工した直方体の切石である（福山敏男「元明天皇陵碑」『中国建築と金石文の研究』所収、中央公論美術出版）。そして(4)の多胡碑と(6)の阿波国造碑が、那須国造碑と同じ笠石型である。

多胡碑は、やはり笠石と碑身の二石からなり、碑身頭部の凸状の枘《ほぞ》を笠石の下の枘穴にさしこむようになっている。碑全高は那須国造碑と近い一五一センチメートル（令小尺五尺）で、同碑とほぼ同形態である。笠石幅、碑身幅など一尺＝三〇センチメートルで完数値になるから、やはり令小尺を用いて作ったのであろう（尾崎喜左雄「多胡碑の研究」『群馬大学紀要人文科学篇』一二〔『上野三碑の研究』再収〕。田熊信之『上毛多胡郡碑』中国・日本史学文学研究会）。

表16　多胡碑の法量

	高	幅
碑身	126	60＝２尺（各面同じ）
笠石	25	90＝３尺（各面同じ）
（碑全高）	151	

（単位：cm。尺は令小尺。１尺＝30cm）

阿波国造碑は、他とは異なり塼製で、碑身の高さが一九・八センチメートルと小型である。碑身のみがのこり、碑身の上・下部に枘を作り出していることから、上に笠石、下に台石を伴うと考えられている（前掲、東野治之「日本古代の墓誌」）。那須国造碑は、自然石や一部加工のものが多い中で、全体を加工した笠石型の一群に属するのである。

次に文字の割付については、本碑以外で、文字の割付をしているのは、中央人が建立した⑴の宇治橋断碑、⑸の元明天皇陵碑、⑻の多賀城碑のみである。元明天皇陵碑は一行八字、八行に縦・横界線を刻して方眼を作り文字を配し、宇治橋断碑は上部しかのこらないが、外枠と三行分の縦界線を刻し、四字句ごとに一字分をあけて文字を刻したらしく、横方向にも文字がそろう。多賀城碑は、高さが令小尺で四尺、幅が二尺六寸の外枠を刻し、碑文の後半部の文字は二寸四分四方の方眼をもとに割り付けられている（安倍辰夫「多賀城碑の用尺について」宮城県多賀城跡調査研究所『研究紀要』Ⅱ）。

このほかの碑は、界線を刻することはもちろん、文字の割付もなされていない。那須国造碑は界線こそ刻していないが、中央人による建立の三碑と同様、文字の割付を行っていた。

中国・朝鮮の碑石の形態

前記のような日本古代の碑石の形態は、中国の碑石と大きなへだたりがあって、新羅のものに類似するといわれている。

中国では後漢代に碑石の形態が成立した。三世紀の魏・晋代に墓碑建立の禁令によって衰えたが、五世紀南北朝時代以降に再び盛んになり、隋・唐代に至って碑の発展が極まった。南北朝、隋・唐時代の碑石は、方趺《ほうふ》・亀趺《きふ》といって、方形あるいは亀形の台石の上に碑身を立て、碑身の頭部は螭首《ちしゅ》といって、華麗な螭《みずち》（龍の一種）の彫り物を施し、碑文の上に碑題を彫りこむ（関野貞「支那碑碣の様式」『支那の建築と芸術』所収、岩波書店）。このような形態の碑石は日本には皆無である。

新羅の古碑には、中国風の螭首亀趺型のものと、自然石をそのまま用いたものがあるというが（井上秀雄「新羅金石文の中間報告」『東北大学文学部研究年報』二五）、このほかに碑身の上に笠石をのせたものの存在が指摘されている。五世紀後半の真興《しんこう》王巡狩《じゅんしゅ》碑のうち、磨雲嶺《まうんれい》碑がそうであり、また笠石は失われているが、同じく北漢山《ほくかんざん》碑も同型と推定されている（東野治之「上野三碑管見」『群馬県史研究』一三〈『日本古代木簡の研究』再収〉）。

自然石のものが多く、また笠石型のものもある日本の碑石の形態は、全体として新羅の碑石の大きな影響が考えられる。特に、那須国造碑、多胡碑などの独得の笠石型の形態は、新羅のものの直接の導入によるものであろう。

郡須国造碑の製作者

那須国造碑には、碑文について、様式・文体・典拠・思想的内容において中国文化に基づく先進性がみられ、碑石については、設計・文字の割付に周到な計画性がみられ、その笠石型の形態は新羅の碑の影響によるものであった。このような碑は、那須評きっての豪族といっても、建立者である那須直氏が独力で作れるようなものではない。八世紀には、郡領の子弟が、兵衛などとして朝廷に出仕し、郷里に帰ってきて郡領に任ぜられることが行われていたから、あるいは意斯麻呂も都へ上って中央の文化にふれることがあったかもしれないが、兵衛などの勤務の中でこのような教養を身につけることはむずかしかったであろう。そうだとすれば、誰か中国・朝鮮文化の素養を身につけた人が協力して、撰文や碑石の製作を指導したのではないかと考えられる。

その候補者として、国司として都から下ってきた中央貴族、あるいは下野国に移住させられた新羅渡来人があげられる。いずれもがこの碑を作りうる教養をもっていた可能性がある。後者の考えは、斎藤忠氏が力説したところで（『栃木県史』通史編二、第一章第三節「那須国造碑」）、私もこの見解に賛成である。

那須国造碑における永昌年号の使用

この問題を解く鍵は、冒頭に記された永昌年号である。永昌は、唐の則天武后時代の年号で、元年はわが国の持統三年（六八九）に当たる。この年号はこの年正月に建てられ、十一月に載初と改元される。わが国では、大宝建元（七〇一）よりまえの七世紀においては、大化（六四五〜六五〇）、白雉（六五〇〜六五五）、朱鳥（六八六）の年号が建てられた以外では、金石文や木簡にみられるように、年紀は干支を以て表したから、この永昌年号の使用は異例中の異例といわねばならない。

これまでも永昌年号は注目され、本碑文の中国文化的な要素として強調されてきたが、そのように文化的にのみとらえたのでは十分でなかろう。

年号は、きわめて高度に政治的な性格をもつものであった。中国では年号の制定は主権者の特権であり、年号を使用することは、「正朔を奉ず」といい、主権者に服属することを意味した。周辺国が中国王朝の年号を使用することは、その冊封を受け臣従することを表した。

朝鮮諸国のうち、新羅は法興《ほうこう》王二十三年（五三六）に建元の年号を建てて以来、自国の年号を用いたが、真徳王二年（太和二年＝六四八）唐に入朝した使者が太宗に唐の年号を用いていないことをとがめられ、同四年（六五〇）唐の永徽《えいき》の年号を用いるようになって以降、中国の年号を使用した（『三国史記』新羅本紀）。このことは新羅金石文の年号記載によって確かめられる。次いで、高麗は後唐・後晋・宋、李氏朝鮮は明・清の年号を用いた。

このように年号はきわめて政治的な性格をもっていたから、都下りの中央貴族が唐の年号の知識をもっていたとしても、その年号を用いて碑文を撰ぶことは考えがたい。したがって、永昌年号を用いて撰文したものは、本国で唐の年号を使っていた新羅渡来人しか考えられない。新羅風の笠石型の形態も、製作者として新羅渡来人を指し示している。

下野の新羅渡来人

時期的に見て、本碑製作に関与しうる新羅渡来人が、下野国に移住させられていた。この新羅人は、永昌年号を知っていたから、永昌元年（持統三年＝六八九）正月以降に渡来したものであり、また碑文で韋提の死没年を康（庚）子年（文武四年＝七〇〇）と干支年紀で記したのは、唐の年号を知らなかったからと考えられるから、それ以前に渡来したものでなければならない。この条件にかなう下野移住の新羅渡来人は、次の二つである。

一つは持統三年（六八九）四月八日に下野に移住させられた新羅渡来人、二つは同四年二月に渡来し、八月に下野に移住させられた集団である。後者は、新羅沙門詮吉《せんきち》、級飡《きゅうさん》（新羅の位階。一七階のうちの第九階）の北助知《ほくじょち》ら五〇人で、その一部の韓奈末《かんなま》（同前、第一〇階）の許満《こま》ら一二人は、下野移住に先だって、二月に武蔵に移住させられていた（以上『日本書紀』）。したがって下野へ移住したのは、僧詮吉、北助知らを含む三八人の新羅人であったと思われる。

この二つの渡来者グループのうち、永昌年号の知識をもたらしたのは、後者の持統四年渡来の人たちであった可能性が高い。前者の場合、永昌改元の正月から下野移住の四月八日まで三ヵ月余しかなく、年号の唐から新羅への伝達、渡来者の新羅から北九州を経て都へ至る期間などを考えると、この渡来者は永昌年号を知らなかった可能性がある。しかしこのことは絶対的ではなく、両者の渡来人は下野国内の同地に居住したかもしれないから、両者を分けて考えるのはあまり意味がないかもしれない。

彼ら新羅渡来集団は、いうまでもなく、永昌年号の知識をもたらしただけでなく、碑文の撰文、碑石の設計に当たったであろう。持統四年の渡来者の中には、本国で官人であった者や僧などの知識人がおり、彼らは中国的な教養を身につけていたから、中国的な碑文を撰文することは可能であった。あるいは末尾の「聖記三蔵経序」を典拠とする二句は、沙門詮吉の知恵だったかもしれない。銘文が、一応、序と「銘」という様式をとりながら、「銘」が韻文でないという不完全さは、新羅人による撰文であったからであろうか。笠石型の形態は本国の碑をまねたのであろう。天智八年（六六九）十月に亡くなった藤原鎌足の墓碑文は、百済渡来人で文人として著名な沙宅《さたく》紹明《しょうみょう》が撰んだといい（『家伝』上）、教養ある渡来人に墓碑の撰文を依頼することは例のあることであった。

新羅渡来人の居住地

この新羅渡来集団の居住地は、那須町伊王野の唐木《からき》（来）田《だ》といわれている（前掲、斎藤忠「那須国造碑」）。本碑の北北東一九キロメートルの地点で、古代の那須郡に属し、東山道に沿う。地名「唐木田」が渡来人の居住にちなみ、またこの南方二キロメートルの地に、朝鮮様式の鋳造如来坐像を出土した東岩崎廃寺跡《ひがしいわさき》（堂平《どうだいら》仏堂跡、那須郡那須町）がある（図21参照）。新羅人集団は、この地で那須評督の保護下に生活し、そのようなつながりから碑の建立に協力させられたのであろう。

那須国造碑の建立と東アジア世界の動向

七世紀中葉以降の東アジアにおいては、唐・新羅と高句麗・百済が抗争し、結局、六六〇年に百済が、六六八年に高句麗が滅亡し、日本も百済救援のために出兵して、六六三年白村江の敗戦で手痛い打撃をうけた。この結果、七世紀後半、国を失った多数の百済・高句麗人、また新羅人も日本に渡来した。これら渡来人は朝廷に仕えるとともに、東国の諸国に移住させられた。下野に移住させられた新羅人も、このような東アジア世界の動向のなかで渡来したものであった。したがって、大きくいえば、那須国造碑の建立は、七世紀後半の東アジアの動向と深く関わっていたといえるのである。

日本と中国の金石文

墓誌と碑に関してみただけであるが、日本の金石文は、中国のそれとの間に大きな格差があり、かえって朝鮮のものとの関係が考えられた。墓誌は銘文・形態の上で、同時代の唐代のものと異なって、古い晋代のものに類似し、それは朝鮮からの影響ではないかと推測した。碑は形態上、新羅のものに近く、新羅渡来人が撰文・製作に当たった例も明らかになった。一般に七世紀以前には、大陸の文化が朝鮮を経由して日本に移入されたのであるが、これらはその一事例ということができる。

そして八世紀にはいると、直接唐から文化が入ってくるようになった。本論ではふれなかったが、七・八世紀の交わりに、古い六朝様の書に対して、新しい初唐様の書がかかれるようになる。唐の書籍を典拠とし、その様式を学んだ威奈大村墓誌の出現も、そのような動向の一環であった。

いうまでもなく、文化的な諸事象を外国からの影響のみで理解するのは十分でない。墓誌の形態が唐代のものの影響を受けながらも、火葬墓という墓制に規制されて、結局は同じものになり得なかったことは注意しておくべきであろう。

本書刊行の経緯について

本書は、『古代宮都の研究』（吉川弘文館、一九九三年）、『古代木簡の研究』（同、一九九八年）、『古代国家の東北辺境支配』（同、二〇一五年）に続く、今泉隆雄先生の四冊目の論文集である。先生ご自身の手で企画された前三著と異なり、本書はこれらに収めることができなかった、先生の地方支配に関する研究、および陸奥国の南北関係とりわけ「南奥」論に関する業績から主要なものを選び、一書として整えたものである。

前著『古代国家の東北辺境支配』は、今泉先生自身が企画されたものだが、二〇一三年に逝去されたことにより、刊行は「今泉隆雄先生遺著刊行会」（後述）に引き継がれた。その後同刊行会にて、先生自身が当初前著への収録を検討されていた、古代東北の南北関係や、先生の学生時代からの研究テーマである地方支配制度に関わる論文を中心に企画したのが本書である。各章の執筆や本書への掲載の経緯等について編集担当の立場から若干補足しておきたい。

序章「古代史学と考古学のあいだで」は、二〇一〇年三月の東北大学ご退職の際の最終講義の内容を、ご自身の手で文章化し『国史談話会雑誌』誌上に掲載したものである。最終講義の当日、先生は必ずしも万全の体調ではなかったが、それを感じさせないほどの熱気のこもった調子で、ご自身の研究の軌跡と重ね合わせながら、考古学と古代史学の関係のあり方について年来のお考えを語られた。歴史学の方法という視点から先生の古代史研究の骨格を述べられたものであるため、序章として収録することとした。

第一部「古代国家の地方支配」は、先生が主に学生時代に取り組んでおられた古代国家の地方支配制度に関する論文二編を収録した。第一章「按察使制度の一考察」は、先生の卒業論文「奈良朝地方行政監察制度に関する一考察」をもとに、修士課程一年在学中の一九六九年に『国史談話会雑誌』に掲載された、先生のデビュー作である。また第二章「八世紀郡領の任用と出自」は、修士論文「郡司制度の研究」の一部をまとめ『史学雑誌』に掲載したもので、現在もなお古代郡司制度研究における必読文献として高い評価を保っている。先生はよく「息の長い論文を書きなさい」とおっしゃっていたが、そのお手本というべき論文である。この論文はその後、吉川真司・大隅清陽編『展望日本歴史6　律令国家』（東京堂出版、二〇〇二年）に再録され、その際に先生が「付記」を追記されているので、本書ではこの追記も収録した。

第二部「古代東北の南と北」は、奥羽北部における辺境政策と南奥地域の関係という視点で執筆された五つの論文および報告を収録した。前著のあとがきでも触れたように、先生は前著の最初の構想の段階で、この問題をテーマとする章をもう一つ設けることを考えておられたようである。分量の問題もあり結局前著への収録はかなわなかったが、先生自身はおそらくもう少し「南奥」論を詰めた上で別の形でまとめられるお考えだったのではないかと思う。

第一章「古代東北の南と北」は、一九九一年の日本考古学協会仙台大会における講演を活字化したものである。先生の東北古代史の基本的な理解は前著の「律令国家とエミシ」や「古代史の舞台　東北」においてすでに示されているが、本章はその基礎となる古代奥羽や陸奥国の「地域区分」、古代東北の南北関係という視点が初めて提示された学史的な意味を持つ報告であり、前著の当初の構想にも含まれていたことから、ここに収録することとした。

第二章は、山川出版社の県史シリーズ『宮城県の歴史』（一九九九年）の第一章として執筆されたものである。宮城県域の古代史に関する先生の業績としては、郡山遺跡＝陸奥国府説を提唱した『図説宮城県の歴史』（河出書房新社、一九八八年）や『仙台市史　通史編Ⅱ　古代中世』（二〇〇一年）などがあるが、もっともまとまった叙述がこの「律令国家と蝦夷」であり、前著ではあまり触れられていない宮城県内の群集墳などへの言及もあることから、収録することとした。

第三章・第四章は、それぞれ磐城郡家跡である根岸遺跡、白河郡家跡である関和久官衙遺跡の報告書に収録された論文で、坂東諸国に接した陸奥国南端の大郡である両郡の歴史的特色を叙述するとともに、これを通じて東北南部の歴史的性格について見通しを示されたものでもある。先生は二〇〇八年七月に「古代の陸奥国と安積郡」（郡山市文化財企画展講演会）と題した講演をされたこともあり、おそらくこうした地域史を通じて、南奥に焦点を当てた東北古代史の総合的な叙述を考えておられたのではないかと思われる。

そうした意味で、第二部の第五章として「古代南奥の地域的性格」を収録できたのは幸いであった。第五章の章末にも記されているように、本章は国立歴史民俗博物館の共同研究における口頭報告の記録を文章化したもので、もともとは東日本大震災のために中止となった二〇一一年三月の福島県考古学会での記念講演のために準備されたものであった。本書の準備を進める過程で、国立歴史民俗博物館の林部均氏より、この研究会の音声記録の存在をご教示いただき、先生のご見解をもっとも体系的に示された南奥論として、是非収録するべきということで関係者の意見も一致した。本来は同館の研究報告などの媒体で公表されるべきものだが、先生の急逝によって論文化が難しくなったこともあり、同館のご厚意で本書への収録をお許しいただいた次第である。

この章には、個々の論点においても、先生の最新の見解がちりばめられている。特に記しておきたいのは石城・石背国の再併合の時期に関する問題で、前著に収載された「多賀城の創建」や、本書の第二部第二～四章で示されている見解を改め、佐々木茂楨氏の近業をふまえ養老五年八月頃とする見解を提示されている（この点については、吉野武「多賀城創建木簡の再検討」『歴史』一二六でも触れられている）。その他にも例えば陸奥国の地域区分における会津地方の位置づけなど、本章では他の章と異なる見解も見られるが、見解の変化を反映するものとして、あえてそのままとしている。

文章化にあたっては、同館で文字起こししていただいた原稿と当日配布されたレジュメをもとに、同じ研究会に参加した吉野武氏（宮城県多賀城跡調査研究所）が内容の整理、注や図表の作成を担当し体裁を整えた。講演や口頭報告の際にわかりやすく親しみやすいお話をされることに先生が心をくだかれていたことを重視し、できるかぎり報告時の語り口のままの文体としている。

東北古代史研究では、蝦夷の世界である奥羽北部に関心が集まりやすいが、以上の第二部の諸論考は、南奥に焦点を当て、その独自の役割を明らかにしている。南奥の福島県郡山市に生を受けた今泉先生ならではの地域史研究と言えるであろう。

最後に「付章」として、『日本の古代14　ことばと文字』に掲載された「銘文と碑文」を収録した。この論文は地方制度や東北史を直接扱ったものではないが、ここで取り上げられている威奈大村墓誌や那須国造碑は、第一部や第二部における研究の重要な根拠資料の一つであり、先生の史料学の重要な業績でありながら既刊の論文集に未収録であることも考慮し、本書に収録することとした。

本書の企画・内容については、前著『古代国家の東北辺境支配』刊行時から引き継いだ「今泉隆雄先生遺著刊行会」（古川淳一・樋口知志・鹿内浩胤・安藤邦彦・鈴木拓也・永田英明・吉野武・吉田歓・二上玲子・堀裕・中野渡俊治・鈴木琢郎・徳竹亜紀子・遠藤みどり・金銀貞・相澤秀太郎）で検討し、原稿作成・校正等の作業は同刊行会の仙台在住のメンバーを中心に行なったほか、東北大学大学院の五十嵐健太氏の協力をいただいた。

書式等において一定の形式的な修正を施したが、もともとの原稿の形態が多様であるため、文体や注の形式などはあえて統一をはからず原則として原論文のままとした。ただし原論文にある図版は、重複や本文との関係を考慮して選択し、またコラム等については原則として省略した。そのほかの編集作業に伴う責任はすべて、前記の刊行会にある。

出版にあたっては、論文や写真の転載等につき関係各機関のご高配をいただいた。なかでも、国立歴史民俗博物館および同館の林部均氏には、共同研究会における口頭報告の内容の文字起こしおよび公表について多大なご高配を賜った。また吉川弘文館編集部の石津輝真氏および板橋奈緒子氏に、さまざまなアドバイスも含めお世話いただいた。この場を借りて御礼申し上げる。

（文責　永田英明）

四冊目の著書の発刊に寄せて

主人が他界してから今年の大晦日で丸四年になります。四年前は主を亡くした書斎や、主人の大声が聞こえなくなった家の中で、寂しい日々が続きました。

そんななか奈良文化財研究所や東北大学の皆様、昵懇にして頂いた友人の方々、門下生の皆様、多賀城の東北歴史博物館の方々、その他多くの場でご厚誼を賜った皆様から、幾多のご親切を頂戴しながらの日々を送って参りました。嬉しいニュースはいつも遺影に報告しておりました。門下生で、主人の指導を引き継いでくださった先生方のご指導の賜である博士の学位を取られ、本懐を遂げられた方々のこと。またご結婚なさり、お子様が誕生なさった方々。新たな職場を得られたり、著書の出版を果たされたりした方々。命日に優しい気遣いをくださった方々。また主人の本は寄贈した多賀城の博物館の図書館で、博物館の方々のお蔭様で、我が家に在った時よりも綺麗になって並んでおり、感謝の思いと懐かしさに胸が熱くなりました。

私事になりますが、主人が塩竃の病院に入院した折、母親に抱かれて毎日のようにお見舞いに通った孫の桜も、おしゃべりをするのが大好きな四歳児に成長しました。

主人にこのようなことを報告するとき、主人も家族や皆様の喜びを自分の喜びとしているのだとひしひしと感じられて、遺影との語らいの時間のなかに、未来にそして主人に続く一本の道があるのだと思うようになりました。これからもこのような時間が続くことを願って、生活の力にしたいと願っております。

そしてこの度、永田さんから、年内に主人の四冊目の著書が出版される運びになったと、ご連絡を頂きました。主人にとって、これに勝る喜びはないと思います。また、研究書の出版は大仕事であると知る故に、皆様への感謝と労いの気持ちも一入であろうと思います。

本書の出版に際して、長期間にわたって、大変な仕事を進めてくださった皆様に、そして多大なご尽力とご好意を頂いた国立歴史民俗博物館の林部均様に、衷心より感謝申しあげます。また生前から死後にも続くご厚意を賜った吉川弘文館に、故人と共に心より篤く御礼を申しあげます。

二〇一七年十月

今泉瑞枝

成稿一覧

序　章　古代史学と考古学のあいだで

『国史談話会雑誌』五一（二〇一〇年）

第一部　古代国家の地方支配

第一章　按察使制度の一考察

『国史談話会雑誌』一三（一九六九年）

第二章　八世紀郡領の任用と出自

『史学雑誌』八一―一二（一九七二年。のち、『展望 日本歴史6 律令国家』東京堂出版、二〇〇二年に収録）

第二部　古代東北の南と北

第一章　古代東北の南と北

日本考古学協会編『北日本の考古学』（吉川弘文館、一九九四年）

第二章　律令国家と蝦夷

渡辺信夫ほか『宮城県の歴史』（山川出版社、一九九九年）

第三章　陸奥国と石城郡

いわき市埋蔵文化財調査報告第七二冊『根岸遺跡』（二〇〇〇年）

第四章　陸奥国と白河郡

福島県泉崎村教育委員会『史跡関和久官衙遺跡保存管理計画書』（二〇〇一年）

第五章　古代南奥の地域的性格

国立歴史民俗博物館研究会（音声記録、二〇一二年十二月二十四日）

付　章　銘文と碑文

岸俊男編『日本の古代14　ことばと文字』（中央公論社、一九八八年）

索　　引

1. Ⅰ一般事項、Ⅱ人名・氏族名、Ⅲ主要文献史料、Ⅳ研究者名に分類した。
2. 一般事項および主要文献史料は、本書の理解に重要と思われる事項を抽出した。
3. 原則として五十音順で配列したが、史料名などは適宜年代ないし編目・条文の順とした。

Ⅰ　一般事項

あ　行

か　行

さ　行

た　行

な　行

は　行

ま　行

や　行

ら　行

わ　行

II　人名・氏族名

あ　行

か　行

さ　行

た　行

な　行

は　行

ま・や行

Ⅲ　主要文献史料

Ⅳ　研究者名

あ　行

か　行

さ 行

た 行

な 行

は 行

ま 行

や・わ行

著者略歴

一九四七年　福島県郡山市に生まれる
一九六九年　東北大学文学部卒業
一九七二年　東北大学大学院文学研究科博士課程中退
奈良国立文化財研究所文部技官、東北大学文学部教授、東北歴史博物館館長を歴任
二〇一三年十二月三十一日、死去

〔主要著書〕
『古代宮都の研究』（吉川弘文館、一九九三年）
『古代木簡の研究』（吉川弘文館、一九九八年）
『古代国家の東北辺境支配』（吉川弘文館、二〇一五年）

古代国家の地方支配と東北

二〇一八年（平成三十）一月一日　第一刷発行

著　者　今《いま》泉《いずみ》隆《たか》雄《お》

発行者　吉　川　道　郎

発行所　株式会社　吉川弘文館
郵便番号一一三―〇〇三三
東京都文京区本郷七丁目二番八号
電話〇三―三八一三―九一五一〈代〉
振替口座〇〇一〇〇―五―二四四
http://www.yoshikawa-k.co.jp/

印刷＝藤原印刷株式会社
製本＝株式会社 ブックアート
装幀＝山崎　登

ISBN978-4-642-04641-1